PALUCCA – IHR LEBEN, IHR TANZ

»Sie war eine der ›wahrhaftigsten‹ Gestalterinnen unserer Zeit in der leidenschaftlichen Ablehnung aller ›Accessoires‹, die nicht ihr und ihrer Arbeit gemäß waren. Sie verschmähte romantisch verschleierte Titel für ihre Tänze und fand den fast spartanisch einfachen Stil ihrer Kostüme. Sie bot dem Publikum keinerlei ›billige‹ Assoziationen an und tanzte als erste einen neuen Gestus der mädchenhaften, selbstbewußten modernen Frau.«

HERBERT TRANTOW,
Pianist und Komponist,
musikalischer Partner von Palucca

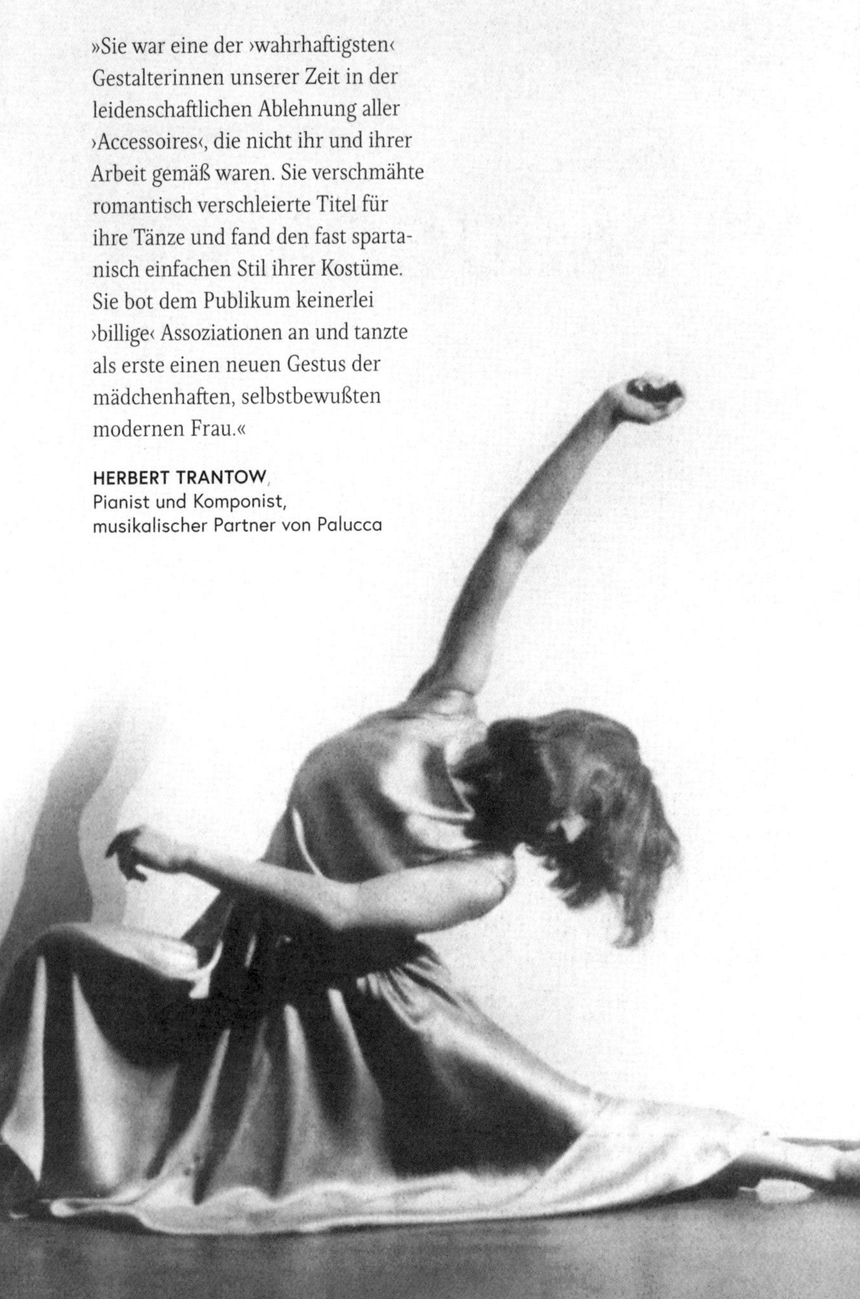

Ralf Stabel

PALUCCA

IHR LEBEN, IHR TANZ

Henschel

INHALT

»AUFSCHWUNG«

VORWORT

»Leben und Tanzen sind für mich nicht voneinander zu trennen.« — PALUCCA

»Ich beginne. Ich stehe im Saal und höre eine Musik, mehrere Musiken. Ich habe nicht die Absicht, dieses oder jenes zu tun. Ich bewege mich wie von selbst«[1], offenbart die Tänzerin und Pädagogin Palucca auf dem Höhepunkt ihres Ruhms. Ihre so entstandenen Tänze reißen die Zuschauer in Deutschland und Europa zu Begeisterungsstürmen hin. Die ebenso geführten Unterrichtsstunden werden für ihre Schüler zu lebenslänglich prägenden Ereignissen.

Paluccas Tanz wird von den Kritikern ihrer Zeit als absoluter und abstrakter Tanz bezeichnet, als die reinste Form sachinhaltsloser Bewegung. Ihre Technik wird als vollendet empfunden und als ans Wunderbare grenzend bejubelt. Ihr Tanz sei frei von mystischen, symbolischen und illustrativen Nebenmotiven, sei elementarer Urgrund in sich selbst, durchsichtig, klar, direkt, mit Kraft geladen. Als ein architektonisches Gebilde von seltener Schönheit und als räumlich gestaltetes Musikerlebnis erscheint er – der tänzerische Ausdruck einer neuen Zeit.

Palucca gilt ihren Zeitgenossen als die Tänzerin des fröhlichsten, strahlendsten Herzens, der funkelndsten, grandiosesten Technik, der reinsten harmonischen Linie – als die Tänzerin mit dem zartesten Charme. Zu Deutschlands, Europas, ja der Welt bedeutendster Tänzerin wird sie erhoben. Eine eigenartige, einzigartige und eigenwillige Persönlichkeit sei sie, die stärkste tänzerische Persönlichkeit ihrer Zeit. Was riss die Rezensenten zu dieser hemmungslosen Verwendung von Superlativen hin?

Als Pädagogin erzieht Palucca Menschen durch Tanz – mit unanfechtbarer Autorität und ihren Maximen: Disziplin, Konzentration, Präzision, Intensität und Phantasie. Wer durch ihre Schule gegangen ist, habe es nicht leicht gehabt, meinen ihre Schüler. Er habe aber sicher mehr gelacht und mehr geweint als manch anderer.[2]

WER WAR DIESE FRAU – GENIE, HELDIN, TYRANNIN?

Palucca hat nur ein Bild von sich in der Öffentlichkeit zugelassen, inszenierte sich medial ein Leben lang. Was aber hat sie uns verschwiegen – und warum? Wie hat sie es geschafft, sich an die Spitze der europäischen Tanzavantgarde zu tanzen – und wie ist es ihr gelungen, immer »ganz oben« zu bleiben? Mit wem ist sie zusammengetroffen – und mit wem hat sie ihr Leben geteilt?

Dieses außergewöhnliche Künstlerleben des 20. Jahrhunderts ist reich an Legenden, die es zu entschlüsseln gilt, und an Rätseln, die der Lösung harren. Palucca hat ihr Leben nicht erzählt. Ihr Tanz wird es für sie tun.

1902–1920
»TANZ MIT MIR«

MÜNCHEN – SAN FRANCISCO

Mit einem Knicks und der Aufforderung »Tanz mit mir« versucht ein kleines, hübsch zurechtgemachtes Mädchen auf dem Oberdeck eines Ozeandampfers den einen oder anderen Passagier zum Tanzen zu überreden. Meist erntet sie nur ein liebevolles Lächeln, aber ebenso verständnislose Blicke. Zum Glück ist da noch ihr Bruder, den sie nicht lange bitten muss. Die Kinder toben übers Deck und singen: »Wir fahren nach Amerika und wer kommt mit ...«

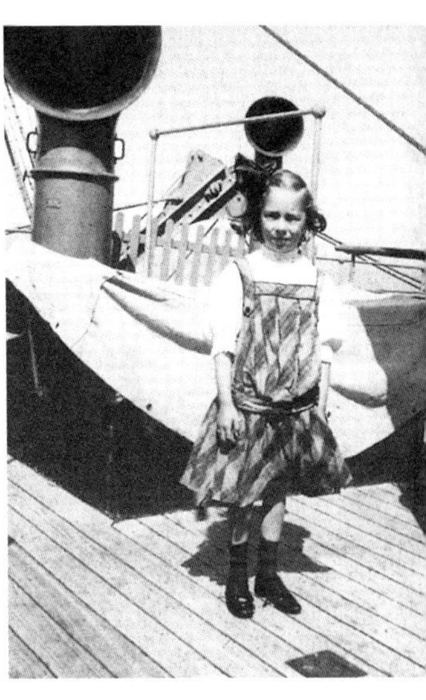

Margarethe Paluka während der Überfahrt, 1909

Wer ist dieses unbändige kleine Mädchen, das dort mit seinem Bruder über die schwankenden Planken tanzt? »Hänsel und Gretel«, ruft die Mutter mit unverkennbar bayerischem Dialekt. Wenn die Kinder nicht hören wollen, wird ihre Stimme scharf: »Hans! Margarethe!«

Die Geschwister Paluka befinden sich mit ihrer Mutter Rosa auf der Überfahrt nach Amerika. Ihr Vater Max ist bereits dort – seit dem Sommer 1906 beim kaiserlichen deutschen Konsulat in San Francisco.[1] Vor der großen Fahrt im November 1906 haben sie sich noch einmal zu viert fotografieren lassen. Rosa versucht zu lächeln, die Kinder nicht. Kratzen die neuen Matrosenanzüge? Oder passt ihnen gar die ganze Reise nicht?

DIE FAMILIE PALUKA

Der 1872 in Konstantinopel geborene Vater, Max Paluka, ist gelernter Pharmazeut und Kaufmann. Grieche soll er gewesen sein, aber nachweisen lässt sich das nicht. Ursprung der Legende ist vermutlich eine missverständliche Pressemeldung von Palucca aus den 1920er Jahren, in der es heißt: »Paluka, Name neugriechisch«.[2]

Max Paluka ist ein lebenslustiger junger Mann, der sich mit vielerlei Ideen ins Geschäftliche stürzt. 1901 heiratet er die 1880 in Nürnberg geborene Rosa Merfeld. Knapp ein Jahr später, am 8. Januar 1902, kommt in der Münchener Bruderstraße 12 ihr erstes Kind zur Welt. Es ist ein Mädchen, das zwei Monate später nach »evangelisch-lutherischem Ritus« auf den Namen Margarethe getauft wird. Schon am 15. Dezember 1902 wird ihr Bruder Hans geboren.

Doch 1905 scheint sich das geschäftliche Blatt zu wenden, Max Paluka muss Konkurs anmelden. In der darauffolgenden Zeit ist er ohne Anstellung, erwerbslos und mit hoher Wahrscheinlichkeit auch noch mit einem Berg Schulden belastet.

Paluccas Mutter Rosa soll sich gern in Künstlerkreisen aufhalten, ohne selbst künstlerisch tätig zu sein – was auch immer damit im Detail gemeint sein mag. Die Familienverhältnisse der Palukas scheinen etwas verworren oder gar ungeordnet zu sein. Zu Rosa Paluka heißt es, im Melderegister der Stadt München ohne Zeitangabe lapidar »vermisst«, aber dass sie »zurückgekommen, wieder beim Ehemann« sei. Im Februar 1905 ist sie in der Viktoriastraße gemeldet, er dagegen seit dem 6. Mai 1905 in einer Villenkolonie in der Pasinger Apfelallee 5a. Seit dem März 1906 wohnt sie bei ihrer Mutter in Schwabing, er dagegen ist bereits am 30. Juli 1906 in San Francisco. Können sich die Palukas keine gemeinsame Wohnung leisten oder einfach nicht zusammen leben? Ist Rosa trotz oder gerade wegen der Kinder zu ihrer Mutter gezogen? Palucca ist als Kind oft bei Großmutter Mathilde in einer gehobenen Münchener Wohngegend, der Englische Garten ist nur wenige Schritte entfernt. Zu ihrem Klavierspiel soll Palucca schon damals getanzt haben. Aber welches Kind hätte das nicht getan?

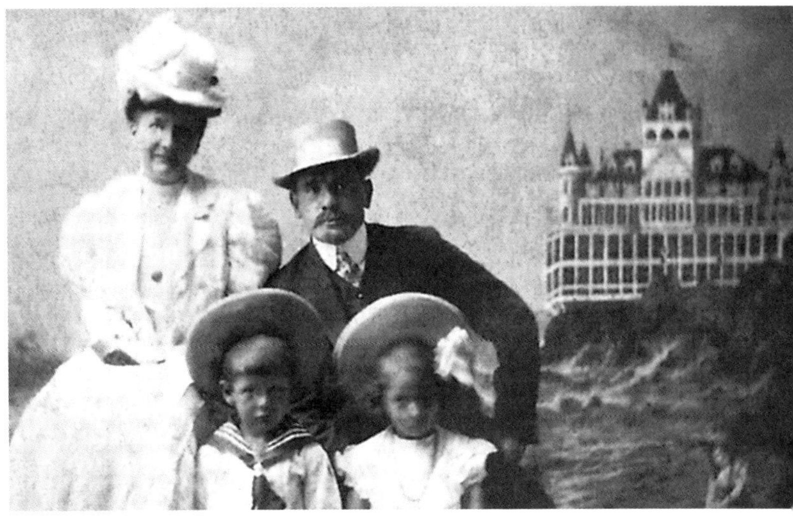

Max und Rosa Paluka mit ihren Kindern Hans und Margarethe, um 1908

Wie auch immer die Familienverhältnisse gewesen sein mögen, die Ausreise nach Amerika scheint nicht unüberlegt. Vielleicht sehen es die Eltern als letzte Möglichkeit, noch einmal von vorn zu beginnen. Doch Kalifornien hatte erst wenige Monate zuvor im April 1906 ein verheerendes Erdbeben erlebt, die Stadt San Francisco ist fast vollständig zerstört. Kommt Familie Paluka hier nicht vom Regen in die Traufe? Oder lassen sich in dieser Situation wieder gute Geschäfte machen?

Die Kinder gehen in San Francisco in eine provisorische Schule, für sie sicherlich ein Abenteuer. In der schulfreien Zeit übt die kleine Gretel eifrig auf den Rollschuhbahnen. Damit manifestiert sich in Amerika schon ein erster kindlicher Berufstraum: Rollschuhtänzerin!

Doch der Mutter reicht es bald in Amerika, die Kinder sollen in Deutschland zur Schule gehen. Ob das nur ein Vorwand für die Rückkehr ist, sei dahingestellt.[3] Sie lässt sich scheiden und siedelt nach drei Jahren mit den Kindern wieder nach Deutschland über. Dresden heißt die neue Heimatstadt der vorerst alleinerziehenden Mutter. Für Gretel ist damit der Traum von der Rollschuhtanzkarriere erst einmal vorbei, obwohl es sich bestimmt gut ins Dresdner Tal rasen ließe.

DRESDEN UND PLAUEN

In Dresden besucht Margarethe Paluka die 1871 von Julie Falk gegründete Privatschule *Lehr- und Erziehungsanstalt für Mädchen höherer Stände* in der Werderstraße 2, unweit des Hauptbahnhofs. Im Schulprospekt steht, dass es wichtig sei, »die Mädchen auf das sorgfältigste zu überwachen und ihnen die Vorteile des Familienlebens zu bieten«[4]. Täglich findet neben den üblichen hauswirtschaftlichen Schulfächern auch Turnunterricht statt und es werden sogar Musik- und Tanzunterricht angeboten. Diese Stunden müssen allerdings extra bezahlt werden. Ob Rosa Paluka dafür Geld hatte? Aufgrund dieser Ausbildung wäre aus Palucca wohl eher eine gebildete Ehe- und treusorgende Hausfrau geworden als die eigenwillige Tänzerin.

Doch in die Dresdner Zeit fällt eine wichtige Begegnung. Die Mutter ist mit dem Chorleiter der Dresdner Oper, Karl Maria Pembauer, bekannt. Als dieser im privaten Rahmen Klavier spielt, fängt Gretel an, dazu tänzerisch zu improvisieren. Pembauer hat das vermutlich so beeindruckt, dass er Ballettunterricht für das Mädchen vorschlägt, beim Solotänzer und Ballettmeister der Dresdner Oper, Heinrich Kröller. So erhält die Zehnjährige eine private Ballettausbildung. Keine leichte Aufgabe, wie sich Palucca später erinnert. Tanzen habe sie schon immer gewollt, nur habe sie nicht gewusst, wie. Seiltänzerin scheint ihr erheblich interessanter zu sein, vor allem, weil es noch viel gefährlicher ist als Rollschuhlaufen. Dafür läuft sie sogar einmal von zuhause weg, sie will zum Zirkus, sich selbst ihren Mut beweisen. Natürlich wird daraus nichts, sie muss zurück.

Dieses quirlige Mädchen, das die allergrößte Freude am Einwärtsgehen, Komischsein und Hochspringen hat, soll nun von Heinrich Kröller ans Ballett herangeführt werden. Das größte Hindernis ist sich Gretel selbst. Ballett findet sie kitschig und sentimental. Doch allmählich ändert sich ihre Meinung. Auswärtsgehen ist für sie nicht mehr affektiert, und sie macht sogar beim Walzer ein freundliches Gesicht. Auf Fotos dieser Zeit ist ein junges Mädchen zu sehen, das versucht, anmutig zu posieren und sogar im Spagat sitzt – allerdings auf einem Flügel.

Später wird sich Palucca mit freundlicher Zuneigung an den Mann erinnern, der ihr die strengen Regeln des klassischen Tanzes beizubringen versucht. Doch die Ausbildung nimmt ein jähes Ende. Die Mutter lernt den Amtsrichter Dr. jur. Rudolf Berthold kennen. Im Oktober 1914 wird geheiratet und umgezogen: nach Plauen im Vogtland, wo Palucca von 1914 bis 1917 die Höhere Mädchenschule besucht.

In Plauen kann Palucca erstmals das bei Kröller Erlernte öffentlich vorführen. Am Sonntag, den 2. Dezember 1917, tanzt sie bei einem Schulabend einen Walzer von Joseph Lanner. Offensichtlich fühlt sich Palucca im Tanz schon so sicher, dass sie diesen Auftritt wagt: das tänzerische Debüt für die 15-Jährige.

Die Höhere Mädchenschule in Plauen ist erst zwei Jahre zuvor, 1912, eröffnet worden. In der Schulchronik heißt es, dass die neue Schulart den Zeitverhältnissen Rechnung trage, indem sie durch eine höhere Bildung der Frau und Mutter dem deutschen Familienleben neue Nahrung zuführe. Den vielen unverheirateten Frauen dagegen werde durch Vorbereitung auf geeignete Frauenberufe eine gesicherte Lebensstellung erschlossen.[5] Dieses hohe Ziel scheint die Schule auch zu erreichen. Eine bis 1922 geführte Statistik belegt, dass bis zu 90 Prozent der Schulabgängerinnen praktische Berufe erlernt und sich somit die Grundlage für ein selbstständiges, von Männern unabhängiges Leben geschaffen haben.[6] Das lässt auf eine fortschrittliche Pädagogik und Bildung schließen. Neben dem Unterricht in den üblichen Fächern gibt es auch einen Schulgarten, eine Bücherei, einen Chor sowie die 1914 für die Schülerinnen der zweiten Klasse eingerichtete Tanzstunde.

Doch die Schulausbildung wird überschattet vom Ersten Weltkrieg, Unterricht und Erziehung stehen nun »im Banne des gewaltigen Völkerringens«. Insbesondere die öffentlichen Schulfeiern nehmen auf die Kriegsereignisse Bezug. 1917 zitiert Palucca bei einem »Vaterländischen Abend« einen *Vorspruch*, bevor das *Weihegebet* und *Heilig Vaterland* angestimmt werden. Doch für Palucca ist dies nicht nur der pflichtgemäße Beitrag eines Schulmädchens. Ihr Vater ist als Soldat in diesen Krieg gezogen und am 20. Juli 1915 in Russland gefallen.[7] Die Verbindung zwischen den beiden war eng: Nach der Trennung der Eltern hat

Palucca mit ihm per Brief Kontakt gehalten. Was der Verlust der Vaters für das 13-jährige Mädchen bedeutet, lässt sich nur erahnen.

So wird Gretel Paluka in der Plauener Schulzeit sowohl mit der Möglichkeit als auch mit der Notwendigkeit eines selbstbestimmten Lebens konfrontiert. Das letzte Schuljahr absolviert sie jedoch wieder in der Schule von Margarete Balsat in Dresden. Die Gründe für diese Rückkehr sind nicht bekannt, Palucca zieht dieses Mal allein nach Dresden und wohnt im Internat.

Ihr bleibt dadurch wahrscheinlich erspart, den tragischen Tod ihres Bruders mitzuerleben. Hans stirbt am 24. Februar 1919, wenige Wochen nach seinem 16. Geburtstag. Auf Fotos macht er stets den Eindruck eines gutgelaunten Jugendlichen. Er soll auch ein »frühreifer« Junge gewesen sein. Sein Tod sei ein Unfall, heißt es, im Bad, mit Gas. Erstickt, ertrunken, hinter verschlossener Tür?

Unter den vielen tausend Fotos von Palucca gibt es nur sehr wenige, auf denen sie jemanden umarmt. Ihr Bruder Hans ist einer derjenigen. Als Hänsel und Gretel mögen sie sich empfunden haben in dieser wechselvollen Zeit. Sicher haben sie sich gegenseitig geärgert, aber als fast Gleichaltrige auch Geheimnisse miteinander geteilt. Im Nachlass von Palucca gibt es viele zerschnittene Fotos, auf denen der Bruder fehlt. War der Schmerz über das Unglück zu groß oder das Wissen um die Unglücksursache unerträglich? Oder beides?

DER KÜNSTLERISCHE VATER: HEINRICH KRÖLLER

Nach der Schule wird Palucca Ballettelevin in München – bei Heinrich Kröller, der inzwischen Ballettmeister am dortigen Hof- und Nationaltheater ist. Zuerst wohnt sie bei Großmutter Mathilde, später quartiert sie sich in der Pension *International* ein. Kröller macht Palucca jedoch die schmerzliche Mitteilung, dass er sie als Balletttänzerin für gänzlich ungeeignet hält. Diese ehrliche Einschätzung ist nachträglich als

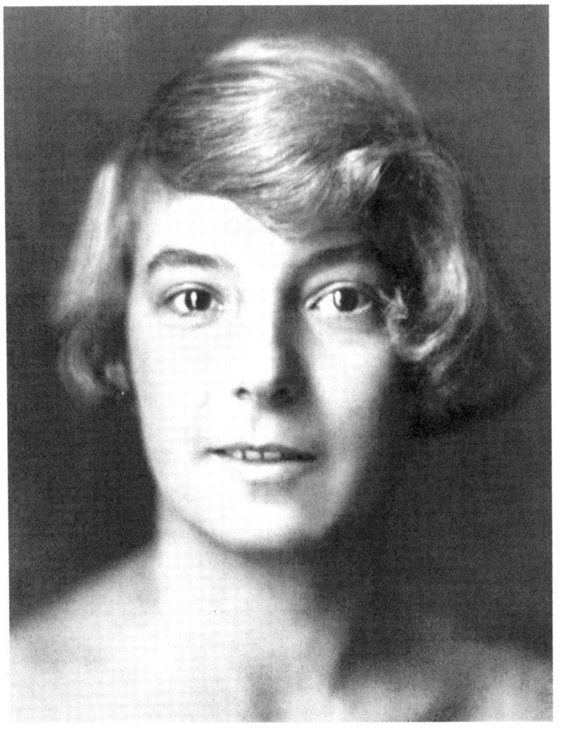

Jugendfoto, um 1918

Glücksfall zu bezeichnen, wie überhaupt die Ballettausbildung bei Kröller im Hinblick auf ihre spätere Tanzkarriere.

Heinrich Kröller verdient es, eingehender erwähnt zu werden. 1880 in München geboren, wird er bereits sechzehnjährig Erster Tänzer am Münchner Hoftheater und ist danach in Dresden, Berlin und München engagiert. Als Ballettmeister an der Staatsoper Wien leitet er auch die Ballettschule. Er wird zu einem Reformer des Balletts und zu einem der wichtigsten Choreografen Europas, der mit dem Modernen Tanz die Ausdrucksfähigkeit des klassischen Tanzes erweitert. In München nennt er 1924 eine Aufführung programmatisch *Ein moderner Ballettabend*. Doch seine modernen Ansichten beziehen sich keinesfalls ausschließlich auf Choreografie und Ausbildung. So verzichtet er in seinem Münchner Ballettensemble auf die bisherigen hierarchischen Strukturen des Balletts. Auch sein Umgang mit Musik ist für seine Zeit avantgardistisch: Neben den traditionellen Ballettmusiken choreografierte er Werke von Igor Strawinsky oder Richard Strauss. Bei diesem ›modernen‹ Künstler also erlernt Margarethe Paluka die Technik des klassischen Tanzes.

Am 25. Juli 1930, am Morgen seines 50. Geburtstages, setzt Heinrich Kröller seinem Leben in Würzburg ein Ende. Palucca scheint als Nachfolgerin im Gespräch zu sein; immerhin lässt sie dies in der Presse dementieren: »Es haben niemals direkte Verhandlungen zwischen der Direktion der Münchener Staatstheater und Frau Palucca stattgefunden, sondern nur völlig unverbindliche Anfragen von Agenten. Frau Palucca hat ihrer ganzen künstlerischen Einstellung nach nicht die Absicht, sich an eine Bühne zu binden.«[8]

Ohne Frage nimmt Palucca zeitlebens eine kritische, distanzierte und mitunter sogar ablehnende Haltung zum Ballett ein. Doch die Unterrichtszeit bei Heinrich Kröller ist ihr in positiver Erinnerung.[9] Außerdem weiß sie, was sie ihm zu verdanken hat: Denn es ist ihre Sprungtechnik, die sie berühmt machen wird, weil sie sich durch sie von den anderen modernen Tänzern unterscheidet. Die Basis dafür wird im Ballettunterricht bei Kröller gelegt.

Als eine der erfolgreichsten Solotänzerinnen in Deutschland wird sie sich auf dem Höhepunkt ihres Ruhms mehrfach zu ihrem Tanz äußern. In diesen Aussagen klingen oft Hinweise auf die frühe Ballettausbildung an. So verdanke sie ihre tänzerischen Einfälle ihrem von Kindheit auf trainierten Körper.[10] Auch die Tanzkritiker der 1920er Jahre finden diesen Teil der Ausbildung in ihrer Kunst wieder. Es scheint ihnen, dass die Grundlagen ihrer Tänze nicht ausschließlich in der Wigman-Schulung, sondern auch in der Ausbildungstradition des klassischen Tanzes lägen.[11] Palucca erinnert sich: »Das Studium des klassischen Tanzes war für mich sehr nützlich, aber es füllte mich nicht aus; ich wollte mehr ausdrücken können, wußte aber keinen Weg, bis ich während meiner Ferien in Dresden Mary Wigman tanzen sah und sofort spürte, daß sie meine Meisterin sein könnte.«[12]

1920–1923
SPRUNG BIS ZUM KRONLEUCHTER

BEGEGNUNG MIT MARY WIGMAN

Der 7. November 1919 wird für Palucca zu einem entscheidenden Tag. Anlässlich eines Gastspiels des Münchner Hof- und Nationaltheaters ist sie in Dresden und sieht dort einen Tanzabend von Mary Wigman.[1] Wer war Mary Wigman und wie kam sie nach Dresden?

Ausdruckstänzerin Mary Wigman, geboren 1886 in Hannover, gestorben 1973 in Berlin, heißt eigentlich Marie Wiegmann und lässt sich bei Emile Jaques-Dalcroze in Hellerau zur Lehrerin für Rhythmische Gymnastik ausbilden. 1913 schlägt sie aber ein festes Engagement aus, um bei Rudolf von Laban in der Schweiz Tänzerin zu werden. Zunächst ist sie wenig erfolgreich, ihren ersten wirklichen Erfolg datiert sie selbst auf den 20. Februar 1919 in Davos. Da ist sie immerhin bereits 32 Jahre alt. Durch diese öffentliche Anerkennung ermutigt, beschließt sie, mit dem in Davos erfolgreichen Programm im Herbst eine Deutschlandtournee zu unternehmen. In München wird sie ausgepfiffen. Auch die zweite Station Berlin wird zur Katastrophe, allerdings erscheinen nach der missglückten Vorstellung der Maler Lasar Segall und der Kunstförderer Will Grohmann aus Dresden in der Garderobe von Wigman. Sie glauben an diese neue Kunst des Ausdruckstanzes und laden sie zu einem Tanzgastspiel nach Dresden ein. Selbstverständlich nimmt sie an – sie hat ja nichts zu verlieren. Am 7. November 1919 tritt Mary Wigman also im Großen Saal der Kaufmannschaft in Dresden auf – und es wird ein Erfolg. Ihre Tanzzyklen hießen zuvor *Gespenstertänze*, *Totentanz*, *Maskentänze* oder *Ekstatische Tänze*. Doch nun tanzt sie *Ungarische Tänze* von Johannes Brahms, einen *Walzer* von Johann Strauß und einen *Marche Orientale* von Enrique Granados. Hatte sich Mary Wigman im rechten Moment von der Darstellung des Dunklen getrennt?

Eine fast akrobatische Kraft der Glieder, die die Übergänge von der aufrechten zur kauernden, knienden oder liegenden und wieder zur aufrechten Stellung mit scheinbar spielerischer Leichtigkeit überwinde, verbinde sich bei ihr mit einer Ausdrucksschärfe und einer solchen Anmut aller Bewegungen, dass es selbstverständlich sei, wenn Beifall und Bewunderung der Zuschauer außergewöhnliche Formen annähmen, urteilen die *Dresdner Nachrichten*.[2] Wigman wird an diesem Novemberabend vom Dresdner Publikum erkannt und anerkannt.

Palucca, die diesen Tanzabend miterlebt, sieht in Wigmans Kunst, was sie für sich selbst als wichtig empfindet: nicht nur einen neuen expressionistischen Tanz und ein anderer Umgang mit Raum, Musik und Kostüm, sondern ein neues Menschenbild. Für Palucca eine Offenbarung.[3] Später wird Palucca sagen: »Es ist sehr schwer, der heutigen Generation klarzumachen, was für uns damals Mary Wigmans erstes Auftreten bedeutete. Es war etwas so unerhört Neues, etwas so Elementares, daß mir sofort klar wurde: Entweder lerne ich bei ihr tanzen – oder ich lerne es nie! Hier war der neue Tanz, der meinem Ideal entsprach – hier war der Mensch und Führer, den ich brauchte.«[4]

AUFNAHME BEI MARY WIGMAN

Der Wille zur Bewegung sei in ihr seit frühester Kindheit rege gewesen, und als er dann bei Heinrich Kröller in tänzerische Bahnen gelenkt wurde, habe sie bald der Missklang zwischen dem, was ihr als Ideal von Tanz vorschwebte, und dem, was als Tanz gelehrt wurde, gequält, äußert Palucca über ihre Anfangsjahre. Dieser innere Zwiespalt sei dann so groß geworden, dass sie an ihrer tänzerischen Begabung bereits völlig gezweifelt habe, wäre in diese Krise hinein nicht die Begegnung mit Mary Wigman gefallen.[5]

Wigman wiederholt nach dem sensationellen Dresdner Erfolg nicht nur ihren Tanzabend, sondern erhält auch eine Einladung für ein nächstes Gastspiel im kommenden Jahr. Doch dann muss sie sich 1920 länger als geplant in Dresden aufhalten. Der Kapp-Putsch und der von ihm ausgelöste landesweite Generalstreik halten sie in Dresden fest. Im Palasthotel Weber richtet sie sich für drei Wochen ein – um dann 23 Jahre in Dresden zu bleiben.

Kaum ist sie in Dresden angekommen, melden sich junge Frauen im Hotel, die Schülerinnen bei ihr werden wollen. Unter diesen ist auch, wie sich Mary Wigman erinnert, »ein schmalhüftiges, fast knabenhaft wirkendes Mädchen mit keckem Gesicht und wirr darüberwehenden Haaren«.[6] Solch ein »prachtvolles Tanztemperament« mit einer derartigen natürlichen Sprungfähigkeit ist selbst für die Wigman, die sich selbst als ausgezeichnete Springerin bezeichnet, eine kleine Sensation.

Die »Eignungsprüfung« muss man sich so vorstellen: Wigman erteilt in einem der Gesellschaftsräume des Hotels Sprungaufgaben, bis der Ehrgeiz von Palucca völlig entfesselt ist. Nach jeder Korrektur, nach jeder Wiederholung sei sie ein wenig höher durch den Raum geflogen, erinnert sich Wigman – bis mit einem Klirren die Hälfte des Kronleuchters mit ihr heruntergekommen sei. Mit Kristallsplittern bedeckt hätten sich Palucca und Mary Wigman dann gegenübergestanden und gelacht, bis sie nicht mehr konnten.[7] Wigmans Assistentin Berthe Trümpy erinnert sich, dass Palucca zuerst angefangen habe, in Ballettschuhen auf halber Spitze zu trippeln. Davon soll Wigman nicht sehr angetan gewesen sein und Sprungaufgaben gestellt haben – zum Glück für Palucca. Denn jetzt konnte Gretel zeigen, dass sie für einen einzigen Sprung den ganzen Raum brauchte.[8]

Palucca will zwar unbedingt zu Wigman, kann sich aber nicht aus eigener Kraft von den konventionellen Ballettbewegungen lösen: »Meine Anfängerzeit war schön, wenn ich auch das erste Jahr täglich dagegen arbeitete, um [...] nicht lieblich zu sein. Wenn ich jetzt so darüber nachdenke, war dieses in der ersten Zeit und in meiner damaligen tänzerischen Unerfahrenheit mein stärkster Kampf. Meine Parole hieß: Ich will nicht hübsch und lieblich tanzen!«[9] Bei Mary Wigman kann Palucca dies nun endlich verwirklichen.

UNTERRICHT BEI MARY WIGMAN

Paluccas Entscheidung für eine Tanzausbildung bei Mary Wigman in Dresden steht fest. Es ist nicht einfach, die Widerstände in ihrer Familie zu überwinden, aber sie setzt sich durch, weil sie davon überzeugt ist, dass der Tanz ihr »eingeboren« sei.[10]

In den 1920er Jahren bestimmt der Expressionismus die künstlerische Atmosphäre, auch in Dresden. Der Ausdruckstanz – diese speziell deutsche Erfindung – ist die tänzerische Variante dieser künstlerischen Strömung. Auch wenn im Tanz der menschliche Körper nicht so verfremdet werden kann wie in der bildenden Kunst, schafft doch der neue Umgang mit dem Körper eine andere Ästhetik mit ähnlich schockierenden Wirkungen. Mary Wigmans *Hexentanz*, bei dem sie auf dem Boden sitzend beginnt, dann wild mit den Füßen stampfend sich immer noch sitzend im Kreis dreht, entspricht nicht den bis dahin mit Tanz verbundenen Erwartungen von Leichtigkeit, Reinheit, Schönheit und Unterhaltung.

Mary Wigman fühlt sich also 1920 nicht grundlos wohl an der Elbe. Die Kunst ist in Bewegung geraten. Galerien, Verlage, Zeitschriften entstehen, die die neue Kunstform propagieren. Am Sächsischen Staatstheater inszeniert Berthold Viertel den *Sommernachtstraum* mit Erich Ponto als Puck. Eine der Elfen ist die Tanzschülerin Margarethe Paluka. So wächst die erst 18-jährige Palucca wie selbstverständlich in die neuen Kunstströmungen hinein. Die Begegnungen mit dem Künstlerkreis um Wigman, zu dem auch Lasar Segall, Berthold Viertel und Walter Hasenclever zählen, prägen sie künstlerisch und persönlich. Aber Wigman hat auch ein Auge auf ihre Schülerin und sorgt sich wie eine Mutter: »Du kannst machen, was du willst, aber früh um acht stehst du ordentlich da und arbeitest«, lautet ihre Ermahnung.[11] Für Palucca ist es eine wunderbare Zeit.

Die Tanzausbildung bei Mary Wigman findet in der Schillerstraße 17 (heute Bautzner Straße 107) statt. 1920 gibt es zwar noch kein elektrisches Licht, auch kein Wasser und kein Gas, dafür aber gelbe Birnen im Garten, Rosen und Nelken. Mit acht Schülern und Schülerinnen startet die ausdruckstänzerische Pädagogik von Mary Wigman in Dresden.[12] Eine davon ist Margarethe Paluka, immer noch »Gretel« gerufen.

Palucca erlebt eine von Improvisation geprägte Anfangszeit. Wigman selbst räumt ein, dass von einer methodisch aufgebauten und konsequent durchgeführten Arbeitsweise am Beginn noch keine Rede sein konnte. Eine Unterrichtsanweisung oder gar eine Lehrmethode, wie sie bis dahin in der Ballettausbildung üblich waren, will Wigman auf gar keinen Fall haben.[13] Erst 1923 beginnt sie mit der Erarbeitung eines Ausbildungskonzepts. Bis dahin stehen die schöpferische Arbeit, das Entdecken und Erweitern eigener Möglichkeiten im Tanz im Mittelpunkt der Unterrichtsstunden: »Aufgabe des Lehren-

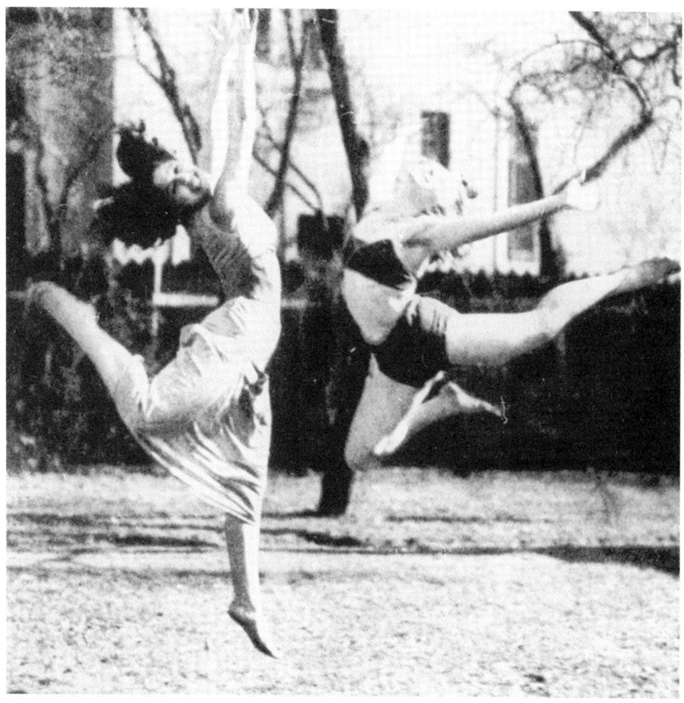

Sprungübungen im Garten der Wigman-Schule, um 1924

den ist, den Weg zu dem Lernenden zu finden, die Art seiner Begabung zu erkennen, sie als selbstständige Welt zu respektieren. Niemals sein Ich dem Schüler aufzwingen wollen, niemals sich selbst zum Maßstab nehmen.«[14] Die Atmosphäre in der Wigman-Schule ermutigt zum einen Palucca, ihrer eigenwilligen und einzigartigen Persönlichkeit im Tanz eine adäquate Form zu geben. Zum anderen wird sie diese Erfahrungen später auch in ihrem eigenen Unterricht anwenden.

Die Wigman-Schule muss man sich ohnehin mehr wie eine Großfamilie mit exzentrischer alleinerziehender Mutter vorstellen. Die Räume sind nach expressionistischer Manier in leuchtenden Farben gehalten. Überall stehen Schlaginstrumente. Der Garten ist seinem natürlichen Wuchs überlassen. Die Schüler laufen, wenn sie Hunger haben, einige Meter zu Pfunds Molkerei, kaufen Buttermilch und sind überhaupt laut und glücklich. Den Nachbarn wird's alles in allem wohl ein Graus sein.

Palucca erlebt Mary Wigman auf der Höhe ihres Erfolges als Tänzerin. Bei ihren Auftritten und Gastspielreisen integriert sie teilweise ihre Schülerinnen. Der Wigman-Kammertanzgruppe gehören Berthe Trümpy, Lena Hanke und Margarethe Paluka an. Ihr Debüt gibt die Gruppe im Januar 1921 im Dresdner Konzertsaal. Wigman hat für die musikalische Begleitung das Philharmonische Orchester verpflichtet und auf dem Balkon platziert, weil die Bühne für den Tanz gebraucht wird. Der Dirigent muss mit einem Rückspiegel arbeiten.

In den *Dresdner Neuesten Nachrichten* ist zu lesen, es sei ein Triumph der Lehrerin, wie die drei hochbegabten jungen Mädchen »Trümpi, Paluka, Hanke« die Musik dieser Tänze erklingen ließen. Mary Wigman erinnert sich gerade an diesen Auftritt mit eher gemischten Gefühlen: Während sie sich als Zentralfigur in großem Tempo um die eigene Achse gedreht habe, seien jeweils zwei der jungen Tänzerinnen in weit gezogener Kreisbahn um sie als den Mittelpunkt in Gegenbewegung zueinander und genau die gleiche Entfernung haltend herumgerast. Bereits nach der dritten Umrundung habe sie jedoch »Bibi« (Berthe Trümpy) keuchen hören, Palucca solle nicht solche Riesensätze machen, da sie nicht mehr mitkäme.[15]

Mit diesem Auftritt deutet sich bereits ein problematisches Verhältnis zwischen der Meisterin und der Schülerin an. Gerade Paluccas Sprünge, meint die Wigman-Biografin Hedwig Müller, seien bereits höher und weiter gewesen als die von Wigman, die letztlich bewundernd und neiderfüllt kapituliert habe.[16]

Im gleichen Jahr entschließt sich Palucca, ihren Namen von Margarethe Paluka in Gret Palucca zu ändern. Diese Namensänderung hatte sie bereits zu Beginn ihrer Ausbildung bei Mary Wigman angekündigt – mit dem Zusatz »wenn ich berühmt bin«. Offensichtlich erkennt sie nun, dass es dann vielleicht schon zu spät sein könnte.

Warum tauscht sie das K im Nachnamen gegen die zwei C ein? Vielleicht ist es die geplante Italientournee der Wigman-Tanzgruppe, die sie vorab Reisebeschreibungen wie *Die Bäder der Stadt Lucca* oder *Die Stadt Lucca* von Heinrich Heine lesen lässt? Oder ist der Name Paluka von den Mitschülerinnen vielleicht einfach nur als Kosename entsprechend dem Temperament seiner Trägerin anders, lebendiger akzentuiert worden? Palucca wird später erzählen, sie habe als Kind ein Kasperletheater mit einer Figur namens Palikkl-Palukkl erlebt. Diese Figur und damit wohl auch die anders rhythmisierte Aussprache ihres Namens seien ihr in Erinnerung geblieben. Kurioserweise redet der Regisseur Boleslav Barlog (Intendant des Schlosspark-Theaters und des Schiller-Theaters in Berlin) sie mit »Geliebte Palikke-Palukke« an. Möglich ist auch, dass ihr jemand von der Opernsängerin Pauline Lucca (1841–1908) berichtet hat und sie dadurch auf die Idee mit dem Doppel-C kam.[17]

Wie auch immer, Palucca gelingt mit diesem Namen eine einprägsame Konstruktion von Vokalen und Konsonanten. Diesen Namen wird sie als ihr künstlerisches Markenzeichen mit ihrem Tanz prägen und in die Tanzgeschichte einschreiben – wie Mary Wigman den ihren. In Wigmans Unterrichtsstunden kann Palucca ihrer Phantasie freien Lauf lassen. Mary Wigman beschreibt eine dieser Improvisationsstunden, die das Thema »Radfahrer« hatte: »[Max] Terpis voran, bedachtsam, überlegen und stur auf das Ziel ausgerichtet. Palucca als zweite, skrupellos und besessen drauflos strampelnd und sich temperamentvoll völlig verausgabend. Hinter ihr, als Einfallsreichste wie stets, Yvonne [Georgi], auf Form und Stil bedacht. Hanya [Holm], die an Präzision nicht zu überbietende, hatte eine Panne und stieg von ihrem imaginären Fahrrad ab, um den schlaff gewordenen Hinterreifen aufzupumpen. Als letzter [Harald] Kreutzberg, selig verspielt vor sich hintretend und immer wieder abgelenkt von den Dingen, die sich ihm am Rande darboten, die er aufgriff und in das eigentliche Geschehen einbezog.«[18]

Leni Riefenstahl absolviert zur gleichen Zeit ihre Tanzausbildung bei Wigman und beginnt danach eine erfolgversprechende Karriere als Solotänzerin. Noch 1999 erinnert sie sich, dass Palucca völlig an-

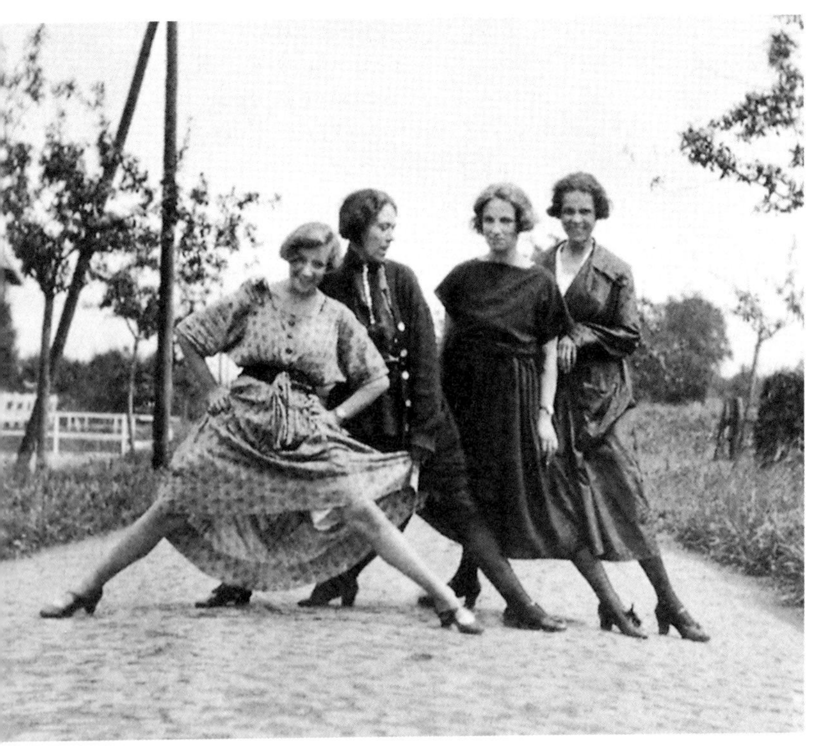

Gret Palucca, Mary Wigman, Berthe Trümpy und Lena Hanke in Brokdorf, 1920

ders gewesen sei als andere Tänzerinnen und dass sie sie immer sehr bewundert habe.[19] Aus allen oben erwähnten Wigman-Schülern sind Persönlichkeiten geworden, die den Tanz in Deutschland in den folgenden Jahrzehnten entscheidend geprägt haben.

Neben der Eigenart und Kreativität, die im Schutz der Wigman-Schule ausgelebt werden können, ist die frühe Präsenz in der Öffentlichkeit für Paluccas Tanzkarriere wichtig. In den Besprechungen der Wigman-Tanzabende wird immer wieder Palucca hervorgehoben. So schreibt die *Sächsische Staatszeitung*, dass Gret Palucca voll Originalität und Temperament sei – eine der großen Künstlerin würdige Partnerin. In jeder ihrer Bewegungen verrate sich reifes Können.[20]

Im folgenden Jahr tanzt Palucca im Dresdner Vereinshaus eigene Choreografien: einen *Tanz zur Trommel* und *Gollivog's Cakewalk*[21] zur Musik von Claude Debussy sowie *Burleske* mit Berthe Bartholomé und Max Pfister. Auch deswegen wird sie nun von der Presse als schöpferische Tänzerin betrachtet. Sie muss sich aber auch Kritik gefallen lassen: »Den Hauptertolg des Abends hatten Gret Palucca (wie schon immer), Yvonne Georgi und Berthe Bartholomé. Die Palucca sollte auf ihre akrobatische Clownerie des Cakewalk jetzt verzichten. Er gehört nicht in den Abend.«[22] Der *Hannoversche Kurier* bescheinigt Palucca jedoch eine starke technische Begabung, die sich in eben jenem grotesken *Cakewalk* von Debussy zeige.[23] Diese Begabung scheint die individuelle Ausprägung dessen zu sein, was Palucca vorab an Balletttechnik erlernt hatte, denn in der Wigman-Schule gab es zu ihrer Zeit keine tanztechnische Ausbildung. Auch dadurch hat sie gegenüber ihren Mitschülern einen – im doppelten Sinn – erheblichen Vorsprung.

TRENNUNG VON MARY WIGMAN

Dass die reifste der Schülerinnen sich von der Meisterin trennen wird, scheint nur noch eine Frage der Zeit zu sein. Das Unerhörte und Sensationelle dieser unvermeidlichen Trennung besteht jedoch darin, dass sie öffentlich vollzogen wird – und zwar von Palucca.

Mary Wigman erinnert sich: »Die ausverkaufte Philharmonie in Berlin – das Gruppenprogramm der ›Szenen aus dem Tanzdrama‹. [...] Es war alles genau studiert, und Palucca hatte einen harmlosen kleinen Sprungrhythmus zu tanzen. Plötzlich wendet sie sich statt zu der rufenden Gruppe mit strahlendem Lächeln dem Publikum zu und hatte ihren ersten Applaus sozusagen ›auf offener Szene‹. Sie wurde ermahnt, aber sie konnte es nicht lassen.«[24] Noch schmerzlicher als dieser Ausbruch aus der Choreografie muss Mary Wigman die groß aufgemachte Besprechung in der Zeitschrift *Die Dame* getroffen haben. Dort heißt es, dass mitten in die todernste Gemeinde plötzlich ein richtiger, losgelassener Theaterbeifall erschallt sei. Ein Mitglied der Gruppe habe soeben etwas Spanisches getanzt. Und das sei das Erste gewesen, was dem Rezensenten Pawel Barchan »nicht spanisch« vorgekommen sei: Palucca. Ein gedrungenes, kräftiges Wesen sei sie mit scharfen lustigen Augen. Durch einen einzigen, ganz kurzen Tanz habe Palucca das Publikum elektrisiert, gespannt, in Atem versetzt, an sich gefesselt. Wenn in der *Rhapsodie II* die Palucca zwei Takte vorbeiflitze, applaudiere der Saal mitten hinein, wenn sie nur ihre Nase zeige, seien die Leute »ganz hin«.[25]

Aus der Meisterin und der Schülerin werden bei Pawel Barchan Rivalinnen. Er beschreibt das Neue, Andere am Tanz von Palucca: »Denn ist die Wigman der Wille, und in allem nur der Wille, so ist die Palucca die Tat. Ist die Wigman die erdachte und erkämpfte Idee, so ist die Palucca die glückliche geglückte Vollbringung. [...] Kurz, ist die Wigman die geborene Propagandistin und Lehrerin, so ist die Palucca die geborene Tänzerin. Ist die Wigman nichts als Intelligenz, so ist die Palucca eine Natur.« Sie sei wie ein Schrei und der Rhythmus ihre Sprache, ihr unbändiges Leben.[26]

Wenn es nicht so schmerzlich für Wigman wäre, müsste sie eigentlich stolz sein auf sich und ihre Schülerin. Denn diese hat einen eigenen Weg gefunden und Wigman hat sie auf diesen gebracht. Palucca will und wird mit der Meisterin auch gar nicht konkurrieren, da sie sich in eine ganz andere Richtung aufmacht, um Neuland zu entdecken.

1924–1936 »EIGENE TÄNZE GRET PALUCCA«

Im Oktober 1923 treten die Wigman-Meisterschülerinnen Gret Palucca und Yvonne Georgi gemeinsam im Blüthner-Saal in Berlin auf. Das Presseecho ist erstaunlich, alle bekannten Tanzkritiker Berlins sind zugegen. Und diese schreiben von der Revolution neuer Jugend[1], von tausend Eindrücken, von »außerordentlichen Tänzerinnenerscheinungen«.[2] So viel Anerkennung – einen besseren Start hätte Palucca sich nicht wünschen können.

Überhaupt bringt das Jahr 1924 große Veränderungen für Palucca. Am 12. Januar heiratet sie Friedrich Bienert und wird damit amtlich zu Margarethe Bienert. Auf Friedrich Bienert und seinen Einfluss auf die Tanzkarriere der Palucca wird noch zurückzukommen sein.

Ihren ersten Solotanzabend gibt Palucca im Februar 1924 im Dresdner Vereinshaus. Die *Dresdner Nachrichten* schreiben umfangreich darüber: »Es hat immer einen besonderen Reiz, zu beobachten, wie der Schüler sich vom Meister löst und eigene Wege zu wandern beginnt. Nun hat ja Gret Palucca, die gestern zum ersten Mal ganz allein einen Tanzabend gab, von Anfang an ihr starkpersönliches Gepräge gezeigt, und Mary Wigman hat vor allem diese Seiten ihrer Meisterschülerin entfaltet. Sie hat den kraftvollen Körper zu höchster Schnell- und Sprungkraft gestählt, die großen Augen, die entsetzt und drollig blicken können, in den Dienst von geheimnisvollen oder übermütigen Gebilden gestellt und Groteske und Clownerie im Wesen der Schülerin entwickelt. [...] Daß alles, was man sah, [...] weit über dem üblichen Durchschnitt stand, braucht nicht besonders betont zu werden. Darum waren auch der starke Besuch und der zum Teil stürmische Beifall begreiflich.«[3] Palucca hat ganz offensichtlich den Sprung als Solotänzerin auf die Bühne geschafft.

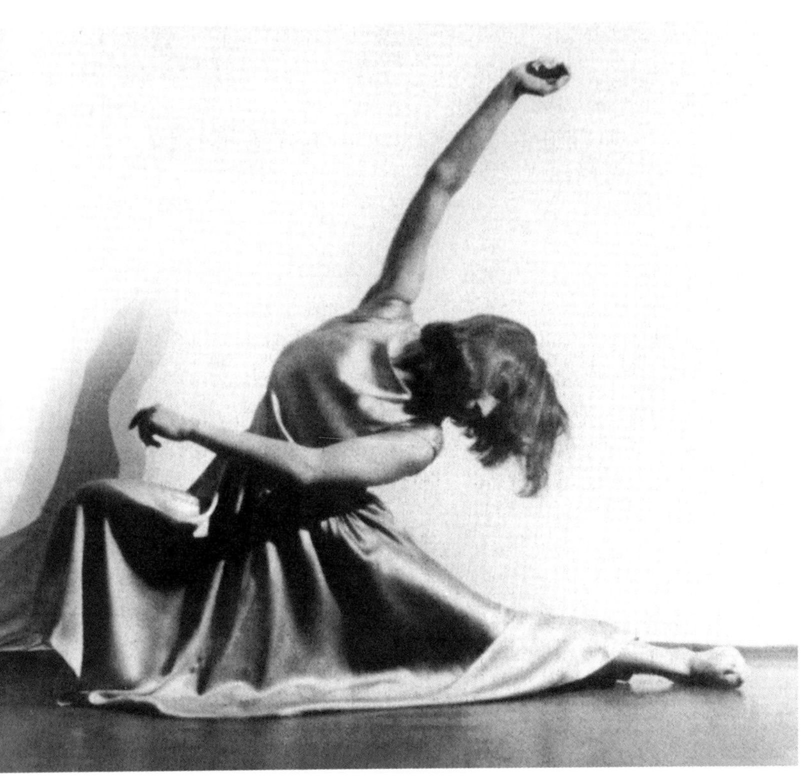

»Fließend«, 1925

Ihren nächsten Tanzabend im Berliner Blüthner-Saal nennt sie deshalb auch selbstbewusst *Eigene Tänze Gret Palucca.* Am Flügel wird sie von Herbert Trantow begleitet. Das Echo ist dieses Mal jedoch wesentlich verhaltener als noch im Herbst des Vorjahres. Lediglich im *Kleinen Journal* nennt Alfred Jürgens Palucca eine starke Hoffnung und den Abend einen hohen künstlerischen Auftakt.[4] Die *Berliner Volkszeitung* hebt zwar die staunenswerte Technik hervor, schränkt aber ein, dass das Ganze dennoch nicht Kunst zu nennen sei.

Paluccas Tanz ist am Anfang durchaus noch durch Wigman geprägt. Dass Palucca auch mit dem klassischen Tanz Erfahrungen gemacht hat, weiß zu dieser Zeit niemand. Palucca wird diese Tanzstile im Verlauf ihrer Karriere zu einem völlig neuen Tanz verschmelzen, der unter dem Namen *TANZ PALUCCA* in die Tanzgeschichte eingehen wird. Vorerst aber muss Palucca eine Verbindung von Ausdruck und tanztechnischer Virtuosität finden.

AUSDRUCK UND TANZ

Der nächste Tanzabend, für den Palucca nach Auftritten in Leipzig und Harnburg wieder nach Berlin kommt, heißt einfach *Palucca*. Er ist in zwei Teile gegliedert: *Tanz und Ausdruck* sowie *Tanzrhythmen*. Dieser Tanzabend kann als der erste typische Palucca-Abend bezeichnet werden. In den Überschriften der beiden Teile zeigt sich das gesamte Palucca-Tanzkonzept. Der Vorname Gret fehlt und wird nicht wieder auftauchen. Am unteren Rand des Programmzettels wird erstmals mit der Zeile »Unterrichtsanmeldungen schriftlich Palucca Dresden Bürgerwiese 25« auch auf die Pädagogin Palucca hingewiesen.

Doch das Entscheidende sind selbstverständlich die Tänze: *Stark betont*, *Gemäßigt*, *Im Ausdruck gehemmt*, *Bewegter Ausdruck* und *Heftig* – und im zweiten Teil: *Beschwingt*, *Kraftvoll*, *Leicht* und *Wild*. Zusätzlich hat sie noch den Tanz *Im Bann* gezeigt. In der Presse heißt es: »Ungemein energisch ist ihr Körper trainiert. Sie läßt ihm auch bei ihren Darbietungen nicht freien Lauf und hält stets mit straffer Hand die Zügel fest. Es sind mitunter geradezu Wunder der Gymnastik, die sie vollbringt. Aber – sie bleibt eigentlich bei der Gymnastik, die doch nur ein Mittel zum Tanz-Zweck ist, stehen.« Ihre Kunst sei nicht mehr Gymnastik, aber auch noch nicht Tanz, meint der *Berliner Börsen-Courier*. Auf dieser Zwischenstufe befinde sich Gret Palucca.[5]

Paluccas Ziel ist die Befreiung ihres Tanzes von allem Außertänzerischen. Sie will die Bewegung in den Mittelpunkt des Tanzes stellen, tänzerische Bewegung in ihrer Eigengesetzlichkeit und kontrastreichen Vielfalt zeigen, wie ›beschwingt – kraftvoll‹, ›langsam – schnell‹ und ›hoch – tief‹.

Die Tänze mit diesmal deutschen Titeln werden sich von denen des Frühjahrsprogramms nicht wesentlich unterschieden haben, aber durch die deutschsprachige Bezeichnung wird klar, dass es sich bei Paluccas Tanz nicht um eine Übersetzung der Musik handeln soll, sondern dass Tanz und Musik in der von ihr später sogenannten »Zwei-Einheit« zu einem Kunstwerk verschmelzen sollen.

Nur scheint dies zu jener Zeit noch niemand akzeptieren zu wollen. Vielleicht erinnern die Tänze hinter den Titeln auch wirklich noch zu sehr an Wigman'sche Bewegungsmuster. Wigman selbst hat die tänzerische Entwicklung ihrer Schüler in verschiedene Stufen eingeteilt. Für die zweite, in der Palucca sich offensichtlich befindet, sei das Uneinheitliche kennzeichnend, das Schwanken zwischen Ausdruck um des Ausdrucks willen und Form um der Form willen. Der Körper, nicht mehr nur Leib und noch nicht Instrument, werde Schauplatz innerer und äußerer Kämpfe. Spaltungserlebnis nennt sie diesen Vorgang.[6] Und tatsächlich ist Palucca gespalten: in Tanz und in Ausdruck. Gerade erst haben sich Kritik und Öffentlichkeit an den neuen Tanz, den Ausdruckstanz von Mary Wigman gewöhnt, da verlässt Palucca diesen festen Boden bereits wieder.

Und doch wird von den Kritikern, die in diesem neuen, anderen Tanz der Palucca zuerst ein Defizit an Ausdrucksfähigkeit sehen, allmählich erkannt, dass Palucca gerade einen ganz neuen und originären Tanzstil schafft.

Einer der ersten eigenen Tänze Paluccas hat den nahezu programmatischen Titel *Tanzabstraktion*. Ihre Idee eines abstrakten tänzerischen Raum-Zeit-Erlebnisses hat Palucca später beschrieben und verdeutlicht, dass der Inhalt ihres Tanzes kein außertänzerisches Thema ist. Vielmehr geht es ihr darum, mit ihren Bewegungen einer eigengesetzlichen Tanzdramaturgie folgend zu choreografieren.

Mary Wigman feiert zu diesem Zeitpunkt große Erfolge mit ihrem Tanzzyklus *Szene aus einem Tanzdrama*. Die einzelnen Tänze bilden darin durchaus im klassisch-dramaturgischen Sinn eine in sich geschlossene Handlung. Unterschiedlicher könnten also Palucca und Wigman nicht mehr sein – und diese Unterschiede werden auch in der Presse und Literatur formuliert. Palucca wird in den folgenden Jahren stets mit ihrer Lehrerin Mary Wigman verglichen und so auch an deren künstlerischen Werken gemessen.

Der renommierte Tanzpublizist John Schikowski schreibt bereits 1926 in seinem Buch *Geschichte des Tanzes*: »Gret Palucca zeigt den Wigman-Stil in reinster Form und höchster Vollendung. Dieser Stil bekommt durch die persönliche Note der Palucca etwas Holzschnittartiges. [...] Einzelne Formen erscheinen turnerisch-gymnastisch, aber das Gefühl des Akrobatischen kommt nicht auf, denn jede Schwingung, jede Wendung, jeder Stoß, jeder Sprung, jede Spannung wirkt als beseelter Ausdruck eigensten, innersten Erlebens.« Mit großer Anerkennung äußert er sich gegenüber der Tänzerin Palucca, die sich doch wahrlich erst am Anfang ihrer Karriere befände: »Die Palucca ist eine Persönlichkeit von so ausgeprägter Eigenart, daß jeder ihrer Tänze den Stempel ureigensten Erlebens trägt. Ihre Technik grenzt ans Wunderbare.«[7] Schikowskis Aussage, dass Paluccas Technik ans Wunderbare grenze, wird sie ihr Leben lang als feststehende Formulierung begleiten.

Jedoch bleibt die Behauptung, Palucca zeige den Wigman-Stil, nicht lange unwidersprochen. Tanzpublizist Rudolf Lämmel sagt 1928 in seinem Buch *Der moderne Tanz*: Palucca habe ihren eigenen Stil, der von dem der Wigman durchaus abweiche.[8] Technik bis hin zur Akrobatik sei ihr Mittel. Darin könne sie, meint er, nicht mehr überboten werden. Der Tanz der Palucca sei eine Gipfelleistung, die keine Fortsetzung finden könne.[9] Nach Lämmel fiele Palucca aus der »Vergleichsreihe der Entwicklung Laban-Wigman«, also der Entwicklung des Ausdruckstanzes, heraus. Er zitiert den Dresdner Kunstkritiker Will Grohmann mit dessen Vermutung, dass Palucca vielleicht die Brücke zwischen gestern und übermorgen sei.[10] Palucca scheint plötzlich die Berufene, etwas Neues im Tanz zu schaffen.

»Oft bin ich überrascht über die Deutungen, die man meinen Tänzen gibt, ich selber gebe ihnen keine, sie sind für mich nichts als Tanz«[11], wird Palucca selbstbewusst über ihren Tanz behaupten. Die Kritiker allerdings haben anfangs erhebliche Mühe, dies vorurteilsfrei zu beschreiben und am Ende gar anzuerkennen. 1924 ist lediglich vom Wunder der Gymnastik und von gehemmtem Ausdruck die Rede. Man erkennt nicht, dass mit dieser »Ausdruckslosigkeit« und mit der damit einhergehenden Ausstellung der technischen Fertigkeiten auch eine bewusste Abwendung vom Ausdruckstanz verbunden ist.

Die Kontroverse um den Neuen Tanz von Palucca zieht sich über Jahre und findet nicht nur in der Tanzhauptstadt Berlin statt. Auch in Dresden liefern sich die Rezensenten die gleiche Auseinandersetzung. So formuliert Wolfgang Schumann mit beißendem Spott in der *Dresdner Volkszeitung*, dass die »hochachtbare Tanzlehrerin Grete Palucca« auch als Tanzkünstlerin auftrete. Dies tue sie darüber hinaus – wie er extra betont – ohne Vornamen. Zu diesem Auftreten fehle ihr eigentlich auch nichts – vielleicht aber eher alles, schränkt er ein. Nichts fehle ihr, denn sie könne so viel wie gegenwärtig kaum eine Tänzerin, und sie stelle dieses Können mit hohem Ernst in den Dienst ihrer Sache: hingebend und eifervoll. Alles aber fehle ihr, was durch heißes Bemühen nicht zu ersetzen sei: der Funke, die Seele. »Sie tanzt ein Stück ›Gesteigert‹, aber sie wirkt nur wie ein von Gespenstern gepeinigter Mechanismus; sie tanzt ›Zwingend‹, aber es wird nur eine von Akrobatiken unterbrochene Kleinteufelei. Sie möchte ›Glanzvoll‹ tanzen, aber Glanz ist eine seelische Kraft und sie wirkt mehr brutal.«[12]

Aber es gibt auch Stimmen, die ihre Intentionen erkennen und richtig wiedergeben: Alfred Günther schreibt, dass Paluccas Tanz eben schmucklos und unsymbolisch sei. Er wirke nicht durch den Stoff, nicht durch die Erscheinung. Er wolle nichts »bedeuten«, er sei daher ganz und gar nur Bewegung, Spannung, Lockerung, Aufschwung, Niederlassen – nichts als Körper und Technik. Körperliches Bewusstsein, tänzerisches Bewusstsein.[13] Von solchen Meinungen unterstützt, wird

Palucca über alle Angriffe hinweg immer wieder mutig behaupten: »Meine Tänze haben keinen anderen Inhalt und Sinn als eben den Tanz, die natürliche Bewegung, gestaltet im Gleichklang mit der Musik.«[14] Auch Herbert Trantow, ihr Pianist, bestätigt das: Es handele sich um einen »Tanz an sich«. Um einen Tanz, der seine künstlerische und menschliche Berechtigung aus der Freude an der reinen tänzerischen Bewegung empfängt und keines »Programms« bedarf.[15]

Ein halbes Jahrhundert später werden Vertreter der amerikanischen Avantgarde wie Merce Cunningham und John Cage von ihrem Publikum genau dies verlangen: sich auf die tänzerischen und musikalischen Strukturen vorurteilsfrei einzulassen und der Korrespondenz der beiden Künste genussvoll zu folgen.

Doch bis zur Anerkennung des Neuen Tanzes in der Ausprägung von Palucca als einer eigenständigen stilistisch-ästhetischen Richtung ist es noch ein weiter Weg. Ohne ein unterstützendes soziales Umfeld und materielle Absicherung hätte Palucca ihre Form des Tanzes nicht allzu lange vertreten können. Aber Palucca hat, was das betrifft, den ›richtigen‹ Mann geheiratet.

PALUCCA, DAS BAUHAUS UND FAMILIE BIENERT

»Kommen Sie morgen nachmittag zu uns, dann sehen Sie Kandinsky«, schreibt Palucca Mitte der 1920er Jahre auf einen Zettel und steckt ihn ihrer fast gleichaltrigen Schülerin Martha Fricke zu. Mit »zu uns« ist die Wohnung in der Bürgerwiese 25 gemeint, die sie mit Ehemann Friedrich Bienert bewohnt. Dort probt Palucca und gibt Unterricht. Mit Friedrich Bienert (1891–1969), der als Kaufmann in den Mühlen seines Vaters arbeitet, ist sie seit dem 12. Januar 1924 verheiratet. Durch diese Hochzeit gehört Palucca nun zu einer der wohlhabendsten Dresdner Familien.

Friedrich Bienerts Großvater kommt aus einer sächsischen Müllersfamilie, hat 1843 eine Bäckerei in Dresden-Neustadt eröffnet und 1852 die Hofmühle in Plauen gepachtet, die er 1872 kauft. Damit erwirtschaftet er ein Vermögen, mit dem er auch gemeinnützige Belange unterstützt. Aus seinem Erbe bestimmt er eine Million Mark für soziale und kommunale Zwecke. Zwei seiner sieben Kinder führen das Unternehmen weiter und vergrößern es erheblich. In Dresden kursiert aufgrund des Reichtums der Familie die Sage, dass in den Bienert-Mühlen nicht Mehl, sondern Gold gemahlen wird.

Paluccas Schwiegermutter Ida Bienert ist eine generöse Mäzenin. Einen nicht unbeträchtlichen Teil des Geldes, das die Mühlen einbringen, scheint sie für zeitgenössische und avantgardistische Kunst auszugeben. Sie versammelt um sich einen Künstler- und Intellektuellenkreis, zu dem unter anderem Oskar Kokoschka, Paul Klee, Emil Nolde, Otto Dix, Walter Gropius und Mary Wigman zählen.[16]

Palucca freundet sich vermutlich noch als Wigman-Schülerin mit Ise Bienert, der Schwester von Friedrich Bienert, an. Diese Freundschaft sowie die Ehe mit Friedrich Bienert scheinen auf den ersten Blick mit Paluccas Tanzkarriere nichts zu tun zu haben. Doch dieser Eindruck täuscht – und zwar gewaltig.

Bei Paluccas Äußerungen, dass sie oft mit Kandinsky und Klee zusammengewesen sei, ist viel Legendenbildung im Spiel. Dass Palucca in den 1920er und 1930er Jahren Künstler von Weltruf trifft, steht außer Frage. Als sie Kandinsky begegnet, ist er 35 Jahre älter und längst berühmt. Ihr Verhältnis ist durchaus ein ungleiches. Sie berichtet, er habe sie ab und zu sogar geduzt.[17] Paul Klee, den ebenfalls sehr viel Älteren, hat Palucca »einfach verehrt«, mit dem Sohn Felix Klee dagegen verbindet sie eine Freundschaft. Die Besuche von Klee und Kandinsky sind nicht immer künstlerischer Natur. Palucca selbst hat das Alltägliche, ja Banale der Besuche nie verschwiegen. Kandinskys Frau Nina sei immer in Dresden zum Friseur gegangen. In diesen Stunden unterhält sich Palucca mit Kandinsky,[18] aber auch der Besuch eines Palucca-Tanzabends gehört wohl für Kandinsky zur Selbstverständlichkeit. 1932 schreibt er zum Beispiel aus dem Dresdner Hotel Continental an Mies van der Rohe, dass er erfahren habe, dass am übernächsten Tag Palucca tanze und dass sie – Mies und er – »erst danach zu Frau Bienert« kämen.[19]

Palucca besucht nach eigenen Aussagen oft das Bauhaus, hört dort Vorlesungen und nimmt an den Bauhausfesten teil. Natürlich tanzt sie auch für die Bauhäusler. In Weimar tritt sie im März 1925 auf – allerdings im Deutschen Nationaltheater; auf der Bauhausbühne in Dessau im April 1927 und im Mai 1928. Dass sie ohne Honorar tanzt, ist nicht nur Großzügigkeit von ihr. Wichtig ist, dass die Bauhäusler sie tanzen sehen. Am Tag nach ihrem Auftritt 1928 ist die »Vorführung einer Reihe von technischen Übungen und Improvisationen auf der Bauhausbühne für die Studierenden« angekündigt.[20] Xanti Schawinsky berichtet, dass Palucca und ihre provozierenden »Auflockerungsübungen«, wie er ihren Tanz nennt, die nicht ungefährliche Folge gehabt hätten, dass die Bauhäusler die Glasfassade des Bauhauses erklommen und vom Dach herunterspringen wollten.[21]

Abgesehen von dieser Wirkung haben die Bauhaus-Abende noch eine andere Bedeutung: Sie sind Bestandteil eines ›Vermarktungskonzepts‹ von Friedrich Bienert. Ein Beispiel: Die Sekretärin von Friedrich Bienert fragt dessen Schwester, ob sie sich mit dem Intendanten des Weimarer Theaters in Verbindung setzen könne, damit er eine Kritik über Palucca schreibe. Die Kritiken und Künstlermeinungen verwendet Bienert anschließend für seinen eigenen Werbeprospekt.

Neben den befürwortenden Kritiken muss man sich jedoch im Hause Bienert-Palucca zeitgleich über Rezensionen wie folgende ärgern: Im *Berliner Westen* schreibt man, dass die Tradition des Balletts in der modernen Tanzkunst weiterlebe und dass Palucca entwicklungsgeschichtlich zwischen der Wigman und dem Ballett stehe. Ihr Tanz sei mit turnerischer Wucht in die Erde gestampft, ein Übermaß an entfesselter und losgelöster Kraft. Der Rezensent nennt Palucca »eine Kämpferin, aber keine Siegerin«.[22]

Dass aber Palucca zu den Siegern gehört, ist selbstverständlich. Dorthin muss sie gehoben, notfalls auch geschoben werden. Und so erscheint wenig später der erste Werbeprospekt unter dem Titel *Palucca, Bilder und Kritiken*. Neben den Rezensionen aus ganz Deutschland enthält der Prospekt Porträt-, Tanz- und sogar Privatfotos von Palucca. Aber nichts von Klee oder den anderen Größen des Bauhauses. Das soll geändert werden. Hanna Eisfelder schreibt den gewünschten Personenkreis – nun als »Sekretariat Palucca-Schule« – direkt an. 1925 schreibt sie Alexej von Jawlensky, dass in der nächsten Zeit ein neuer Prospekt über die Tanzkunst von Palucca herausgegeben werde. In ihm sollen nicht Zeitungskritiker zu Wort kommen, sondern Künstler. Ob es ihm möglich sei, ein paar Zeilen darüber zu schreiben, welchen Eindruck Palucca auf ihn gemacht habe, besonders im Hinblick auf sein eigenes künstlerisches Schaffen.[23] Andere Künstler wie Klee, Kandinsky und László Moholy-Nagy werden mit ähnlich lautenden Schreiben ebenfalls um ihre Meinungen gebeten.[24] Kandinsky antwortet kurze Zeit später, dass er ganz besonders gern über Palucca für den Prospekt schreiben würde. Er hält Wort und schickt recht schnell seine Texte und Fotos mit grafischen Darstellungen an Friedrich Bienert.

Mit Freude und Genugtuung werden Palucca und Friedrich Bienert den neuen Prospekt *PALUCCA TANZ* aufgeschlagen haben, denn auch die anderen Angeschriebenen sind der Bitte nachgekommen. Klee bezieht sich in seinem Text direkt auf den Tanzabend in Weimar, Georg Kolbe schwärmt vom Untheoretischen im Tanz der Palucca, der ihn nicht erregt, sondern erfüllt habe, und Moholy-Nagy beschreibt die neue Ästhetik in der Tanzgestaltung der Palucca.

In diesem Prospekt ist auch erstmals der Beitrag *Palucca über ihre Schule* von Alfred Günther von den *Dresdner Neuesten Nachrichten* enthalten. Friedrich Bienert hatte den handschriftlich vorgelegten Text noch leicht ›bearbeitet‹ und auch Formulierungen aus dem maschinenschriftlichen Text *Porträt Palucca* – ebenfalls von Alfred Günther – gestrichen. »Ihr Weg war nicht sicher. Aber sie kam in ihre eigene Welt. Sie hat heute Erregung, Tumult, Teufelei der virtuosen Akrobatin längst hinter sich. [...] Dort, wo die Wesentlichen heute stehen, steht auch die Palucca. Sie ist ganz unauffällig dort angekommen.« Die Öffentlichkeit muss das nicht lesen. Friedrich Bienert redigiert, dankt Alfred Günther und legt das Honorar in bar bei.[25] Dieses Streichungsprinzip durchzieht auch die Rezensionen, die nicht in seinem Auftrag entstehen.[26] Vom Erfolg dieses »sehr effektvoll herausgebrachten Propagandaheft[s]«[27] angespornt, wird ein weiteres Heft mit dem Titel

TANZ PALUCCA produziert. Im Sommer 1927 trägt Friedrich Bienert weitere Künstlerstimmen zusammen, weil – wie er an Kandinsky schreibt – es doch tatsächlich Menschen gebe, die behaupten, dass die ganze Presse von ihm bestochen worden sei. Von so namhaften Künstlern wie eben jenen Angeschriebenen werde man das aber sicher nicht anzunehmen wagen.[28] Andererseits muss er sich aber auch um andere Stimmen kümmern, da das Urteil der Bauhauskünstler von den für Palucca wichtigen Theater- und Agentenkreisen fast einmütig als zu einseitig abgelehnt wird.[29]

Diese ›PR-Kampagne‹ geht an den Zeitgenossen nicht unbemerkt vorbei. Im Berliner *Tempo* würdigt der Kritiker Jacobi, wie es scheint mit einem Augenzwinkern, die Art und den Erfolg der Werbeprospekte. Er schreibt, dass die Palucca eine Sache für sich sei und ganz Deutschland durch den Mund seiner Maler, Bildhauer, Architekten, Dichter und Kritiker ihr nun bestätigt habe, wie edel und ganz unmittelbar ihre »Tanzkunst an sich« sei.[30] Mit dieser ›Rückendeckung‹ hat Palucca beste Bedingungen für ihre Tanzkarriere. Friedrich Bienert habe – so Else Lasker-Schüler – alles getan, was für den Erfolg des ›Produkts‹ notwendig gewesen sei. So ist Palucca, wie andere Kolleginnen auch, nicht nur auf den beliebten Zigarettenbildchen zu sehen, sondern *Kaffee-Haag* will mit einem Sprungbild von Palucca Kunden zu einem »Seitensprung« auf seine Marke locken. Und das ist schon etwas Besonderes.

Dass Palucca von all diesen PR-Maßnahmen, wie man heute sagen würde, nichts gewusst haben soll, ist unwahrscheinlich. An die Schülerin, die sie zum Abendessen mit Kandinsky begleiten soll, schreibt sie beispielsweise, dass sie zwischen ihren Tanzproben eben jene Prospektbesprechung habe.

Neben Kritiken und Künstlerurteilen enthalten die Prospekte auch Fotografien namhafter Fotografen, vor allem von Charlotte Rudolph. Der letzte Prospekt bringt noch Rezensionen aus der Spielzeit 1927/28. Danach gibt es keine Prospekte mehr. Im Januar 1930 wird Palucca, wie sie später im Passiv formuliert, geschieden.[31]

TANZGASTSPIELE – ERSCHÖPFUNG UND ERFOLG

Wie es Palucca persönlich geht, erfahren nur wenige Vertraute und auch das nur nebenbei. An eine ehemalige Schülerin schreibt sie in hastig hingeworfenen Zeilen, dass sie sich in einem ununterbrochenen Hetztempo von einer Stadt zur anderen befinde. »Leider sehe ich immer nur Hotel, Theater, Eisenbahn«, klagt Palucca. »Auch jetzt muss ich gleich zur Probe.«[32] Neben dieser körperlichen Anstrengung, die das Reisen und die Auftritte bedeuten, gibt es sicher auch noch eine psychische Belastung. In den Rezensionen ihrer Auftritte spitzen sich die negativen Bewertungen ihres Tanzes bis 1928 eher zu.

Palucca berichtet über diese schwierigen Anfangsjahre, dass sie ein »komischer Mensch« gewesen sei und keine Lust gehabt habe, etwas über sich zu lesen.[33] Komisch ist dies nicht. Wer sich solchen Anstrengungen unterwirft und sich anschließend teilweise so verletzender Kritik ausgesetzt sieht, muss schon ein starkes Nervenkostüm besitzen.

Von besonderer Bedeutung sind für sie die Rezensionen aus Berlin, das auch in Bezug auf den Tanz das Zentrum Deutschlands ist. Hatte man in Berlin bestanden, so hatte man an den anderen Orten schon halb gewonnen. Doch gerade in Berliner Kritiken muss sie bis 1928 lesen, dass sie zwar im Technischen die bedeutendste Tänzerin sei, dass dadurch aber auch manches andere in ihren Tänzen verlorenginge. Das Lyrische vor allem. Und das müsse man eben hinnehmen, weil der Tanz als Ausdruck nun einmal nicht ihre Sache sei.[34] Als hochbegabte Wigman-Schülerin, deren verblüffende Körperbeherrschung und Sprungtechnik ihr schon frühzeitig einen Namen gemacht habe, erfülle sie jedoch nicht ganz die Erwartungen, steht im *Berliner Tageblatt*. Das tänzerische Gestaltungsvermögen gestatte ihr nicht genügend Variabilität, die kostümliche und musikalische Ausstattung zeuge von Qualitätsarmut und Phantasielosigkeit. Ob Palucca, fragt der Rezensent, nicht zu sehr in ihren Körper, in ihr technisches Können verliebt sei – und antwortet selbst, dass sie Gefahr laufe, vor lauter Können die Kunst zu versäumen.[35]

Ein Jahr später heißt es in der *Berliner Morgenpost*: »Die Palucca erfreute wieder durch ihre Lebendigkeit und ihre urwüchsige Tanzfreude – unvermeidlich, daß ihr dabei weniger Gehaltvolles unterlief. Den zarten und langsamen Tänzen fehlt das Zwingende, der Einfall. Die Technik läuft leer mit. Um so wirksamer und packender dann ihre federnden Sprünge und weit ausholenden Schwünge, deren Wucht technisch ausgezeichnet in ruhigere Zwischenteile überführt wird. Hier wird sie aus dem Technischen heraus schöpferisch. Große Begeisterung des zahlreichen Publikums.«[36] Daneben gibt es erfreulichere Formulierungen. Für Else Münzer in der *B. Z. am Mittag* bedeutet ein Palucca-Abend reine Freude. »Zum Grübeln, zu dunklen, beschwerten, gebundenen Gefühlen hat sie der Gott des Tanzes nicht verurteilt, ihr gehört Klarheit, Helligkeit, und sie ist jetzt vielleicht die von ihren Fachgenossinnen bewundertste und geliebteste Tänzerin.«[37]

Doch auch als Choreografin wird sie in Frage gestellt. In der *Germania* bescheinigt man ihr phänomenale Körperbeherrschung, vollkommen »gelockerte Bühnensicherheit« und hochgradige rhythmische Empfindsamkeit. Aber die schöpferische Phantasie fehle ihr. Unerhört begabt sei sie – aber nicht als Komponistin, sondern als Instrument. Es sei ihre Bestimmung, die Tanzdichtungen anderer Künstler vollendet darzustellen. Dann erst werde sie zu ihrer wahren Größe gelangen. Wie lange man darauf noch werde warten müssen, wird am Ende ungeduldig gefragt.[38] Nicht mehr lange. Denn ein Jahr später, 1929, gelingt Palucca der Durchbruch.

Aus einem formsuchenden Menschen sei sie nun zu einer reifen Tänzerin und Kunstschöpferin geworden, läutet die *Deutsche Allgemeine Zeitung* eine neue Palucca-Bewertung im November 1929 ein.[39] Die Veränderung wird von vielen bemerkt und beschrieben. Im *Berliner Lokal-Anzeiger* heißt es euphorisch: »Der Traum des tanzenden, beseelten, stumm-tönenden Körpers ist Erfüllung geworden, ob sie (im Bachsaal) in einem ›Plötzlichen Ausbruch‹ oder einem grandiosen, leidenschaftlichen ›Tango‹ ihre herrliche, junge Kraft in mächtigen, wilden Sprüngen und tollen, endlosen Wirbeln austobt, austanzt, ob sie in einem ›Verklingend‹ und einer ›Melodie‹ mit sparsamen, ganz zarten

Armbewegungen ein erschütternd schönes Lied des Körpers schafft. Jeder Tanz ist eine Vision, ein Erlebnis.«[40]

Palucca scheint in diesem Herbst ausgeglichener zu sein, hat vielleicht das Spiel mit den Kontrasten etwas zurückgenommen und ihre Virtuosität mehr in den Dienst eines erwarteten Ausdrucks gestellt. Alfred Jürgens nennt Palucca die elementarste, schöpferisch bedeutendste Tänzerin.[41] Zu ihren Ausdrucksmöglichkeiten gehöre nun auch der »Ausdruck des Menschlichen«[42].

Hat Palucca die Kritik doch berücksichtigt? Haben die Werbeprospekte ihre Wirkung getan? Auch die Tänzerkongresse 1927 in Magdeburg und 1928 in Essen können für eine veränderte Betrachtungsweise des Modernen Tanzes gesorgt haben.

Den einmal beschrittenen Weg des Erfolges – die Synthese von Technik und Ausdruck – geht Palucca im folgenden Jahr weiter. Die *Deutsche Tageszeitung* meldet am 6. November 1930, Paluccas Kunst habe sich von der Gymnastik zur ausdrucksreichen Kunst entwickelt.[43] Und Johannes Günther jubelt in der *Täglichen Rundschau* vom 7. November: »Sie ist ein erfrischender Wind, wie ein reinigendes Feuer. Sie ist ein Lebensmutspender. Sie ist eine Kraftgläubige, sie ist eine große Heitere. Früher war sie nur die Gymnastikerin, die sich und andere mit wuchtigen sportlichen Leistungen erfreute. Dann kam die Leichtigkeit und eine natürliche Zierlichkeit hinzu. Aus der Gymnastik, die ohne Zweck nicht zu denken ist, stieg die freudvoll beobachtete, um ihrer selbst willen geübte schöne Bewegung auf.«[44] Auf einmal ist Palucca »die geliebteste unter den deutschen Tänzerinnen«[45].

In der Spielzeit 1931/32 kommen noch einmal die alten Vorwürfe auf. Karl Gustav Grabe sieht zwar viel Schönes – wie immer bei Palucca. Aber auch wildes barbarisches Gestampfe ohne jede Kultur. Plump, brutal, poesielos und ohne zwingende Gestaltungskraft.[46] Mancher sieht den Höhepunkt der Tanzkarriere von Palucca 1931 sogar bereits überschritten. Der Kritiker der *Welt am Abend* meint, dass sie sich in den letzten Jahren eher rückwärts als vorwärts entwickelt habe.[47]

Es wird aber auch deutlich ausgesprochen, dass Palucca ihren Weg des Neuen Tanzes, des abstrakten oder absoluten Tanzes, konsequent

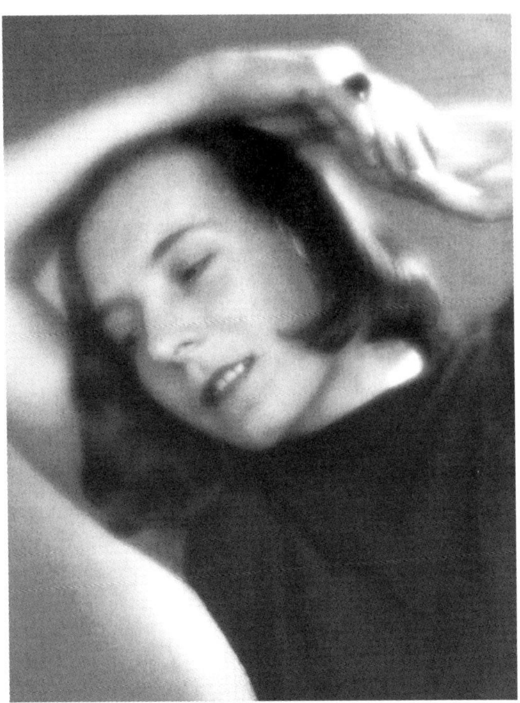

Kopfstudie,
um 1930

weiterverfolgte. Vielleicht ist es kein Zufall, dass es eine Frau ist, die dies erkennt. Trude E. Schulz schreibt, Palucca unterhalte nicht mit Pantomimen; sie tanze nur eins, immer dasselbe: nämlich sich. Sie sei unendlich wandelbar in sich selbst.[48]

Seit Januar 1930 ist Palucca auf sich selbst gestellt. Mittlerweile von Friedrich Bienert geschieden, muss sie ihr Leben und ihre Kunst völlig selbstständig organisieren und vermarkten. Ihre Schule muss sie ›nebenbei‹ auch noch leiten. In der Presse ist zu lesen, dass sie zwar in dem Ruf stehe, eine der besten deutschen Tänzerinnen zu sein, zweifellos aber lediglich eine der besten deutschen Gymnastiklehrerinnen sei.

Um sich vor solchen Angriffen zu schützen und sich von den kräftezehrenden Tourneen zu erholen, zieht sich Palucca immer wieder nach

Sylt zurück. Kennengelernt hatte sie die Insel durch Familie Bienert. Am liebsten quartiert sie sich allein auf dem menschenleeren ›Ellenbogen‹ in einem kleinen Häuschen ein, wo sie spartanisch und zurückgezogen lebt. »Hier oben ist es ja so unglaublich schön, ich kann mich nur schwer trennen. Gestern ist Ise [Bienert] gekommen, auch meine Freundin habe ich in Kampen getroffen. Es ist merkwürdig, wie List und Kampen allmählich bekannt werden, eigentlich sehr schade. Es war so schön einsam hier«[49], schreibt sie in den 1920er Jahren. Die nicht namentlich erwähnte Freundin könnte Anita Warnke oder Rix Riebeling gewesen sein, mit denen sie auf Fotos dieser Zeit auf Sylt zu sehen ist. Gemeinsam sonnenbaden sie in den Dünen oder unternehmen einen Segeltörn. Auch Will Grohmann begleitet Palucca mehrfach nach Sylt. In der Einsamkeit und Ruhe dieser Insel schöpft sie Kraft und Mut. Ab und an hat sie – wie Fotos überliefern –auch am Strand getanzt. Dann war es sicher Zeit für die nächste Tournee.

Nach der Kritik vieler Rezensenten ist die Erwartungshaltung in der Saison 1932/33 hoch. Was man von Palucca fordere, so Fritz Böhme, sei Frische, Einfachheit, Natürlichkeit, Unerschrockenheit, und Echtheit jeder Geste.[50] Mit ihrem Auftritt im Berliner Bach-Saal am 8. November 1932 gelingt Palucca dann auch die Rückeroberung der öffentlichen Anerkennung. Warum das so ist, beschreibt Alfred Jürgens: Dem wuchtigen dramatischen Melos von einst sei ein mehr lyrisches gefolgt, den früheren gewaltig raumgreifenden Sprüngen ein tänzerisches Sichbewegen auf räumlich begrenzter Basis, das Laute sei der Verhaltenheit, der Stille gewichen.[51] Offensichtlich erwartet man inzwischen nicht mehr eine jugendliche, kraftvolle oder knabenhafte, sondern eine erhaben schreitende und weit ausschwingende Palucca. Kein Wunder also, dass sich die Rezensenten einig sind in der Bewertung, die *Serenata* sei der Höhepunkt des Abends gewesen. Auf diesen so erfolgreichen und besonderen Tanz wird noch detaillierter einzugehen sein.

DEUTSCHLAND UND EUROPA

Es scheint keine Stadt in Deutschland zu geben, in der Palucca nicht tanzt. Keine Bühne ist ihr zu klein, kein Publikum unlieb. Ihr Ruhm gründet sich auch darauf, dass sie in schneller Folge von einem Spielort zum nächsten reist. Nähme man eine Landkarte und das Auftrittsverzeichnis von Palucca zur Hand und zöge von Stadt zu Stadt eine Linie in der Reihenfolge, in der Palucca sie während einer Tournee besuchte, ergäbe das auf der Karte eine wirre Zeichnung. Stellt man sich weiter vor, man würde diese Reise tatsächlich unternehmen, kann man sich ein wenig in die Situation von Palucca versetzen, die diese Tourneen mit teilweise bis zu hundert verschiedenen Spielorten im Jahr über zwanzig Jahre lang wirklich unternommen hat – auch im Krieg und in der Nachkriegszeit.

Aufgrund der Bühnen und der damit zusammenhängenden Zuschauerzahlen sind natürlich die Großstädte für Palucca wichtig, Berlin nimmt bei ihren Auftritten eine einsame Spitze ein. Dann folgen Dresden, Hamburg und Leipzig. Aber auch in anderen, oft kleineren Städten begeistert Palucca ihr Publikum. Mit Beifallsstürmen dankt man der einzigartigen Künstlerin in Braunschweig, Halle, Kiel und in Weimar. Palucca ist stets die ganz große und einzigartige Künstlerin – der Star, würden wir heute sagen.[52]

Palucca tourt auch durch Europa. Sie tritt in Basel, Bern, Budapest, Davos, Lodz, Luxemburg, Oslo und Stockholm auf. Ihr Tanzabend in Zürich wird als »erfrischend« wahrgenommen, das zahlreiche Publikum spendet großen Beifall. Im Mai 1928 ist Palucca bereits mit mehrfachen Auftritten im Amsterdamer Rika Bopper-Theater zu Gast. Die Presse schwärmt, dass man nie einen schöner trainierten Körper und eine vielseitigere Technik gesehen habe.[53] Im Warschauer Konservatorium erleben die Zuschauer im Dezember 1928 »eine Meisterin, ein bezauberndes Geschöpf, ein herrliches junges Raubtier«. Von ihrem Pariser Debüt im Dezember 1930 in der Salle de Iena ist überliefert, dass sie die ungeteilte Begeisterung des Publikums entfesselt habe. Ihr Auftritt im März 1932 in Wien wird als »großartig« beschrieben.[54]

DER STREIT UM DIE IMPROVISATIONEN

Zu dem Neu- und Andersartigen am Tanz der Palucca gehört auch das öffentliche Improvisieren. 1936 wird Palucca rückblickend behaupten, seit sie tanze, improvisiere sie. Das Improvisieren ist Palucca ein verinnerlichtes Handlungsmuster. Es bestimmt nicht nur ihren Tanz und ihre Pädagogik, sondern in starkem Maße auch ihr Leben.

Dass die öffentlichen Improvisationen auf ein großes Interesse stoßen, ist auch daran abzulesen, dass in den Rezensionen der Palucca-Tanzabende gerade diese Tänze beschrieben werden. Bereits Paluccas erster Berliner Solotanzabend im legendären Berliner Blüthner-Saal im März 1924 enthält Improvisationen. Doch ist das eher eine Verlegenheitslösung, denn der Grund für die Improvisation ist ebenfalls auf dem Programmzettel vermerkt: Aus Gesundheitsrücksichten müsse Tanz Nr. 5, *Tieftanz*, ausfallen. Dafür würden einleitend verschiedene Tanzübungen improvisiert.[55] Mit dieser ›Entschuldigung‹ nimmt man Palucca die öffentliche Improvisation kommentarlos ab. Kein Kritiker nimmt darauf Bezug.

Erst drei Jahre später nimmt sie *Technische Improvisationen*, bisweilen auch *Technische Improvisierungen* genannt, in ihr Programm für die Spielzeit 1927/28 auf. Laut der *Berliner Börsen-Zeitung* »ist die Palucca am reizvollsten, am prächtigsten, wenn sie jung, froh, leicht dahinschießt. Sie ist eine Tänzerin von Natur aus, man merkt ihren Sachen die Arbeit nicht an, sie wirken wie improvisiert«.[56] *Der Tag* in Berlin bewundert im November 1927 die Leichtigkeit ihres knabenhaften Körpers, der bei aller Kraft der Muskeln schmal und federnd in jedem Gelenk sogleich vom Tiefsprung wieder aufschnelle und am Schluss des ersten Teils in einem Tanz, den sie *Technische Improvisationen* nenne, mühelos über die Schwerkraft zu triumphieren scheine. »Dabei bleibt alles Spiel, und die Zuschauer nehmen die fröhlichen Wellen dieses Tanzes in ihren mitten hineinrauschenden Beifall auf.«[57] Hier wird deutlich, dass der Erfolg der *Technischen Improvisationen* auch darin liegt, dass sie einen Kontrast zu den anderen Tänzen darstellen. Der Berliner Abend beginnt mit einer *Einleitung*, der die Tänze *Gehalten*,

Lebhaft und *Fließend* folgen. Den Höhepunkt vor der Pause bilden dann die *Technischen Improvisationen*. Palucca und ihr Begleiter Herbert Trantow improvisieren gleichermaßen. Palucca zeige eine Trainingsstunde mit Sprung, Schwung, Spannung, Entspannung, Schritt, Lauf und Wurf zu Motiven aus Charleston und Jazz. Hier liege auch, so Paul Bloch vom *Berliner Börsen Courier*, der Ansatz zu einem neuen tänzerischen Vorstoß, zu Möglichkeiten einer Körperkunst, die das Starr-Formale mit dem Beschwingt-Improvisierten verbinde.[58]

Nach dieser wohlwollenden Aufnahme 1927 bringt Palucca die *Technischen Improvisationen* auch im Programm der nächsten Spielzeit. Doch nun reagiert man darauf überraschenderweise mit kritischen Äußerungen. Karl Gustav Grabe schreibt: »Was früher jubelndes Bekenntnis zu Körper, Kraft und Rhythmus war, wirkt heute leicht blasiert, angekränkelt. Riecht stark nach Boulevard, hat ein verderblich Rüchlein ›haut goût‹ an sich, das einer Palucca unwürdig ist. Das ist nicht mehr Tänzertum, das ist Gladiatorentum! Artistentum! Effekthascherei! Prunken mit herrlichen Mitteln, die würdigerer Verwertung harren. In der Übersteigerung solcher ›Effekte‹ liegt eine Gefahr für die Palucca, vor der zu warnen Pflicht aller derer ist, die wahrhaft an sie glauben.«[59] In der *Berliner Volkszeitung* jedoch lobt Fritz Zielisch Paluccas Improvisationen: Palucca habe ihr Muskel- und Nervensystem vorgeführt wie ein Dresseur seine musikalisch-sensiblen Pferde. Plötzlich lasse sie nur eine Schulter tanzen, dann nur eine Hand, dann lasse sie die Muskeln eines Oberschenkels rollen oder ein Muskelzittern über die Hüften hinaufgleiten. 1932 kommt es dann zu einem Höhepunkt in der Kontroverse um Paluccas öffentliche Improvisationen. Erstaunlich ist, wie es Palucca offensichtlich gelingt, die Kritiker dazu herauszufordern. Und sie beherzigt die Kritik, dass ihre *Technischen Improvisationen* das Technische zu sehr in den Vordergrund stellten, und zeigt nun improvisierte Ausdrucksstudien. In der *Neuen Berliner 12 Uhr Zeitung* heißt es: »Sie improvisiert dann drei Tänze, zu denen ihr Begleiter Havlik gleichzeitig erst die Musik improvisiert. Das ist erstaunlich zu erleben. Im Augenblick findet sie das Thema, baut es sofort aus, und ihr tänzerisches Blut zwingt sie zu einem derart logischen Aufbau, dass der Tanz gar nicht mehr improvisiert wirkt, vielleicht auch im tieferen Sinne gar nicht mehr improvisiert ist, sondern eben: fertig, aus einem Guß.«[60] Die *Vossische Zeitung* dagegen bezeichnet *Drei Ausdrucksstudien* als einen »Irrtum«. Was hier versucht worden sei, sei willkürliches, im besten Falle virtuoses Experimentieren oder technisch-mimisches Privatvergnügen. Jedenfalls führe es, wie Palucca gezeigt habe, nicht zu Ausdrucksstudien.

Die positive Gegenposition vertritt Paul Bloch im *Berliner Börsen-Courier*. Umfassend beschreibt er, welche künstlerische Leistung mit dem Improvisieren verbunden ist. In den drei Ausdrucksstudien werde von ihr nicht mehr die technische Durcharbeitung gezeigt, sondern das geistige Schaffen, nicht mehr die artistisch bravouröse Ausführung, sondern die Gestaltung eines Tanzes. Sehr interessant und sehr gefährlich sei dies. Gefährlich, weil es leicht für Kunst gehalten und als Kunst abgelehnt werden könne, was nur Versuch, Ansatz, Studie sein wolle. Gefährlich, weil der Begleiter gleichfalls improvisiere, ohne jedes vorherige Übereinkommen. Zu dieser Art der Improvisation gehöre daher ein fast intuitives Zusammenarbeiten von Begleiter und Tänzer.[61]

Nach diesen Kontroversen scheint Palucca die Freude an Ausdrucksimprovisationen ein wenig zu verlieren. Doch sie gibt das öffentliche Improvisieren nicht endgültig auf. Nur geht sie jetzt anders vor. Wenn sie spürt, dass der Abend ein Erfolg wird, bringt sie Improvisationen als Zugabe. Die werden dann meist dankbar aufgenommen und nicht mehr zentral besprochen.

Die öffentlichen Improvisationen sind ein Beweis für die Sicherheit, mit der Palucca im Moment Bewegung erfinden und Raum und Zeit gestalten kann. Sie haben in ihrem Tanzkonzept einen großen Stellenwert – wenn sie nicht gar der Höhepunkt in der Entwicklung des abstrakten und absoluten Tanzes sind.

»SERENATA« – TANZ, FILM, REKONSTRUKTION

Von Paluccas über 200 Solotänzen haben einige herausragende Bedeutung. Dazu gehören die *Mondscheinsonate* und der *Rosenkavalier-Walzer*, aber vor allem die *Serenata* nach Musik von Isaac Albéniz. Dieser Tanz markiert einen Höhepunkt in der öffentlichen Anerkennung und ist der einzige überlieferte Tanz, der auch heute noch aufgeführt wird. Erstmals zeigt Palucca ihn am 3. Oktober 1932 im Stadttheater Görlitz, tanzt ihn bis 1936 und nochmals 1941. 131 Tanzabende enthalten die *Serenata*. Palucca tanzt sie in nahezu allen Städten ihrer Tourneen.

In Berlin besprechen alle großen Zeitungen das neue Palucca-Programm ausführlich. Dabei scheinen sich die Rezensenten in ihren Lobeshymnen die *Serenata* betreffend gegenseitig überflügeln zu wollen. »Aus stärkerer Quelle strömt allein der schönste Tanz des Abends, die *Serenata* (Albéniz). Wie hier die schmal vorstrebende Handgeste zu dem großen Schreiten der Arme und weiter zu dem ergreifenden Niedergehen, zu der prachtvoll sich wölbenden Rückbeuge am Boden hingeführt wird, wie der Tanz dann zum zweitenmal zu diesem Hauptmotiv sich aufgipfelt, um schließlich den Anfang (bis zu den sich breitenden Armen) als Abschluß zu variieren, das spricht von einer Kraft thematischen Aufbauens, von der man bald wieder reichere Blüten erwarten möchte«, beschreibt Artur Michel in der *Vossischen Zeitung* den Tanz.[62] In anderen Zeitungen ist vom »beglückendsten Tanz des ersten Programmteiles« die Rede, von einem »Liebeslied«. »Stark und echt« sei das: »Palucca hat mit diesem Tanz etwas geschaffen, das uns hoffen läßt: neue, starke Gaben ihres ursprünglichen ehrlichen Tanzenmüssens.«[63] Eine »Abwanderung« vom Technischen zum Seelischen habe stattgefunden, andere Kritiker sehen in der *Serenata* »süße, hingegebene Bereitschaft«[64] oder Ausdruck von Zärtlichkeit und Leidenschaft,[65] Palucca wird plötzlich eine »lässige Sinnlichkeit einer Garbo im Tanz« attestiert.[66]

Was nun macht den unerhörten Erfolg dieses Tanzes aus? Ist es die gelungene Choreografie, die leidenschaftliche Interpretation? Das Verhältnis von Musik und Tanz oder von Tänzerin und Musiker – oder vielleicht sogar von Tänzerin und Kritikern? Die *Serenata* von Albéniz kennt Palucca schon länger: Mary Wigman hatte sie bereits 1923 in ihrer *Spanischen Suite* choreografiert, Palucca hat diese Suite mit Sicherheit gesehen. Mary Wigman war damals Ende dreißig. Palucca ist jetzt Anfang dreißig. Vielleicht hat das *8 Uhr-Abendblatt* mit seiner Formulierung nicht ganz Unrecht, die *Serenata* sei ein einzigartiges Tanzerlebnis, das an die besten, weil mit mehr Gefühl als Reife gegebenen Tänze der Wigman erinnere.[67]

Palucca – das knabenhafte Wesen, das wilde Springwunder, die technisch Virtuose – hat sich vor den Augen und vor allem in der Vorstellung der Rezensenten von einem androgynen Kunstkörper in eine tanzende Frau verwandelt. Sie ist in ein anderes, damals etabliertes und akzeptiertes Frauenbild der Zeit geraten.

1934 wird die *Serenata* gefilmt. Die Idee, einen Tanz Paluccas zu filmen, ist allerdings erheblich älter. Kandinsky hatte es in den Werbeprospekten in Bezug auf seine Zeichnungen zu den Palucca-Tanzfotos von Charlotte Rudolph formuliert: »Die Momentaufnahme bietet abgerissene starre Form [...]. Das organische, langsame Entstehen der Form, die Übergangsstadien bleiben aus [...]. Der Tanz Paluccas sollte unbedingt mit Zeitlupe aufgenommen werden, wodurch die exakte Prüfung dieses exakten Tanzes möglich würde.«[68] Der Vorschlag, Tanz – speziell moderne Gesellschaftstänze – mit Zeitlupe zu filmen, ist keine Erfindung Kandinskys. Bereits im Mai 1922 berichtet die französische Zeitschrift *La Danse* von einem erstaunlichen neuen Zeitlupenverfahren mit der »Ultra-Rapid-Kamera«, mit dem man Tanzschritte analysieren könne.

Ende der 1920er Jahre ist Friedrich Bienert jedenfalls von Kandinskys Vorschlag begeistert und beginnt, alle »Hebel in Bewegung zu setzen«, um Paluccas Tanz filmen zu lassen.[69] Aber soweit er auch ein Entgegenkommen signalisiert – Palucca sei bereit, extra für den Film zu gestalten, er könne sich an den Kosten beteiligen: Von allen Filmfirmen, auch von der UFA, kommen Ablehnungen. Doch nun, 1934, ist

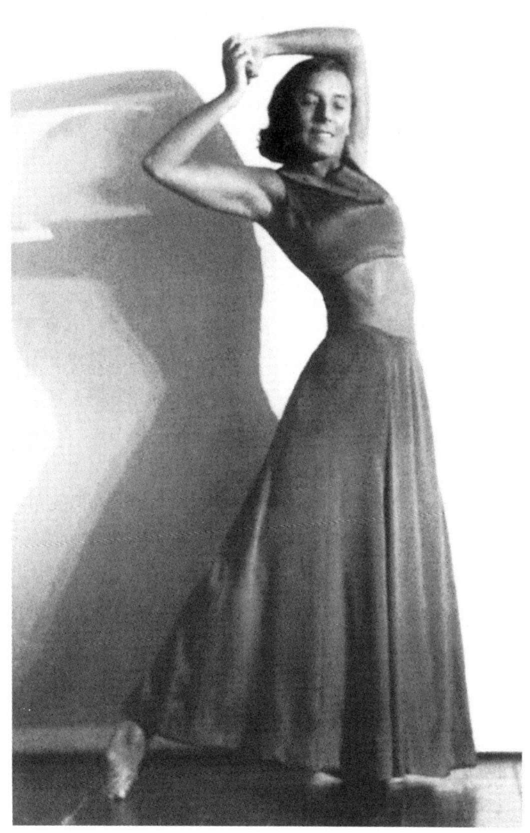

Improvisation in Anlehnung an den Tanz »Serenata«, 1933

mit dem allgemeinen Erfolg des Palucca-Tanzes und dem besonderen der *Serenata* auch ein Film möglich.

Am 20. Juli 1934 findet im Filmtheater Capitol in Berlin die Uraufführung des »ersten deutschen Tanzfilmes« statt – wie in der Pressenotiz der Palucca-Schule zu lesen ist – mit dem Titel *Serenata, Die Kunst des Tanzes*. Der Film bringe einen der wirkungsstärksten Tänze Paluccas und zeige in seinem ersten Teil das Wesen und die Ausdrucksmittel der Tanzkunst überhaupt, heißt es weiter.[70] Richtig ist, dass der Palucca-

Tanz nur etwa das letzte Drittel des Streifens ausmacht. Davor werden grafische Collagen gezeigt, die in Volkstanzszenen übergehen. Anschließend werden einzelne Bestandteile der *Serenata* dadurch hervorgehoben, dass zum Beispiel nur die Bewegungen der Füße oder Hände gezeigt werden. Der Film ist mit einem Text von Dr. Johannes Eckardt unterlegt, den ein Sprecher in dem damals üblichen Pathos vorträgt: »Alles ist Bewegung in von Ewigkeit her gebotener Ordnung. Und in diesem Kosmos leben wir Menschen als ein Teil von ihm. Mit unserem Tun gebannt in die göttlichen Gesetze allen Werdens und Vergehens, in die Gesetze aller Bewegung. Was lag da dem Menschen näher als in den kleinen Kosmos seiner schöpferischen Kräfte ein Abbild der Bewegung des göttlichen Weltalls zu formen, durch sie Freude auszudrücken, durch sie Schmerz weinen zu lassen. Der Tanz ward geboren.«

Mit dem Vokabular und in der Gesinnung der Zeit wird weiter behauptet, das Volk habe dem Tanz die verschiedensten Formen gegeben, bedingt durch die Kräfte des »Bodens«, des »Blutes«, der Eigenart der seinen Lebensraum immer neu gestaltenden Natur. Aus diesem »völkischen« Gestaltungswillen, aus solcher Ausdruckskraft des Körpers reife ein im Ausmaß kleines, im Ausdruck großes Kunstwerk wie die *Serenata*.

Die Kritiken sind verhalten. Die *Deutsche Allgemeine Zeitung* bemerkt freundlich, dass es im Großen und Ganzen gelungen sei, einen der liebenswürdigsten, kompositorisch vollendetsten und erfolgreichsten Tänze Paluccas für das Filmpublikum zu erobern.[71] Nun ist der ganze zwölf Minuten dauernde Tanzfilm lediglich der Vorfilm zu *Mittelholzers Abessinienflug. Mit dem Flugzeug in die Urwildnis Afrikas*. Die Zeitschrift *Der Deutsche* bespricht vor allem diesen Film und schließt mit einer kurzen Notiz zu *Serenata*: Es sei ein mäßiger Film von der Kunst des Tanzes. Die gesprochenen Worte seien allzu pathetisch und die Musikwiedergabe schlecht. Die Fotografie wirke gewollt und scheue sich nicht einmal, die Tänzerin auf den Kopf zu stellen. Dieses Experiment sei auf keine Gegenliebe beim Publikum gestoßen.[72] Auch der *Film-Courier* aus Berlin unterzieht die Gestaltung des Films einer harschen Kritik.

Ein halbes Jahrhundert später wird in der DDR die Legende kursieren, dass bei der Uraufführung randalierende SA-Leute die Absetzung des Films erzwungen hätten.[73] Da es sich nur um einen Kurz-Vorfilm handelt, scheint dies eher unwahrscheinlich. Darüber hinaus ist das Vokabular des Filmtextes eindeutig im NS-Spachgebrauch verwurzelt, auch die Umstände der Uraufführung sprechen dagegen. Jahrzehntelang galt der Film als verschollen, ernsthaft gesucht hat ihn wohl niemand. Eine Wiederaufführung findet in den 1980er Jahren in der Schweiz in Anwesenheit von Palucca statt. Mit Hilfe einer Kopie des Bundesfilmarchivs konnte der Tanz 1998 von der Palucca-Schülerin Hanne Wandtke rekonstruiert werden. Seitdem befindet er sich im Repertoire der *Palucca Schule Dresden* und wird immer wieder mit großem Erfolg aufgeführt.

DIE ERSTE MONOGRAFIE

1935 erscheint das Buch *Die Tänzerin Palucca* im Dresdner Carl Reissner Verlag. Der Autor ist Olaf Rydberg, ein bis dato völlig Unbekannter. Und bis 1987 wird auch unbekannt bleiben, dass Olaf Rydberg Paluccas Freund Will Grohmann ist. Ob Palucca und Grohmann diesen ›PR-Coup‹ gemeinsam erdacht haben? 1933 war Grohmann aufgrund seiner linksliberalen Einstellung und des Engagements für die inzwischen als »entartet« verfemten modernen Künstler als Studienrat am König-Georg-Gymnasium entlassen worden.[74] Palucca äußert 1987, als sie die Lüftung des Geheimnisses nicht mehr verhindern kann, dass es nicht damit zusammenhing, dass Grohmann Schwierigkeiten hatte. Er habe nur eben gern über sie schreiben wollen. Weiter sagt sie: »Wir waren sehr befreundet und gehörten zusammen.« Deshalb das Pseudonym: Alle würden sagen, dass er das Buch nur geschrieben habe, weil er mit ihr befreundet sei. Und das wollte er nicht.[75]

Es ist bemerkenswert, wie Grohmann die gerade dreiunddreißigjährige Tänzerin bereits zur legendären Künstlerin kürt. Palucca sei Legende und Geheimnis, lebend und schaffend. Grohmann beschreibt den Menschen als auch die Tänzerin Palucca, um zu erklären, dass beide eine Einheit bilden, Aussagen über die Tänzerin also immer auch Aussagen über den Menschen darstellen und umgekehrt.

Ob sie ein Instinktmensch sei oder ob sie klug sei, fragt er. Manche hielten sie für die klügste Frau, andere nur für instinktsicher. Er meint, dass man wohl schon sehr klug sein müsse, um aus seinen Anlagen so viel zu machen. Ihre größte Klugheit aber sei es, warten zu können, alles zum richtigen Zeitpunkt zu tun.

Grohmann stellt einige Tänze der vergangenen Spielzeiten vor und fragt, was diese Tänze zu einmaligen, einzigartigen Schöpfungen mache. Seine Antwort: Es sei das Unfassbare, das Musikalische, das Absolute, das Lächeln noch in Abschied, Schmerz und Tod. Und um die Aura des Geheimnisvollen mit einem Schuss Exotik anzureichern, stellt er Vermutungen über die Herkunft von Palucca an, glaubt, dass südliches Blut sich mit deutschem vermischt habe. Doch sagt er letztlich unmissverständlich, dass Palucca eine Deutsche sei und damit auch ihre Kunst deutsche Kunst – und sie sogar die »deutscheste Tänzerin«.

Das Buch verfehlt nicht seine beabsichtigte Wirkung. Sicher nicht zufällig erscheint es rechtzeitig zu den Deutschen Tanzfestspielen 1935. Ein Norweger, der in Sydney lebe, habe über Palucca ein Buch geschrieben, heißt es geheimnisvoll zum Urheber des Werks. Der Stil wird manchmal bissig als längst totgeglaubter Expressionismus, die Beschreibungen als leeres Wortgeklingel bezeichnet.[76] Dagegen sieht Fritz Böhme in der *Deutschen Allgemeinen Zeitung* nur eins bestätigt: Diese kleine, recht gepflegt ausgestattete Monografie sei ein Zeichen für die Reichweite der Kraft dieser Künstlerin. Es stünden so feine und kluge Worte über die Tänzerin Palucca in dieser Schrift, dass man viel Gewinn daraus ziehen könne und wenn auch nur in der Richtung, dass man sich anregen lasse, alles oberflächliche Betrachten dieser Tänzerin abzutun, um sich ihrer starken, auch ins Innere gehenden Wirkung voll und rückhaltlos hinzugeben.[77]

Will Grohmann und Palucca sind zu dieser Zeit liiert.[78] Was immer das für das Privatleben der beiden auch bedeutet – für die Karriere von

Palucca ist diese Verbindung von unschätzbarem Wert. Grohmann hat bereits 1924 in der Kunstzeitschrift *Feuer* einen der ersten umfangreicheren euphorischen Aufsätze über Palucca geschrieben, die gerade erst begann, sich als Tänzerin einen Namen zu machen. Schon damals hat er sie als Instinktmensch charakterisiert, der mehr vom Blut als vom Gefühl gelenkt werde. Er war es, der prophezeit hat, dass Palucca als Tänzerin zwischen den Zeiten stehe, vielleicht die Brücke zwischen gestern und übermorgen sei, vielleicht berufen, die Klassizität der erstarrten Vergangenheit mit der Konvention der kommenden Form zu vereinen. Damit hatte er hellsichtig die besondere Entwicklung der Tanzkunst von Palucca vorweggenommen. Darüber hinaus fungiert er immer wieder als ›Ghostwriter‹ für Palucca, wenn es darum geht, ihre Kunst in Worte zu fassen.[79]

Ihre jahrzehntelange Freundschaft wird für Palucca während der Zeit des Nationalsozialismus und in der Nachkriegszeit noch von großer Bedeutung sein. In den späten 1980er Jahren wird Palucca auf die Frage eines Journalisten, was denn nach ihrer Scheidung gewesen sei, antworten, dass sie ab und an schon daran gedacht habe, wieder zu heiraten, aber das sei nicht notwendig gewesen, denn sie habe auch so mit ihren Freunden zusammenleben können. War Will Grohmann vielleicht einer jener Freunde? Es scheint so.

»TANZ PALUCCA«

TANZ PALUCCA[80] ist nicht nur Paluccas ›Markenzeichen‹, sondern ein Tanzkonzept. Was im dramaturgischen Sinn sowohl für Paluccas Tänze als auch für die Tanzabende mit dem Begriff *Kontrast* am treffendsten umschrieben ist, leistet bei der Betrachtung der Tänze aus analytischer Sicht der Begriff *Isolation*. Ein wichtiges Prinzip ihres Tanzes besteht darin, dass sie Torso, Kopf und Gliedmaßen scheinbar unabhängig voneinander gleichzeitig bewegt. Dadurch ›verletzt‹ Palucca die bis dahin geltenden und akzeptierten tanz-ästhetischen Gesetzmäßigkeiten, die den Körper als eine Einheit verstehen. Bei Palucca entstehen zwischen den isoliert voneinander bewegten Körperteilen sowohl Momente des Miteinander oder Nacheinander als auch des Gegeneinander. So kommt es im Verlauf des Tanzes zu einem ständigen Wechsel von Spannungen und Entspannungen, synchronen und asynchronen Bewegungsabläufen. Das macht den Tanz für den Zuschauer im Moment der Wahrnehmung spannend. Deutlich ist dies in den wenigen erhaltenen Filmaufnahmen zu sehen.[81]

Man versucht, das Andere, Neue des Palucca-Tanzes in Worte zu fassen. In der *Weltbühne* schreibt Rudolf Arnheim zum Beispiel, dass der Tanz der Palucca nicht Stimmungsausdruck oder Darstellung sein wolle, sondern auf den Möglichkeiten des menschlichen Körpers eine reine Bewegungskunst aufbaue. Die gefederte Wucht, mit der ein Körper vorwärtsstoßen könne, die steile, gereckte Straffheit, die Schwünge und Hemmungen – das seien die Motive dieser Tänze.[82]

Palucca wird als Inkarnation eines neuen Lebensgefühls empfunden, verstanden und gefeiert. Es ist ein von Beschleunigung, Gleichzeitigkeit, Kontrasten und Individualität geprägtes Lebensgefühl. Gleichzeitig sucht man nach den Ursachen für ihren unerhörten Erfolg. John Schikowski fragt, woher die beispiellose Volkstümlichkeit der Palucca komme, ihre Kunst sei doch spröde. Jedes ornamentale Element würde abgelehnt, Konzessionen ans Publikum lägen ihr fern. Und doch sei das Publikum vom ersten Augenblick an im Banne dieser Kunst. Es sei die einzigartige Persönlichkeit, die naturwüchsige Kraft und die ernste Redlichkeit der Künstlerin, die dieses Wunder vollbringe. Die Palucca lebe in ihren Tänzen.[83] *TANZ PALUCCA* ist laut der Zeitzeugen vor allem das Erleben von etwas absolut Neuem: dem Tanz als reiner Bewegungskunst.

Palucca und ihr Tanz können synonym verwendet werden. *TANZ PALUCCA* ist der Tiegel, in dem sich verschiedene Bestandteile wie der Neue Tanz, die Improvisation, abstrakte Gestaltungslehren der bildenden Kunst und die Persönlichkeit Palucca stets neu ordnen, mischen und verschmelzen und zu unendlich vielen Erscheinungen führen. *TANZ PALUCCA* ist kein Endprodukt, sondern die Beschreibung eines Konzepts des permanenten Wandels.

PALUCCA UND DIE POLITIK

Ist Palucca ein politisch denkender und handelnder Mensch? Ihr Handeln lässt sich rückblickend aus den konkreten politischen Situationen heraus beschreiben, interpretieren, vielleicht sogar bewerten. Und hier ist es wohl wichtig zu differenzieren: Positioniert sich Palucca öffentlich? Handelt Palucca politisch fahrlässig oder mit Vorsatz?

Die Frage, welche Partei sie 1933 gewählt habe, beantwortet Palucca 1945 im Zuge der Entnazifizierung: SPD. Aus dem Jahr 1936 ist ein Denunziationsschreiben überliefert, in dem die Staatsballettmeisterin Lina Gerzer aus Stuttgart im Propagandaministerium nachfragt, warum Palucca jede Förderung erhalte, obwohl sie doch als Kommunistin bekannt sei.[84] Hintergrund für derartige Angriffe ist eigentlich die Frage, welche Tanzform die dem NS-Staat gemäße sei – die klassische oder die moderne. Als Beweis für die angebliche kommunistische Gesinnung Paluccas wird die Abschrift eines von Palucca und Friedrich Bienert unterzeichneten Telegramms aus dem Jahr 1925 beigefügt, in dem gefordert wird, dass die in Budapest inhaftierten Kommunisten nicht vor ein Standgericht, sondern vor ein ordentliches Gericht gestellt und vor weiteren Misshandlungen geschützt werden sollten.[85]

In der NS-Zeit wird Palucca also wegen angeblich kommunistischer Gesinnung denunziert. Andere glauben, ihr später eine Mittäterschaft im Nationalsozialismus nachweisen zu können.

Nach ihrem Tod wird Palucca vorgeworfen, dass sie wie Laban, Wigman, Kreutzberg und viele andere an der Gleichschaltung und »Arisierung« des Tanzes in Deutschland teilgehabt und auf diese Weise Goebbels' Kunstpolitik gestützt habe.[86] Wigman, Laban und Palucca seien Teil dieses Systems geworden. Der Vorwurf lautet: Die Genannten seien mehr oder weniger selbst Nazis oder in die Machenschaften der Nazis involviert gewesen.[87] Mehr oder weniger?

Auch das Ministerium für Staatssicherheit der DDR untersucht die politischen Haltungen von Prominenten zur Nazizeit. Ob Palucca vor 1933 und von 1933 bis 1945 politisch organisiert gewesen ist, bekommen sie aber nicht heraus.[88] Das ist eigenartig. 1946 erklärt sich Palucca wie andere bekannte Künstler und namhafte Wissenschaftler bereit, als Parteilose auf der Wahlliste der SED für Dresdens Stadtverordnetenversammlung bis 1948 die Geschicke der Stadt mitzulenken.

Im Jahr 2000 bezeichnet eine Rezensentin Palucca als »die Ängstliche«, die bei jedem Regimewechsel der jeweils herrschenden Partei beigetreten sei.[89] Palucca also – je nach System – Mitglied der SPD, KPD, NSDAP und SED? Ziemlich unvorstellbar. Und: Palucca antwortet 1989 auf die Frage, ob sie ein politischer Mensch sei, dass sie in keiner Partei gewesen sei. Sie versäumt nicht hinzuzufügen, dass, wer in der DDR lebe, wie sie zu dieser Zeit, sich durchaus mit Politik auseinanderzusetzen habe. Doch in ihrem Tanz würde man politische oder ideologische Positionierungen vergebens suchen. Ob allein die Tatsache, wann sie an welchen Orten getanzt hat, als politisches Statement zu verstehen ist, bleibt eine Frage der Perspektive.

DIE TRENNUNG VON SCHULLEITERIN TILE RÖSSLER UND VON DER AGENTUR BERNSTEIN

Mit Schreiben vom 11. Juli 1933 teilen die Leiterinnen der Wigman-, Trümpy- und Palucca-Schule ihren Schülern mit, dass sie den neuen NS-Verbänden beigetreten sind. Damit unterwerfen sie sich automatisch und wissentlich auch den antisemitischen Ausrichtungen der Goebbels'schen Kulturpolitik. In diesem Zusammenhang wird heute Palucca der Vorwurf gemacht, dass sie ihre Schulleiterin Tile Rössler entlassen habe, die dann nach Palästina emigriert sei.[90] Die Trennung von jüdischen Mitarbeitern wiegt schwer, weil mit ihr die Ausgrenzung beginnt, die in der »Endlösung der Judenfrage« münden wird. Deshalb sind diese Vorgänge um Palucca hier zu beleuchten.

Es ist wahr, dass Palucca aufgrund des »Gesetzes zur Wiederherstellung des Berufsbeamtentums« Tile Rössler entlässt, entlassen muss. Tile Rössler ist danach Buchhalterin in einer Privatbibliothek und fährt noch 1933 mit einem Touristenvisum nach Palästina.[91] Hat Palucca

Schuld auf sich geladen? Ein Fakt könnte diese Frage relativieren: 1947 erhält Palucca ein Foto von Tile Rössler mit der Aufschrift: »Nach einer Ewigkeit in alter Liebe, Deine Tile«. Es ist kaum anzunehmen, dass sie sich bei Palucca so liebevoll in Erinnerung bringen würde, wenn Palucca sich nicht korrekt verhalten hätte. Haben Palucca und ihre Freunde womöglich Anteil an Tiles Unterbringung in der erwähnten Privatbibliothek und an der Ausreise? Um wessen Bibliothek handelt es sich? Fragen, die leider noch nicht beantwortet werden können, aber beantwortet sein sollten, bevor Vorwürfe formuliert werden.

Palucca selbst berichtet nach der Entlassung von Tile Rössler in einem Briefwechsel mit ihrem Agenten Arthur Bernstein, dass sie die Leiterin ihrer Schule habe entlassen müssen und es auch sonst nicht einfach sei – gerade für sie als Pädagogin nicht. Weiter fragt sie Bernstein, ob es bei ihm schwierig sei, ob auch Gleichschaltungen vorgenommen werden würden oder ob sein Beruf eine ganz private Angelegenheit sei.[92] Aus den Fragen wird alsbald Gewissheit. Palucca teilt Bernstein mit, dass sie seit dem Beitritt zum Kampfbund für deutsche Kultur und zum Nationalsozialistischen Lehrerbund verpflichtet sei, nur noch mit arischen Agenturen zu arbeiten, und dass sie sich nach reiflicher Überlegung entschlossen habe, ihre Angelegenheiten einem Herrn Adler zu übergeben. Weiter schreibt sie: »Lieber Herr Bernstein, ich weiß, daß Sie von mir enttäuscht sein werden [...], aber ich hoffe auch, daß Sie sich in meine Lage versetzen können. Sie müssen aus den letzten Wochen gemerkt haben, daß ich alles tat, was in meiner Macht stand, unsere Beziehung aufrechtzuerhalten, jetzt steht die Sache so, daß ich von dem Staat aus dazu veranlaßt werde.«[93]

Palucca trennt sich von der Agentur Bernstein, übergibt ihre alleinige Vertretung der »arischen« Agentur Adler und avanciert zur »deutschesten Tänzerin«. Die Frage, ob dies notwendig war, lässt sich heute klarer beantworten als damals. Palucca hat sich entschlossen, im nationalsozialistischen Deutschland zu bleiben. Damit ordnet sie sich wie Millionen andere Deutsche diesem System, seinen Bedingungen und seiner »Rechtsprechung« unter.

»KUNST UND NATION«

Auf dem Reichsparteitag 1933 in Nürnberg hält Adolf Hitler eine Rede über das Verhältnis von Kunst und Nation. Die ehemalige Wigman-Schülerin Leni Riefenstahl wird diesen Parteitag massenwirksam als »Sieg des Glaubens« in Szene setzen. In seiner programmatischen Rede führt Hitler aus, dass die Kunst eine erhabene und zum Fanatismus verpflichtende Mission sei. Die Nationalsozialisten wollen dafür sorgen, dass das Volk Gelegenheit erhalte, seinen inneren Wert unter Beweis zu stellen. Die deutschen Künstler, ermahnt Hitler, mögen sich daher der Aufgabe bewusst sein, die ihnen die Nation übertrage. Sie sollten die stolzeste Verteidigung des deutschen Volkes mit übernehmen – und zwar durch die deutsche Kunst.[94]

Diesen Worten werden Taten folgen. Die Tänzerschaft erfährt eine bis dahin nicht gekannte Unterstützung, die die 1934 und 1935 in Berlin stattfindenden Tanzfestspiele ermöglicht. Die Tanzpädagogen können mit ihren Schulen in den N.S.L.B., den Nationalsozialistischen Lehrerbund, eintreten und sind damit staatlich anerkannt. Während einige bereits ahnungsvoll fluchtartig das Land verlassen, beginnt für viele eine neue Zeit, die sie durchaus positiv erleben.

Paluccas Tanz verändert sich nicht, nur weil eine neue Regierung an der Macht ist. Die Bewertung ihres Tanzes unterliegt aber einer Wandlung. Auf einmal wird in ihrem Tanz die Widerspiegelung eines neuen deutschen Selbstverständnisses gesehen. Wenn Palucca tanze, sei es eine Freude, Freude, die einen erfülle, wenn man einen gesunden, frischen und in seiner Seele heiteren Menschen bei seinen Bewegungen zuschaue. Da gebe es keine schweren Probleme, die gezwungen und verkrampft hingequält würden, da gebe es keine verstiegenen seelischen Situationen und dekadenten Stimmungen, die mühselig oder raffiniert Gestalt gewönnen – so ein Urteil der Zeit.[95]

Zu der voranschreitenden Politisierung auch des künstlerischen Lebens gehört, dass ab 1934 zunehmend mit der Kritik der Palucca-Tanzabende politische Verlautbarungen zur deutschen Tanzkunst verbunden werden, so zum Beispiel im Berliner *Lokal-Anzeiger*.[96]

Paluccas Tanz gerät so in den Strom der Neubewertung aller Kunst, da es zu den »vornehmsten Aufgaben« des Kampfbundes für deutsche Kultur gehöre, die allgemeine Verwirrung der Meinungen über den Tanz zu klären und das »Volksempfinden« wieder auf die Linie der jahrhundertealten Entwicklungen der deutschen Tanzkultur zu bringen. Ein wirklicher Lichtblick in dieser Richtung sei der Tanzabend der deutschen Solotänzerin Palucca gewesen.[97]

Wieder stehen sich die Meinungen über Paluccas Kunst gegenüber. Einerseits wird sie erneut mit Superlativen überschüttet. Von der technisch vollkommensten, ehrgeizigsten und beliebtesten aller deutschen Tänzerinnen ist die Rede.[98] Andererseits wird ihre Kunst von den Nationalsozialisten aber auch grundsätzlich in Frage gestellt. So nennt der *Völkische Beobachter* Palucca und Mary Wigman Meisterinnen des Kunsttanzes, stuft allerdings dahingehend ab, dass Mary Wigman auf der Höhe ihres tänzerischen Schaffens stehe, was von der Palucca nicht unbedingt gesagt werden könne. Ihre Tänze werden als musikalisch-tänzerische Entgleisungen bewertet.[99] Sie wird ermahnt, sich von der »Fessel der artfremden Kunstauffassung« zu befreien.[100]

Es ist auch gleichzeitig eine Warnung an die Tänzerin mit der »eigentümlichen Rassenmischung«. Wer annimmt, dass nur der *Völkische Beobachter* Palucca so zusetzt, sieht sich bald eines Besseren belehrt. Alfred Mühr schimpft anlässlich eines Auftritts von Palucca in der Berliner Volksbühne unter der Überschrift »Humoristische Tänze der Palucca« in der *Deutschen Zeitung* vom 5. März 1934 über die »ehemals marxistisch geleitete« Bühne und findet Paluccas Körper »nicht ideologisch übertrainiert«.[101]

Selbst ihre Musikauswahl wird zum Stein des Anstoßes. Der *Freiheitskampf* bemerkt zum Palucca-Tanzabend am 1. April 1935 im ausverkauften Dresdner Komödienhaus, dass sie leider zu ihren Tänzen vorwiegend südländische, »rassisch fernstehende« Komponisten wie Albéniz, Casella, Corelli, Coupérin, Granados, Satie und Respighi auswähle. Deren Musik sei teilweise recht »oberflächlich«, jedenfalls nicht »artgemäß«. Die Folge sei, dass zwar das Auge den Tanz sehe, das Herz aber nicht mitschwingen könne. Erst bei deutscher Musik habe sich das Klatschen der Dresdner zum Beifallstoben gesteigert, erst mit ihr habe Palucca deren Gefühl getroffen.[102]

Palucca weiß nun, was von ihr im neuen Deutschland erwartet wird: »gemessene Bewegung«, »weites Schreiten«, ein »ideologisch richtig trainierter Körper« und »deutsche Musik«. Mit der »Leidenschaft des Blutes« soll sie gestalten. Choreografie, Musik und Aussage des Tanzes sind damit vorgegeben. Im Zusammenhang mit diesen sich 1934 und 1935 häufenden Aussagen erscheint ein Text von ihr aus dem Jahr 1933 fast prophetisch. Sie schreibt, dass es für Künstler immer gefährlich sei, Bekenntnisse zu veröffentlichen und aus der Schule zu »plaudern«, da man unweigerlich auf Wahrheiten festgenagelt werde, die vergänglich seien. Und doch: Solange man schaffe, wolle man auch weiterkommen und Früheres überwinden.[103] Wird sich Palucca also nach den neuen Anforderungen richten, sich wandeln, aufgeben?

John Schikowski hat zehn Jahre zuvor den Erfolg der Palucca dahingehend beschrieben, dass sie die beliebteste, volkstümlichste Tänzerin dieser Zeit sei, eine Persönlichkeit, ein Mensch von deutlich ausgesprochener, sofort erkennbarer Eigenart. Die weitere Karriere und das weitere Leben der Palucca hängen nun davon ab, ob das Volkstümlich-Beliebte ihr angerechnet oder die erkennbare eigene Art ihr vorgeworfen wird. Doch bevor dies geschieht und Palucca auf ganz andere »Wahrheiten festgenagelt« werden wird, braucht man die »deutscheste Tänzerin« noch einmal zu einer international aufsehenerregenden Darbietung: für das Eröffnungsprogramm der Olympischen Spiele 1936 in Berlin. Und auch hierzu schreibt John Schikowski hellseherisch bereits 1924, dass mit dem in rhythmischer Bewegung ausgebildeten »Menschenmaterial« szenische Aufführungen möglich sein würden, die die Grenzen des bisherigen Theaters sprengen, nach weiten Räumen verlangen, in grandioser Gestaltung schließlich ins Freie dringen, Stadien, Wiesen und Hügelgelände überfluten würden. Wigman, Riefenstahl und Palucca benannte er als diejenigen, die die neue Kunst am stärksten und reinsten vertreten und die dadurch noch ihre maßgebliche Bedeutung erhalten würden, wenn das »Endziel der Entwicklung« bereits ganz auf den rhythmischen Massentanz eingestellt sei.

Nun ist es soweit. Mary Wigman ist die Choreografin des Massenspektakels im Olympiastadion, Palucca die Solotänzerin, und Leni Riefenstahl filmt alles aufs Vorbildlichste.

DIE GRÜNDUNG DER »PALUCCA SCHULE DRESDEN«

Unterrichtsanmeldungen seien schriftlich zu richten an »Palucca, Dresden, Bürgerwiese 25«[104], heißt es erstmalig auf dem Programmzettel zu Paluccas Auftritt am 18. Oktober 1924 im Berliner Blüthner-Saal. Von einer *Palucca Schule Dresden* ist noch nicht die Rede. Die Gleichzeitigkeit von Tanzen und Unterrichten hat Palucca bei Mary Wigman als Selbstverständlichkeit erfahren – auch, dass das Tanzen stets Vorrang hat. Das Unterrichten jedoch ist aus verschiedenen Gründen notwendig: Neben den Einnahmen und der tänzerischen Tätigkeit garantiert die Schule auch eine Multiplikation der eigenen künstlerischen Ansichten und festigt den persönlichen Kontakt mit dem Publikum.

Nach Paluccas Aussagen allerdings habe sie zu Beginn weder unterrichten noch eine Schule gründen wollen, aber es hätten sich von allein junge Menschen gemeldet. So habe sie eben angefangen zu unterrichten, und daraus sei dann allmählich die Schule entstanden.[105] Konkret sei es so gewesen, erinnert sich Palucca, dass die Wigman-Schülerin Liselore Bergmann zu ihr gekommen sei, die lieber mit ihr als mit Mary Wigman arbeiten wollte. Palucca sei dadurch in einen furchtbaren Konflikt geraten, da sie und Mary Wigman gleichzeitig in Dresden waren und ihre Schulen hatten. Die Schülerin aber habe darauf bestanden, von Palucca unterrichtet zu werden, da sie wie Palucca und nicht wie die Wigman tanzen wollte. Das sei nicht etwa Protest gewesen, meint Palucca, sondern habe an der Unterschiedlichkeit von Mary Wigman und ihr gelegen.[106] So gab nach Paluccas Aussage diese eine »abtrünnige« Wigman-Schülerin den Anstoß, dass Palucca mit dem Unterrichten und der dazugehörigen Werbung begann. Immerhin nutzt sie ab Oktober 1924 jede Möglichkeit, um auf ihren Unterricht hinzuweisen.

Und tatsächlich soll sich Mary Wigman über die Gründung der Palucca-Schule und die damit verbundene Konkurrenz wiederholt fürchterlich erregt haben, denn 1924 war bereits absehbar, dass Palucca sich zu einer ernstzunehmenden Konkurrentin entwickeln würde. Aber Wigman ist an der pädagogischen Ermutigung ihrer ehemaligen Schülerin nicht ganz schuldlos. Als sie 1922 von Hanns Niedecken-Gebhard nach Hannover verpflichtet wurde, um in seiner Inszenierung der Oper *Die Rose vom Liebesgarten* die Choreografie zu übernehmen, hat sie Palucca vorab dorthin geschickt, um die Ballettgruppe in die neuen Wigman'schen Bewegungen einzuarbeiten. Offensichtlich hat Wigman diese nicht leichte Aufgabe ihrer durchsetzungsfähigen Schülerin zugetraut. Palucca hat dann auch über die enormen Schwierigkeiten beim Umgang mit den Balletttänzern berichtet und dass es ihr gerade mal gelungen sei, dass die Tänzerinnen ihr Korsett wegen der Verletzungsgefahr ablegten, woraufhin Wigman geurteilt hat, dass Palucca ihre Aufgabe hervorragend gelöst habe.[107]

Im September 1925 ist es soweit: Die *Palucca Schule Dresden* wird gegründet.[108] Friedrich Bienert hilft – durch die Bereitstellung des Studios, die »Abstellung« seiner Sekretärin, die Vergabe von Stipendien an bedürftige Schülerinnen und durch Öffentlichkeitsarbeit. Der Text »Palucca über ihre Schule«, der erstmals 1926 erscheint[109] und anschließend in Paluccas Werbeprospekten und in vielen Zeitungen und Zeitschriften immer wieder gedruckt wird, ist in seinem Auftrag entstanden.[110] Auch wenn Palucca diesen Text nicht selbst formuliert hat, enthält er künstlerisch-pädagogische Ansichten, denen sie zustimmt. Im Text heißt es, dass jede Tänzerin heute selbstständig die Gesetze und Mittel ihres Tanzes neu finden müsse. Nur die eigene Erfahrung könne dort gelten, wo jede Tradition fehle. Die Mittel des Tanzes, an deren Erziehung eine Schule mithelfen könne, seien zuerst rein technischer und handwerklicher Art. Gute Kunsthandwerkerinnen des Tanzes herauszubilden, scheine Aufgabe und Ziel der Schule, im Hinblick sowohl auf den Gruppentanz als auch für die Tanzsolistin. Die Erziehung ziele auf das Bewusstsein des Körpers, seiner Plastik und seiner Ausdrucksmöglichkeiten. Es entstehe in der Tänzerin ein spezifisch tänzerisches Denken, das durchaus nicht abstrakt, sondern nur mit den Mitteln des Tanzes – Raum, Zeit und Ausdruck – geschehe.

Moderner Tanz und moderne Musik seien im Augenblick noch nicht zu einer Einheit gebracht. Darum ziehe Palucca alte Volksmelodien vor, ungarische, spanische, mexikanische, die dem Tänzerischen am nächsten zu stehen schienen und ihm alle Freiheit ließen. Die künstlerische Musik sei ein Gebilde für sich, der Tanz ebenso. Eine harmonische Einheit werde erst entstehen, wenn zum Tanz eine eigene Tanzmusik geschaffen werde, die organisch mit dem Tanz verwachse, ohne für sich allein bestehen zu wollen. Hier stehe man erst am Beginn, und nicht die Tänzerin allein, auch Musiker, Dichter, Maler und Plastiker seien zu schöpferischen Tanzideen berufen.[111]

Neben den hier formulierten traditionellen pädagogischen Zielen der Vermittlung tänzerischen Handwerks und der Erlangung von Körperbewusstsein klingen die Forderungen nach spezifisch tänzerischem Bewusstsein und tänzerischem Denken durchaus avantgardistisch. Auch die Aussage, dass schöpferische Tanzideen nicht ausschließlich an den Tanzkünstler gebunden seien, greift der Zeit weit voraus.

Palucca ist mehr oder weniger auch gezwungen, mit solchen Veröffentlichungen auf ihre Schule aufmerksam zu machen, denn die Fachöffentlichkeit sieht in ihr vor allem die Tänzerin. Nur in Ausnahmefällen wird auf die Pädagogin verwiesen. Doch wer Palucca tanzen sieht und von ihr begeistert ist, will bei ihr zur Tänzerin ausgebildet werden.

Eine der ersten Palucca-Schülerinnen von 1925 bis 1928 ist Martha Fricke. Wie viele junge Mädchen dieser Zeit möchte sie entgegen dem Wunsch der Eltern Tanz studieren – und zwar bei Palucca in Dresden. Sie hat Palucca vorher nur einmal tanzen gesehen. Das reicht für ihren Entschluss. Über ihre allererste Unterrichtsstunde schreibt sie, dass neben Palucca und ihr vier weitere Schülerinnen und Hanna Eisfelder anwesend gewesen seien. Palucca habe alle vorgestellt und erklärt, dass sie vorhabe, täglich zwei Stunden mit ihnen zu arbeiten. In der ersten Stunde solle trainiert werden, in der zweiten dann getanzt.[112]

Als erste Aufgabe sollen die Schülerinnen auf verschiedene Arten durch den Raum gehen. Palucca geht vorweg, die Schülerinnen folgen ihr. Das Eigenartige daran ist, dass Palucca nichts erklärt. Die zweite Unterrichtsstunde – die Tanzstunde – beginnt wieder damit, dass Palucca eine Aufgabe stellt. Sie sagt: »So, jetzt tanzen Sie mal los!« – improvisiert dann sofort selbst und erwartet, dass die Schülerinnen es ihr nachtun. Erklärungen gibt es auch diesmal keine. Martha Fricke kommt zu dem Schluss, dass Palucca ein Mensch sei, der nichts erklären wolle, vielleicht auch gar nichts erklären könne.

Ihre drei Ausbildungsjahre bei Palucca verlaufen nach einem erdenklich einfachen Schema. Palucca habe jeden Tag anders improvisiert, und auch sie selbst habe jeden Tag anders improvisiert. So sei kein Tag wie der andere gewesen. Palucca lässt ihre Schülerinnen mehr an ihrem Training teilhaben als dass sie sie zielgerichtet unterrichtet. Sie befindet sich offensichtlich zu Beginn ihrer Unterrichtstätigkeit in einer Phase der eigenen pädagogischen Findung. Erst viel später, 1934, wird sie öffentlich über ihre choreografische Arbeitsweise und deren Erlernbarkeit berichten. Im Saal stehend bewege sie sich wie von selbst, höre einzig auf die Musik bis zu dem Punkt, »wo der Körper auf einen Rhythmus, ein Stück Melodie reagiert, im Gleichklang oder im Gegensinn. Eine Musik erweist sich als verwendbar, nicht im Sinne der Ausdeutung, sondern in dem der musikalischen Begleitung eines Eigenen. Es ist durchaus nicht immer eine vorher gehörte Musik, mit der ich mich bereits auseinandergesetzt habe. Der Tanz bleibt dabei primär. Seine innere Form verbindet sich mit der inneren Form der Musik, und die Arbeit am Tanz ist die Durchführung des thematischen Materials im Einklang mit der Musik. So entsteht eine Zwei-Einheit, das, was für mich der Neue Tanz ist.«[113]

Die Schüler müssen den Palucca-Unterricht schriftlich reflektieren. So wird den Schülern klar, was sie eigentlich gelernt haben – und Palucca, was sie gelehrt hat. Die Schülerin Elisabeth Dulk beschreibt in ihrer »Schülerarbeit« zum Beispiel die Unterschiedlichkeit der Fortbewegungsarten: »Unter Marschieren verstehen wir ein stark rhythmisches Fortbewegen, während wir uns beim Gleiten fortlaufend gleichmäßig bewegen. Der Körper ist beim Marschieren senkrecht. Doch beim Gleiten strebt der Oberkörper nach vorne, die Arme in Schulterhöhe durchschneiden die Luft und trennen den Raum in zwei Teile. [...] Man muß das Gefühl haben, als schwebe man über den Boden dahin, es gibt kein Auf und Ab, kein Stocken. Beim Marschieren können wir das Gegenteil feststellen. Die Oberarme liegen meist am Körper an und die Hände schließen sich zur Faust. Der ganze Körper ist straff und gespannt.«[114] Wie holperig diese Reflexionen auch immer formuliert sind, bilden sie doch für Palucca wichtige kleine Bausteine, mit deren Hilfe dann die Technik des Neuen Tanzes formuliert werden kann.

DIE ETABLIERUNG DER SCHULE

Palucca sei nicht nur eine große Künstlerin, sondern auch eine sehr erfolgreiche und beliebte Pädagogin. Ihre Dresdner Schule habe sich sehr gut entwickelt. Sie pflege in ihr sowohl den Kunst- wie den Laientanz, weiß Rudolf Lämmel nur drei Jahre nach der Schulgründung 1928 in seinem Buch *Der moderne Tanz* zu berichten.[115]

Palucca mietet 1926 im Stallhof des Johanneums in der Augustusstraße 1, in unmittelbarer Nähe zur Dresdner Frauenkirche und zum Schloss, zwei Räume. Doch offensichtlich reicht diese Erweiterung nicht lange aus. An eine Schülerin dieser Zeit schreibt sie, dass sie einen weiteren herrlichen Saal bekommen habe, die früheren »Kraft-Kunst«, mit Ruheräumen, Wasch- und Duschgelegenheiten. Gemeint sind die Räume des ehemaligen »Kraft-Kunst-Instituts« von Sascha Schneider im sogenannten Mühlberghaus in der Scheffelstraße 29 am Altmarkt. Glücklich sei sie darüber, Schwerarbeit sei es gewesen, das zu erreichen. 1927 wird eingezogen, die Unterrichtsräume im Schloss bleiben weiter bestehen. Damit findet der Unterricht der *Palucca Schule Dresden* nun an drei verschiedenen Orten statt. Es ist nur eine Frage der Zeit und des Geldes, bis Palucca diesen Zustand ändern wird.

Das Ausbildungsangebot ist von Anfang an sehr weitgefächert. 1927 wirbt sie für die Ausbildung in Solo-, Gruppen- und Bühnentanz sowie für Tanzgymnastik und Tanzpädagogik.[116] Vermutlich konnten die Absolventen des Jahres 1928 die Schule bereits mit einem Zeugnis oder sogar Diplom verlassen. Solo-, Gruppen- oder Theatertänzer wird man nach zwei Jahren, die Lehrbefähigung für Laien bekommt man ebenfalls nach zweijähriger Ausbildung erteilt, die für Berufsschüler nach drei Jahren.

Im Schulprospekt heißt es, dass die technische Ausbildung im Mittelpunkt des Lehrplans stehe. Auf dieser Grundlage werde das Verständnis für Körpergefühl, Körperspannung und die Beziehung des Körpers zum Raum methodisch aufgebaut und das natürliche rhythmische Empfinden und die tänzerische Musikalität systematisch entwickelt. Dabei werde auf die individuelle Veranlagung der Schülerinnen besonders eingegangen. Kleine Klassen, gemeinsames Üben unter Rücksichtnahme auf die individuelle Veranlagung der Mitschüler untereinander, das enge Verhältnis der Lehrer zu den Schülern ergäben ein kameradschaftliches Leben innerhalb der Schulgemeinschaft, das wesentlich zur allgemein menschlichen Entwicklung der Schüler beitrage. Die Nachteile eines Großbetriebs sollten, so Palucca, unter allen Umständen vermieden werden.[117]

Die Palette der Unterrichtsfächer umfasst auf der praktischen Seite tänzerische Gymnastik, gymnastisches Training, Atemgymnastik, Einzeltanz, Improvisation, Tanzkomposition, Gruppentanz, Tanzregie, Theatertanz, Pantomimik und Schrifttanz. Die theoretischen Fächer sind Tanzgeschichte, Theorie des Tanzes, Ästhetik des Tanzes, Tanzkomposition, Tanzschrift, Tanzpädagogik, Atemlehre, Gesundheitslehre, Physiologie und Hygienik. Musikalisch werden die Schüler in Tanz- und Geräuschmusik sowie Tanzrhythmik ausgebildet.

Bei dieser Vielzahl von Unterrichtsfächern werden zwei Zielstellungen deutlich, die Palucca in ihrer Schule verfolgt. Einerseits steht ein breites Unterrichtsprogramm für eine fundierte Ausbildung, andererseits sichert es zahlende Kundschaft.[118] Auch die Laienkurse sind in die Kategorie »zahlende Kundschaft« einzuordnen. Sie sollen neben

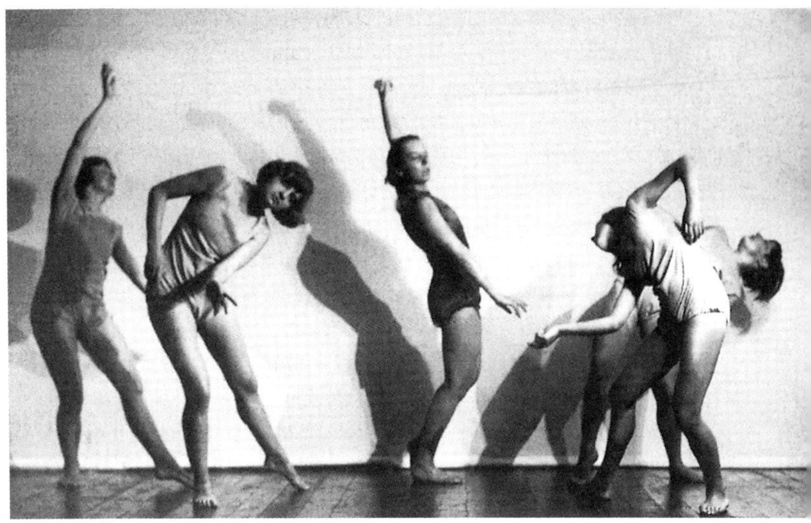

Palucca mit Schülerinnen, um 1925

der »Durcharbeitung des Leibes« die in jedem Menschen latente Freude an der Bewegung, am Rhythmus und am Tanz bewusst und lebendig machen.[119]

Palucca hat aber ein größeres Ziel vor Augen: die Errichtung einer Hochschule für Tanz. Auf dem Tänzerkongress in München 1930 werden die Richtlinien einer Tanzhochschule auch unter ihrer Mitarbeit formuliert. In den folgenden Jahren nähert sie die Ausbildung ihrer Schule dieser Zielvorstellung immer stärker an. So wird bereits 1933 hervorgehoben, dass die professionelle Ausbildung in den Vordergrund gerückt sei. Sie wolle ihre Schüler dorthin führen, wo sie ihre Möglichkeiten am besten entfalten könnten, schreibt Palucca. Der leitende Gedanke des Unterrichts sei stets die Erziehung der Persönlichkeit.[120] Ein nächster wichtiger Schritt soll die staatliche Anerkennung der Ausbildungsgänge oder sogar der Schule als Institution sein.

Mit dieser inhaltlichen Etablierung geht auch die räumliche Konzentrierung einher. Am 1. März 1932 zieht die Palucca-Schule in die Räcknitzstraße 11 in unmittelbarer Nähe zur Bürgerwiese 25 um.

Palucca hat dort Räume für ihre Schule ausbauen lassen. Alles ist neu, hell und freundlich – ideal für eine professionelle Ausbildung.

Die Schule wird von Palucca als eine große Gemeinschaft verstanden. Dies hat sie sowohl bei Mary Wigman als auch bei ihren Besuchen am Bauhaus erfahren. Aus der Wigman-Pädagogik übernimmt sie die Suche nach der individuellen Gestaltungsfähigkeit, die es in jedem Schüler zu entdecken gilt. Die Bauhäusler haben Palucca nicht nur als strenge Kritiker geholfen,[121] sondern ihr auch die Einteilung in Werk- und Formmeister vorgelebt, die Palucca mehr oder weniger auch in ihrer Schule einführt.

Zur Palucca-Schulgemeinschaft gehören neben den Schülern selbstverständlich auch die Mitarbeiter, denn das Anwachsen der Schülerzahl, die Erweiterung des Unterrichtsangebots und die zunehmende Popularität der Tänzerin Palucca haben zur Folge, dass der Unterricht und die Leitung der Schule von Palucca zum Großteil in die Hände anderer gelegt werden müssen. Die *Palucca Schule Dresden* wird neben ihr von einem oft wechselnden Team geleitet. Ab 1927 gehören zur Leitung der Schule Hermi Bertram, Hilde Wolf, Herbert Trantow, Irma Steinberg, Adolf Havlik, Tile Rössler und Charlotte Hölzner. Sie alle unterrichten an der Schule. Ein Hinweis wie jener, dass Palucca während ihrer Anwesenheit in Dresden Unterricht erteile,[122] trägt diesem Zustand Rechnung und dämpft gleichzeitig zu euphorische Erwartungen der vielen Palucca-Verehrer. Wer bei Palucca lernen will, muss eben warten, bis die berühmte Tänzerin am Ort ist – und tut dies wahrscheinlich gern, denn Palucca nimmt ihre besten Schülerinnen auch als Palucca-Tanzgruppe mit auf die Bühne.

Der Feuilletonchef des *Berliner Tageblatts*, Fred Hildebrandt, beschreibt mit pathetischen Worten diese Palucca-Tanzgruppe: »Aus der erhabenen Schule der Mary Wigman kam die Palucca. Sie fand aber bald aus den Stilfesseln der Wigman heraus den eigenen Weg. Und sie ging ihn fortan unbeirrt. [...] Sie hatte nun eine eigene Tanzgruppe, darunter Griechinnen, Schwedinnen, Engländerinnen, Amerikanerinnen, Finninnen – alles auserlesene wunderschöne junge Geschöpfe.«[123] Entgegen Paluccas Äußerung, dass sie gewiss keine Nachahmer erziehen möchte, ahmen die Schülerinnen sie nur allzu gern nach. Deshalb sind sie ja auch zu ihr gekommen: Weil sie so sein wollen wie Palucca, wollen sie so tanzen wie Palucca.

Die Schülerinnen der Anfangszeit sind meist gleichaltrig und geben sich allergrößte Mühe, ihrer Meisterin so ähnlich wie möglich zu werden. Auf Fotografien ist es mitunter wirklich schwierig, Palucca von ihren Schülerinnen zu unterscheiden, so »haargenau« kopieren diese sie. Kleidung, Gesichtsausdruck, Haarschnitt und Habitus – man hat den Eindruck, Palucca sei »vervielfältigt« worden. Palucca wird nichts dagegen haben, geschweige denn etwas dagegen unternehmen.

Doch die Schülerinnen bilden nicht nur die Gruppe um die Solistin. Auch selbstschöpferisch sollen sie ja werden. Am 1. März 1929 präsentiert sich die Palucca-Schule im Dresdner Künstlerhaus auf neue Weise. »Eigene Tänze der Schülerinnen« heißt der Abend, achtzehn Einzel- und Gruppentänze werden angekündigt. Der Dresdner Anzeiger bestätigt, dass das Ziel, sowohl das Erlernte als auch die eigene Gestaltungsfähigkeit zu präsentieren, erreicht worden sei.[124]

Am 14. März gibt es am selben Ort einen Vortrag von Rudolf von Laban über »Die Probleme des Tanzes« mit Lichtbildern, Film und Demonstrationen, am 20. März treten Else Baros, Lotte Goslar und Elfriede Hein als das Tanztrio der Palucca-Gruppe auf. An sie werden bereits höhere Ansprüche gestellt als an die anderen Schülerinnen. Doch auch dem Tanztrio ist dank der Ausbildung bei Palucca der Erfolg gewiss. Man schreibt, dass gerade dieser Abend offenbart habe, bis zu welcher Reife der Körper der Schülerinnen trainiert und diszipliniert werde. Gewiss schimmere oft das Vorbild der Meisterin in dem energischen Schwung, in der rhythmischen Straffheit durch, aber niemals werde das eigene Temperament der Schülerinnen unterdrückt.[125] Größere Anerkennung hätte man Paluccas Ausbildung kaum zollen können.

Wenn Palucca und ihre Gruppe auf Tournee sind, kann es mitunter wohl auch sehr ausgelassen zugehen. Fred Hildebrandt berichtet über eine »Tanznacht«, die er mit Palucca und ihrer Gruppe in München in der Bar des Hotels Regina erlebt hat. Palucca habe sich – trotz vorheriger Vereinbarung – beim Tanzen nicht von ihm führen lassen, sondern auch auf der Tanzfläche der Nachtbar ihre eigenen wilden Tänze improvisiert, die ganze Nacht lang. Selbst als der Morgen anbrach, habe Palucca nicht aufhören wollen, sondern darauf bestanden, noch im Englischen Garten Boot zu fahren.[126]

Diese kleine Anekdote sagt viel über Palucca. Nach harter Arbeit darf ausgiebig gefeiert werden – mit der ihr eigenen Energie. Und nach anderer Leute »Pfeife tanzen«, das war Palucca einfach nicht möglich.

Spätestens im Oktober beginnt Palucca ihre alljährlichen ausgedehnten Gastspielreisen, die regelmäßig bis in den April dauern. In ihrer Dresdner Schule kann sie also bestenfalls im Spätsommer und im Frühjahr unterrichten. Selbstverständlich unterrichtet sie auch zwischendurch, wenn sie in Dresden ist. Doch Palucca hat noch andere Verpflichtungen: 1927, 1928 und 1930 nimmt sie an den Tänzerkongressen teil. Ab 1928 gibt es eine Palucca-Zweigstelle in Berlin-Grunewald, ab 1931 eine weitere in Stuttgart.[127]

Die Palucca Schule Berlin ist von besonderer Bedeutung. Gegründet wird sie am 15. September 1928 von Steffi Nossen, die bereits eine *Schule für Gymnastik und Tanz* im Berliner Grunewald leitet, sich wohl aber als Zweiginstitut der *Palucca Schule Dresden* bessere Chancen verspricht. Auch im Berliner Zweiginstitut der Palucca-Schule heißen die Ausbildungsrichtungen »Solo-Gruppen-Bühnen-Tanz, Tanzgymnastik und Tanzpädagogik«. Palucca und Steffi Nossen glauben, »dass viele Kreise von den heute so verschiedenartigen Richtungen des Tanzes unterrichtet werden wollen«[128]. Möglicherweise hat Palucca vor, die Berliner Schule stärker auszubauen, immerhin achtet sie stets darauf, dass die Anzeigen beider Schulen in gleicher Größe gedruckt werden. Doch der weitere Verlauf der Geschichte ändert alles.

DIE UMSTRUKTURIERUNG DER SCHULE

Die Machtübernahme der Nationalsozialisten macht sich nicht sofort an der Schule bemerkbar. Noch 1933 kann Palucca als Zielstellung verkünden, dass in ihrer Ausbildung die körperliche und künstlerische Arbeit Hand in Hand gehen. Diese Verbindung sei die Basis für die weitere Entwicklung ihrer Schüler. Palucca und ihre Mitarbeiter vermeiden dabei jeden Drill und die Mechanisierung der Bewegung und versuchen, die Schüler durch Erziehung zu eigenem Nachdenken, durch schriftliche Arbeiten, durch Regieführen, durch Kritik an sich selbst und an den Mitschülern zur Selbstständigkeit und zu eigenem Denken und Handeln zu führen.[129] Diese Ausbildungsideale geraten nun allerdings in Misskredit. Kritikfähigkeit und Selbstständigkeit sind nicht mehr gefragt. Drill und Mechanisierung werden gefordert.

Im Oktober 1934 weist der *Völkische Beobachter* Palucca auf die Verantwortung hin, die sie als Leiterin ihrer großen Dresdner Tanzschule dem deutschen tänzerischen Nachwuchs gegenüber trage.[130] Mit den politischen Verhältnissen in Deutschland verändern sich allmählich auch die Bedingungen für den Tanz und die Tanzausbildung. Zum einen müssen sich Tänzer und Tanzpädagogen neuen Strukturen unterordnen, zum anderen gibt es aber auch eine bis dahin nicht gekannte staatliche Anerkennung und Unterstützung, der allerdings eine ebenfalls bis dahin nicht gekannte Bevormundung folgt.

Bereits im Juli 1933 tritt die Palucca-Schule bekanntlich dem Nationalsozialistischen Lehrerbund und dem Deutschen Kampfbund bei. Sie wird dadurch zum 1. August 1933 auch Mitglied des Reichsverbandes Deutscher Turn-, Sport- und Gymnastiklehrer e.V. im N.S.L.B. und Mitglied der Fachgruppe 5 der Fachschaft Bühne in der Reichstheaterkammer.[131] Vom Reichsministerium für Volksaufklärung und Propaganda werden die Wigman-, die Laban-, die Günther- und die Palucca-Schule bereits im Juli 1934 als die Tanzschulen Deutschlands genannt, die man zu fördern gedenkt.[132]

Auf einem vertraulich zu behandelnden Fragebogen der Fachschaft Gymnastik und Tanz des Reichsverbandes Deutscher Turn-, Sport-

und Gymnastiklehrer e. V. im Nationalsozialistischen Lehrerbund beantwortet Palucca die Frage, ob sie im Privatunterricht ausbilde, mit Nein. Selbstverständlich seien ihre Wohnräume und die Ausbildungsstätte getrennt. Den Namen ihrer Schule unterstreicht sie mit dem Zusatz »staatlich genehmigte Schreibweise«. Palucca achtet stets darauf, dass ihre Schule nicht als private, sondern als staatlich anerkannte Schule behandelt wird.

Doch genau damit gehen Eingriffe ins Ausbildungsprofil einher. So heißt es in einer Pressemeldung der Schule aus dem Jahr 1934, dass man unter Berücksichtigung der vom Propagandaministerium vorbereiteten neuen Prüfungsordnung für Theatertänzer nun auch die Fächer Bühnentanz, Klassischer Tanz und Nationaltanz in den Lehrplan aufgenommen habe.[133]

Bis zu diesem Zeitpunkt dominiert das reformpädagogische Vokabular. Doch bereits 1935 wird der »Kameradschaftsgeist« beschworen, der neben der Disziplin nun verlangt wird. Als ihre wesentlichste pädagogische Aufgabe sieht Palucca allerdings weiterhin, ihre Schüler künstlerisch und menschlich so zu fördern, dass sie zur Entfaltung ihrer eigensten Anlagen gelangen. Ihr Unterricht arbeite infolgedessen darauf hin, jede unkünstlerische Betätigung und jede Nachahmung von vornherein zu unterbinden.[134] Widersprüche zwischen künstlerisch-pädagogischem Anspruch und staatlichen Vorgaben deuten sich an.

Im April 1935 beginnen auch an der *Palucca Schule Dresden* »KRAFT DURCH FREUDE-Gymnastikkurse«[135]. Sie bilden lediglich eine Vorstufe zur »totalen« Aufwertung der sogenannten »Deutschen Gymnastik«. Die Reichstheaterkammer erlässt zum Beginn des Studienjahres 1935 neue Prüfungsbestimmungen für Tänzer, die die *Palucca Schule Dresden* zum »Umbau ihres Lehrplans« nötigen.[136] In der Gymnastik- und Tanzschule von Palucca halten »deutsche Kameradschaft« und nationalsozialistische Gesinnung vollständig Einzug. Ein Werbeprospekt der Schule von 1936 verkündet, dass sich die Schule im Laufe der Jahre zu einer Ausbildungsstätte für »deutschen künstlerischen Tanz« und »Deutsche Gymnastik« entwickelt habe. Der Einzelne solle »unter Ausschaltung jeder Willkür« zur Erkenntnis seiner besonderen Fähigkeiten geführt werden, zu Disziplin und Gewissenhaftigkeit. Aus der gemeinsamen Arbeit habe sich ein Geist kameradschaftlicher Gesinnung entwickelt, den zu pflegen als wesentliche Aufgabe gelte.[137]

Dieser Vorgang, der heute unter dem Begriff »Gleichschaltung« bekannt ist, wird allerdings von den Zeitgenossen noch lange nicht als solcher empfunden. Denn die Unterschiede der einzelnen Schulen ergeben sich weiterhin aus der künstlerischen Eigenart ihrer Leiterinnen. Palucca weiß, dass die Schüler vor allem zu *ihr* kommen, um Tänzer zu werden wie sie, und lässt die Öffentlichkeit wissen, dass sie weiterhin gewillt sei, diese Ausbildung anzubieten. Neben dem gymnastischen Lehrgang laufe auch ein selbstständiger mehrjähriger Lehrgang zur Ausbildung als Tänzer und Lehrer des künstlerischen Tanzes, wird sie in der Zeitschrift *Gymnastik und Tanz* zitiert.[138] Dieser Hinweis scheint notwendig, da ab 1935 für alle Gymnastikschulen ein einheitlicher Lehrplan vorgeschrieben ist, der die Ausbildung in die Gebiete »Deutsche Gymnastik«, »Wahlfach«, »Körperkunde« und

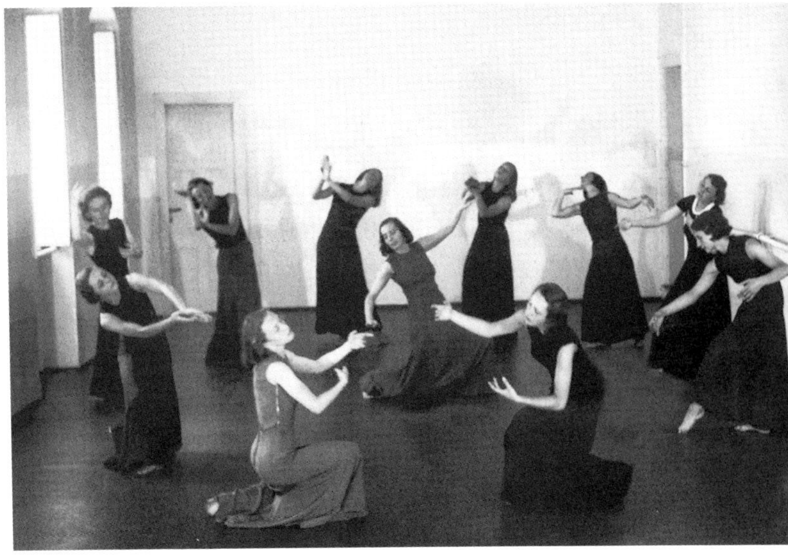

Kompositionsstudie, um 1935

»Führungskunde« gliedert. Nur im sogenannten Wahlfach kann die jeweilige Eigenart der Schulen noch weiterleben. Mit den Ausbildungsinhalten und -Strukturen werden auch die Prüfungsinhalte, -ordnung und -kommissionen vorgegeben. Selbst in diesen immer enger werdenden Grenzen versucht Palucca die künstlerische wie Persönlichkeitsbildung davor zu retten, völlig an den Rand gedrängt zu werden. In der Zeitschrift *Gymnastik und Tanz* heißt es weiter, dass die Ausbildung in Deutscher Gymnastik an der Palucca-Schule durch die Tatsache charakterisiert sei, dass die Schule gleichzeitig eine Ausbildungsstätte für Deutschen Kunsttanz sei. Das Fluidum des Künstlerischen strahle, ohne die Gesetzmäßigkeiten der »Deutschen Gymnastik« anzugreifen, auf diese Arbeit über und bereichere ihre Atmosphäre in Richtung auf eine möglichst geschlossene und umfassende Persönlichkeitserziehung.[139] Konkret ist es wohl so, dass diejenigen, die bei Palucca zum Tänzer ausgebildet werden möchten, nun zuerst das Gymnastiklehrerexamen bestehen müssen und dann in einem anschließenden Jahr die tänzerische Ausbildung absolvieren können.

Heißt es noch 1935 über die Palucca-Schule, dass eine große Anzahl junger Menschen, die durch sie gegangen seien, es zu eigenen Leistungen gebracht hätten, so schlagen die offiziellen Meldungen bereits 1936 einen anderen Ton an. Die Gymnastikschulen träten aus der Zurückgezogenheit des privaten Lebens in die Öffentlichkeit der anerkannten Erziehungseinrichtungen und stellten ihre langjährige, oft unter schweren Sorgen und persönlichen Opfern aufgebaute Arbeit nunmehr unter Schutz und Förderung des Staates. Was dies zu bedeuten hat, wird Palucca noch im gleichen Jahr schmerzvoll erfahren.

1936–1944 »WANDLUNGEN«

DEUTSCHESTE TÄNZERIN ODER RUMHOPSEREI?

Am Abend des 25. März 1942 monologisiert Hitler im Führerhauptquartier über ein ganz besonderes Thema. Es geht nicht etwa um die Entwicklung der im Januar begonnenen U-Boot-Offensive im Atlantik oder um die im gleichen Monat auf der Wannsee-Konferenz beschlossene »Endlösung der Judenfrage«. Nein, Hitler referiert über – den Tanz. Das müsse man den Amerikanern ja lassen, meint er: Tänzerinnen von wirklichem Können hätten sie aufzuweisen wie die Deutschen zur Zeit wohl niemanden. Insbesondere denke er da an Mirian Verne, die mit ihrem graziösen, eleganten Bühnentanz ein einziger ästhetischer Genuss sei. Auch die im Münchner Gärtnerplatz-Theater aufgetretene Tänzerin Marion Daniels nennt er eine Könnerin und sinniert darüber, welch ein hartes Training die Voraussetzung solchen Tanzes sei, ein Training, das bis an die äußerste Grenze der menschlichen Leistungsfähigkeit gehe, bis an die Zerreißprobe des menschlichen Körpers. Hitler fährt fort, noch heute könne er sich darüber ärgern, wie schlecht in der »Systemzeit« die Akrobaten und vor allem die »arischen« Tänzerinnen wie zum Beispiel die Tillergirls bezahlt worden seien, während »jüdische Affen« als Conferenciers 3000 Reichsmark pro Abend für ihre blöden Bemerkungen eingesteckt hätten. Nach einem peinlichen Reinfall mit den Berliner Tänzerinnen Höpfner auf dem Künstlerfest in der Reichskanzlei habe er sich entschlossen, jede Vorführung, die er seinen Gästen einmal zu zeigen gedenke, vorher anzusehen. Enttäuscht sei er von der Tanzerei der Palucca gewesen. Bei ihr handele es sich überhaupt nicht mehr um Tanz in seinem wirklichen ästhetischen Sinne, sondern um eine Rumhopserei und um verrenkte Sprünge. Von Goebbels habe er sich da reinlegen lassen. Mit einer Handbewegung habe er ihm noch besonders zum Besuch dieses Programms geraten. Mit welcher Handbewegung Goebbels Hitler gegenüber die Tänzerin Palucca charakterisiert hat und welches Programm er gesehen haben könnte, wird weder von Hitler noch vom Protokollanten überliefert.

Palucca wird von Hitlers Ausführungen über ihren Tanz nichts gewusst haben. Ein »Vortanzen« bei Hitler muss es jedoch gegeben haben. Palucca erinnert sich: »Ich war gerade in Berlin, saß in einem italienischen Restaurant, da holte man mich plötzlich raus. Im Handumdrehen war ich in der Reichskanzlei und mußte dem Mann moderne Tänze vorführen. Hinterher ist er kurz auf mich zugekommen und hat gesagt: ›Es gefällt mir nicht.‹ Und dann war ich entlassen.«[1] Trotz dieser abfälligen Meinung Hitlers tanzt Palucca zu dieser Zeit in Deutschland so viel wie nie zuvor.

1936 erreicht ihre Karriere mit dem Auftritt während des Eröffnungsprogramms der Olympischen Spiele im Berliner Olympiastadion einen bis dahin nicht dagewesenen Höhepunkt in der öffentlichen Anerkennung. Palucca, sonst eher zurückhaltend mit schriftlichen Äußerungen, lässt sich anlässlich der als Begleitprogramm stattfindenden Tanzwettspiele zu folgenden Formulierungen hinreißen: »Wie wir anders leben und erleben als die uns Vorausgehenden und die mit uns Lebenden, so müssen wir auch anders gestalten. Volk und Zeit schaffen Gemeinsamkeiten, und wir lieben sie, weil sie uns binden. Aber innerhalb unseres Volkes und unserer Zeit hören wir bei der Arbeit auf die Stimme des eigenen Blutes. So steht jeder allein und wartet auf das Echo. Zum ersten Male in der Geschichte treffen sich Tänzer der ganzen Welt zu Internationalen Tanzfestspielen in Deutschland. Jeder von uns kommt als Vertreter seines Volkes und als Vertreter einer gemeinsamen Kunst. Wir werden uns umso besser verstehen, je mehr wir eindeutig das sind, was wir von Natur aus sind. Man hat von mir gesagt, daß ich die deutscheste Tänzerin wäre; ich weiß nicht, ob mit Recht.

Wenn ja, dann bin ich glücklich und begrüße mit aufrichtiger Freude alle Tänzer, denen ihr Land das gleiche nachsagt.«[2]

1936 gilt Palucca also noch als die »deutscheste Tänzerin« und 1942 soll ihr Tanz nur noch »Rumhopserei« gewesen sein? Ist Palucca auch in der öffentlichen Meinung so tief gefallen? Was ist nach den Olympischen Spielen passiert? Beginnen wir 1936.

Anlässlich ihres bevorstehenden Auftritts im Olympiastadion wird im Interview der Woche der Zeitschrift *Die junge Dame* über Palucca als »Deutschlands größte Tänzerin« berichtet.[3] Auf die Frage, wann sie wieder in Berlin zu sehen sein werde, antwortet Palucca, dass sie im Juli 1936 in der Berliner Volksbühne anlässlich der Internationalen Tanzwettspiele als Vertreterin Deutschlands tanzen werde. Der Journalist äußert die feste Zuversicht, dass der neue deutsche Tanz mit Gret Palucca siegen werde.

Doch bevor Palucca den Wettkampf mit der internationalen Tanzkonkurrenz antreten kann, hat sie den »Sieg« über das Olympiastadion zu erringen. Palucca berichtet dem Regisseur des Eröffnungsfestspiels *Olympische Jugend*, Hanns Niedecken-Gebhard, über ihre Schwierigkeiten bei den Proben im Stadion. Furchtbar schwer sei es. Aufschwünge und Beingesten kämen überhaupt nicht heraus. Eigentlich ginge nur Laufen im Walzertakt und eventuell noch Drehungen – also nur Linien, keine Gesten und keine Schritte. Es bleibe also gar keine Phantasie übrig, befürchtet Palucca.[4]

An dem Eröffnungsfestspiel wirken 150 Tänzerinnen und Tänzer, 1000 Musiker und 1000 Fahnenschwinger mit. Es ist ein Massentheater. Ein ganzes Volk beginnt, sich inszenieren zu lassen und die Unterschiede zwischen Fiktion und Realität zu verdrängen. Das *Schwarze Korps*, die Zeitung der SS, gibt am 13. August 1936 die Atmosphäre des Auftritts und den vorausgesagten Erfolg Paluccas wieder: »Unzählige, grellweiße Scheinwerfer leuchten auf, treffen sich im riesenweiten Rund, und inmitten dieses hellen Lichtkreuzes in unwahrscheinlicher Entfernung ein schwebender, dauernd in Bewegung befindlicher Anziehungspunkt. Mit raumgreifenden, weiten Schritten tanzt, nein, schwebt ein Mensch in unbeschreiblicher Grazie, einem Schmetterling gleich, scheinbar losgelöst von aller Erdenschwere über das satte Grün des Rasens im Olympiastadion: die Palucca.« Palucca wird auf einen scheinbar nicht mehr umzustoßenden Sockel gehoben. Es müsse, so *Das Schwarze Korps*, einmal mit aller Deutlichkeit gesagt werden, dass Palucca allein es gewesen sei, die die Sphäre des Mimischen und Pantomimischen, diese stets bühnengebundene und stets darstellende Intellektkunst, zu verlassen gewusst habe, und dass mit diesem bedeutenden Schritt eine neue Ära nicht nur des deutschen Tanzes, sondern des Tanzes überhaupt begonnen habe. »Man hat sie oft als die ›deutscheste‹ Tänzerin bezeichnet, und die gleiche Freude, die sie selbst hierüber empfand, fühlen auch wir.«[5] Damit ist die offizielle Haltung NS-Deutschlands zur Tänzerin Palucca wiedergegeben. Mit solchem ›Rückenwind‹ tritt Palucca bei den sogenannten Internationalen Tanzwettspielen an. In den beiden Jahren zuvor heißt diese Veranstaltungsreihe noch *Deutsche Tanzfestspiele* und findet unter Förderung der Reichskulturkammer statt.[6]

1934 ist Palucca mit den Tänzen *Spiel*, *Elegie*, *Mit Schwung*, *Serenata* und dem *Walzer* beteiligt. Während eines Festabends zugunsten des Deutschen Winterhilfswerks, dem der Reichsminister für Volksaufklärung und Propaganda beiwohnt, wird sie gemeinsam mit Harald Kreutzberg besonders gefeiert.[7] Eigenartigerweise tanzt Palucca 1934 nicht nur, sondern ist neben Mary Wigman, Rudolf von Laban, Fritz Böhme und Will Grohmann auch Mitglied der Jury.

Die Tanzfestspiele 1934 und ihre Abschlussveranstaltung, die mit einem »Sieg Heil auf den Führer« schließt, veranlassen Fritz Böhme, die Teilnahme der Tänzer in seiner zusammenfassenden Berichterstattung als Bekenntnis zum nationalsozialistischen Deutschland zu deuten. Er äußert seine Gewissheit darüber, dass die deutschen Berufstänzer auf dem Wege seien, alle liberalistisch-individualistische Haltung abzutun und sich in die große Schar der Kämpfer für das nationalsozialistische Deutschland Adolf Hitlers einzureihen.[8]

Es ist schwer vorstellbar, dass Palucca – die Solotänzerin ganz eigener Art – sich von einer »liberalistisch-individualistischen Haltung«, die ja das Wesen ihrer Kunst ausmacht, trennen kann, ohne sich selbst aufzugeben. Genau das ist bereits zu den Tanzfestspielen 1934 im Fokus kritischer Bemerkungen: »Palucca erntete starken Beifall mit 5 Tänzen [...], die sich motivisch zum Teil wiederholten und bequem auf etwa drei [...] reduzieren ließen. Doch es gibt eine ›paluccatreue‹ Gemeinde, die scheinbar nicht müde wird, diese durch und durch subjektive und ›private‹ Kunst zu genießen.«[9] 1935, im Jahr darauf, gibt es neben den Vorstellungen auch ein »Tänzerlager vor den Toren Berlins«, ein Schulungslager in Rangsdorf. Palucca unterrichtet dort neben Rudolf von Laban, Albrecht Knust und ihrer ehemaligen Schülerin Marianne Vogelsang. 1936 schicken nun fünfzehn Nationen auf Einladung des Reichsministers für Volksaufklärung und Propaganda Beiträge zu den Internationalen Tanzwettspielen. Wie nicht anders zu erwarten, ist die Berichterstattung darüber der nationalsozialistischen Ideologie verhaftet. Die großen Entdeckungen der letzten Jahre heißen Volkstum und Brauchtum, schreibt Erwin Kroll. Und so sei es natürlich, dass der Volkstanz gleichsam den Grundbass der Festspiele bilde.[10] Anderenorts ist von »Nationalreigen«, »Rassentanz« und »nationaler Klangfarbe« die Rede und dass gerade der Volkstanz dem Tanz der Völker und Nationen erst die volle Daseinsberechtigung verleihe.[11]

Obwohl Palucca in ihren Solotänzen nichts von alledem zeigt, ist sie in der Berichterstattung der Zeitschrift *Der Tanz* sogar mit einer Abbildung vertreten. Bezeichnend ist die Bildunterschrift: »Palucca – wie man sie nicht kennt.« Man sieht Palucca in langem Kleid. Der Kopf und die Arme mit den nach oben gekehrten Handflächen scheinen eine höhere Gewalt anzubeten. So kannte man Palucca offensichtlich nicht. Es ist eine Geste aus dem Tanz *Arie*. Im Text heißt es, dass sich beim Solotanz am deutlichsten gezeigt habe, dass Deutschland seine besten Kräfte ins Feld geschickt habe, gegen die das Ausland nicht recht angekommen sei. Die Palucca habe unter endlosem Beifall ihre schönsten Tanzschöpfungen geboten. Anmut, Mädchenhaftigkeit, Schelmerei seien in das Licht vollkommener tänzerischer Harmonie gebracht worden. Von einem »Triumph der Kunst« ist die Rede.[12] Ähnliche Lobeshymnen werden auf Mary Wigman und Harald Kreutzberg verfasst. Diese drei seien die Führer des deutschen Kunsttanzes.

So sind sowohl Paluccas Auftritt bei der Eröffnungsveranstaltung der Olympischen Spiele als auch ihre Teilnahme an den Tanzwettspielen ein unerhörter Erfolg. Ihre Darbietungen werden als hervorragend beurteilt und Palucca wird »in Anerkennung der tänzerischen Leistung« mit einem Ehrenpreis ausgezeichnet. Es scheint kaum noch möglich, dem Ansehen von Palucca in der Öffentlichkeit Schaden zuzufügen. Und doch geschieht das auf die zu dieser Zeit erdenklich einfachste Weise.

»ARGLISTIGE TÄUSCHUNG«

Aus einer »Führerin des deutschen Kunsttanzes« wird Palucca völlig unerwartet zu einer »Kriminellen«. An einem Tag im November des Jahres 1936 muss Palucca ein Schreiben der N. S.-Kulturgemeinde an ihren Agenten Hans Adler zur Kenntnis nehmen. Darin heißt es, dass man aufgrund dienstlicher Anweisung den von Palucca unterzeichneten Vertrag zurücksende und um Übersendung des vom Ortsverband Paderborn bereits unterschriebenen Vertrages bitte. Da Palucca ihre »nichtarische« Abstammung verschwiegen habe, liege arglistige Täuschung vor. Deshalb müsse die NS-Organisation auf Annullierung des Vertrages bestehen. Dies gelte auch für sämtliche mit Ortsverbänden der N. S.-Kulturgemeinde bereits abgeschlossenen Verträge, die ebenfalls rückgängig zu machen seien. Das übersandte Reklamematerial sende man mit gleicher Post zurück. »Heil Hitler!«[13] Rudolf Lämmels Formulierung von der »eigentümlichen Rassenmischung« aus dem Jahr 1928 erhält 1936 eine andere Bedeutung.

Hat Palucca gehofft, dass man sie nicht auffordern werde, ihre Herkunft zu offenbaren? Oder hat sie mit der Gewissheit gelebt, dass es irgendwann »herauskommen« wird? Auf dem vertraulich zu behandelnden Fragebogen des Reichsverbandes Deutscher Turn-, Sport- und Gymnastiklehrer im Nationalsozialistischen Lehrerbund hat sie am 29. November 1933 geschrieben: »Ich versichere ferner an Eidesstatt, dass ich arischer Abkunft (bis zu den vier Großeltern herauf) bin

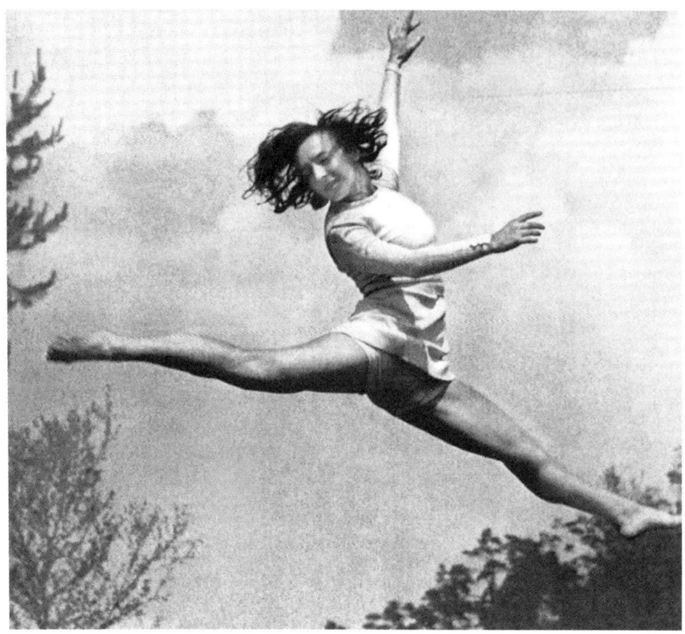

Sprung, um 1936

und keiner Loge oder einem Geheimorden angehöre.«[14] Das stimmte nicht. Palucca ist nach den »Nürnberger Gesetzen« »Halbjüdin I. Grades mütterlicherseits«.

Palucca erhält am 30. Dezember 1936 eine Sondergenehmigung. Hans Hinkel, Reichsverwalter für Kultur im Reichsministerium für Volksaufklärung und Propaganda schreibt: »Nach Prüfung Ihrer Angelegenheit und auf die mit Ihrem Vertreter Herrn Grohmann geführten Rücksprachen erteile ich Ihnen die jederzeit widerrufliche Sondergenehmigung, in Ihrem Beruf tätig zu sein. Ich ersuche Sie aber in Ihrem eigenen Interesse, von diesem Recht der Betätigung [...] nicht Gebrauch zu machen bei Veranstaltungen, die von einer Dienststelle der NSDAP, des Staates oder kommunaler Behörden unternommen werden. Die Ihnen erteilte obige Sondergenehmigung gilt also nur für die üblichen, privat veranlaßten öffentlichen Veranstaltungen.«[15]

Palucca, die sich mit ihrer jüdischen Herkunft bis dahin wahrscheinlich nie ernsthaft beschäftigt hat – ihre Mutter war bereits 1925 verstorben –, muss erkennen, dass ihre Karriere eine jähe Wendung nimmt. An Hans Hinkel schreibt sie am 15. Januar 1937, eine Woche nach ihrem 35. Geburtstag: »Ich möchte Ihnen von ganzem Herzen danken, daß ich weiterhin arbeiten darf. Ich leide so sehr unter diesem Schicksal und Sie haben mir durch Ihre Erlaubnis unendlich geholfen. Selbstverständlich will ich alles tuen, damit keine Unannehmlichkeiten entstehen und mich stets an Ihre Vorschriften halten. Heil Hitler!«[16]

Diese Sondergenehmigung wird Palucca das Tanzen bis zur Proklamierung des »totalen Kriegs« 1944 ermöglichen. Die Vergabe solcher Sondergenehmigungen an herausragende Künstler scheint zu dieser Zeit eher die Regel als die Ausnahme zu sein. Es gibt Künstler, auf die man nicht verzichten möchte. Dazu gehören Generalmusikdirektor Leo Blech und der Schauspieler Paul Henckels, aber auch »arische« Mitglieder der Reichskulturkammer, die mit Juden verheiratet sind und somit nach den »Nürnberger Gesetzen« als »jüdisch versippt« gelten. Zu ihnen zählen zum Beispiel der Opernregisseur Walter Felsenstein und die Schauspieler Henny Porten, Theo Lingen, Hans Moser, Heinz Rühmann und Eduard von Winterstein.[17]

Für die Ausstellung von Paluccas Sondergenehmigung mag neben ihrer Popularität noch ein weiterer Grund wichtig gewesen sein: In einem Schreiben des Propagandaministeriums an eine Zeitschrift wird erwähnt, dass Palucca auch deshalb nicht boykottiert werden solle, weil ihr Vater auf deutscher Seite im Weltkrieg gekämpft habe.[18]

DIE SCHLIESSUNG DER SCHULE

Palucca unterrichtet mit großem Erfolg eine Vielzahl Schülerinnen wie Lotte Goslar, Dore Hoyer, Marianne Vogelsang und Ilse Lore Wöbke, die sich zu bekannten Tänzerinnen und Choreografinnen entwickeln. Ihre Schule gilt im Bereich des Modernen Tanzes als eine der besten Deutschlands.

Doch am 31. März 1939 muss Palucca die Schule schließen. Die Sondergenehmigung vom 30. Dezember 1936 ermöglicht ihr zwar weiterhin das Auftreten, ihre Schule aber darf sie nicht weiterführen. Neue Schüler aufzunehmen wird ihr untersagt, so dass sie lediglich die noch in der Ausbildung befindlichen zum Abschluss führen kann.[19]

Noch im Mai 1936 hat man Palucca zur Leiterin der Abteilung II/ Konzerttanz in den Meisterstätten für Tanz in Berlin berufen und sie damit vor Mary Wigman zur ersten Tanzpädagogin für den Modernen Tanz im Dritten Reich erklärt – allerdings nur bis zur Klärung der sogenannten Abstammungsfrage.

Palucca gelingt es also trotz Eingliederung in die NS-Struktur und der Befolgung aller von den NS-Behörden geforderten Veränderungen der Ausbildungsstruktur nicht, ihre Schule zu erhalten. Wegen ihrer jüdischen Herkunft, die für Palucca bis dahin in ihrem künstlerischen oder Privatleben nie eine wesentliche Rolle gespielt hat, wird ihr die weitere Mitwirkung an der Bildung des »gesunden deutschen Volkskörpers« verwehrt. Mit einer Eingabe am 5. September 1938 an den Dresdner Oberbürgermeister versucht sie noch, die Schließung ihrer Schule hinauszuschieben, erhält aber nur die Auskunft, dass sie bis zum 30. September 1939 ihre »Gymnastikschule« restlos auflösen solle.[20]

Damit wird die Schließung der Schule zur endgültigen Tatsache. Die letzte Unterrichtsstunde findet am 19. März 1939 statt. Es ist eine Gymnastikstunde mit der Tanzklasse III.[21] Danach treffen sich alle Mitarbeiter und Schüler noch ein letztes Mal. Der Pianist Willy Kehrer hat die bedrückende Situation in seinen Aufzeichnungen festgehalten: »Wie ein Blitz aus heiterem Himmel erfahre ich, daß ›König MU‹ (so nannte man im Volksmund den Gauleiter Mutschmann) die Paluccaschule habe schließen lassen. Ich war selbst Zeuge, wie einwandfrei Palucca die Schule geführt hatte, die Ausländer fühlten sich wohl, die Schülerinnen genossen einen vielseitigen und gründlichen Unterricht; vergebens suchte ich die Schuldfrage zu lösen. Als ich Palucca wiedersah, war ich erschüttert: sie war vollkommen gebrochen, das Weiß ihrer Augen war gerötet, wie von Blut unterlaufen. Ich wußte, wie sehr sie am Unterrichten und an ihrer Schule hing; von ihren Konzertreisen kam sie immer ganz glücklich wieder und man merkte ihr an, wie froh sie war, wieder bei ihren Mädels zu sein.

Ein Abschiedsfest vereinte noch einnmal alle Getreuen. Will Grohmann hielt eine Ansprache, in der er in Form einer Legende der Tyrannenherrschaft kein gutes Ende prophezeite. Wir waren an kleinen Tischen placiert, umgeben von Wandzeichnungen der Sternbilder; Gesellschaftsspiele sollten Stimmung machen, um die Traurigkeit der Stunde zu überbrücken; neben mir saß Gerd Fimland. Aber niemand vermochte dem Ernst der Tage zu entgehen.«[22]

Ob Palucca ihre Schule an einen anderen Träger veräußern darf, ist nicht bekannt. Doch die Räume werden weiterhin für Tanz genutzt. Als Willy Kehrer acht Tage nach dem »Abschiedsfest« zu einer Probe mit einer Tänzerin der Oper wieder in die »neue« Schule kommt, atmet er, wie er erzählt, die Luft *falschen* Theaters. Riesenspiegel seien aufgestellt und überall rieche es nach Parfüm. Die saubere künstlerische Atmosphäre Paluccas sei nicht mehr zu spüren.

OHNE SUPERLATIVE

Während Palucca die Schließung ihrer Schule vorerst hinnehmen muss, kann sie sich mit der Auftrittseinschränkung nicht abfinden. Ob für sie dabei Prestigegründe oder finanzielle Fragen im Vordergrund stehen oder ob sie möglicherweise auch dahingehend spekuliert, dass sie im Falle einer vollständigen »Rehabilitierung« auch ihre Schule wieder würde leiten dürfen, wird sich nicht mehr klären lassen.

Palucca interveniert in den kommenden Jahren regelmäßig immer wieder gegen die Auftrittseinschränkung – und bekommt genauso regelmäßig Absagen. Allerdings wird »ihr Fall« stets auf sehr hoher Ebene entschieden, wie das durchaus achtungsvolle Schreiben der NSDAP-Reichsleitung verdeutlicht. Mit »Sehr geehrte gnädige Frau« wird Palucca vom »Beauftragten des Führers für die gesamte geistige und weltanschauliche Erziehung der NSDAP« angeredet. Erst jetzt habe er dem Reichsleiter Rosenberg ihren Fall nochmals vortragen können. Die nochmalige Überprüfung habe zu der Entscheidung geführt, dass Paluccas Mitwirkung bei Veranstaltungen, die von der Partei selbst durchgeführt, und bei Veranstaltungen, die ausschließlich von der N. S.-Gemeinschaft »Kraft durch Freude« getragen werden, auch künftig nicht möglich sein werde. »Heil Hitler!«[23]

Gleichzeitig werden nochmals mit ähnlich lautendem Schreiben die NS-Organisationen über diese Entscheidung informiert. Interessant ist dabei allerdings eine Formulierung, die offenbart, dass man sich zwar nach den Anweisungen des Reichsministeriums für Volksaufklärung und Proganda zu richten hat, den Tanz der Palucca jedoch durchaus zu schätzen scheint. Es bleibe dabei, so das Schreiben, dass die Tänzerin Palucca weder bei Parteiveranstaltungen noch bei solchen der N. S.-Gemeinschaft »Kraft durch Freude« auftreten solle. »Im Zuge dieser Regelung würde es jedoch den Mitgliedern der KdF unbenommen bleiben, gelegentlich von sich aus Veranstaltungen der Tänzerin zu besuchen.«[24]

Neben den Auftrittseinschränkungen gibt es auch immer wieder ideologische Bewertungen des Palucca-Tanzes. Im November 1936 vermisst der *Völkische Beobachter* bei Palucca den neuen Zug nach »Gemeinschaft«. Ein gut Teil der Tänze, die Palucca gezeigt habe, hätte im Gruppentanz vertieft werden können und wäre damit der »völkischen Herkunft unseres Tanzes« nähergekommen.[25]

Danach folgt das generelle Verbot der Kunstkritik am 27. November 1936. Offiziell hat die Kunst, die im nationalsozialistischen Deutschland gezeigt werden darf, grundsätzlich gut und weltanschaulich richtig zu sein. Die Presse wird angewiesen, die Kunst nur noch fördernd und lobend zu beschreiben.[26] Die aus der »deutschen Volksgemeinschaft« Ausgestoßenen sollen auch in den Berichterstattungen nicht mehr auftauchen. Ab 1937 ergehen Weisungen, dass »Volljuden«, »jüdische Mischlinge« und »jüdisch Versippte« in der Presse nicht mehr genannt werden dürfen.[27]

Für Palucca haben diese Anweisungen tiefgreifende Folgen. Die Beiträge zu ihren Auftritten sind ängstlich und außerordentlich knapp, die bis dahin gewohnte überschwängliche Anerkennung fehlt völlig. Andere Auftritte wie in der Saison 1937/38 in Dresden werden gar nicht erwähnt.

Damit diese Nichtbeachtung der Palucca-Tanzabende aufrechterhalten wird, sind immer wieder Ermahnungen des Reichsministeriums für Volksaufklärung und Propaganda notwendig. Von dort wird regelmäßig ins Reich telegrafiert: »aus gegebenem anlass erscheint es notwendig, die zeitungen noch einmal ueber die taenzerin palucca zu informieren. die palucca ist halbjuedin und hat eine jeder zeit widerrufliche Sondergenehmigung erhalten, p r i v a t von ihr veranlasste und ausgefuehrte tanzveranstaltungen durchzufuehren. es kann ueber derartige Veranstaltungen stets oertlich berichtet werden, es ist aber hoechst unerwuenscht, wenn dies zu gross aufgemacht wird oder in ueberschwenglicher form geschieht.«[28]

Da »zu gross aufgemacht« und »in ueberschwenglicher form« interpretationsfähige Formulierungen sind, wird seitens des Ministeriums konkretisiert, dass beispielsweise für Blätter wie die *Kölnische Zeitung* oder die *Düsseldorfer Nachrichten* 30 bis 40 Zeilen genügen dürften.[29] Über Palucca darf nur noch »kurz sachlich, und ohne superlative«[30] berichtet werden. Zuwiderhandlungen werden durch Verweise und Verfahren gegen die Verantwortlichen geahndet.[31]

Vor diesem Hintergrund liest sich fast subversiv, was »Kulturberichterstatter« Karl Heinz Petersen am 9. November 1938 in der *Deutschen Allgemeinen Zeitung* über den Tanz *Weg* schreibt. Es sei ein Tanz, der eine kämpferische Palucca zeige. Der kühne, rebellische Mensch breche vom Schicksal getroffen zusammen und gebe nicht auf, dagegen zu kämpfen.[32]

Palucca gibt wirklich nicht auf. Wer annimmt, dass Palucca aufgrund der Restriktionen weniger tanzen kann, ist im Irrtum. Mit der Agentur Adler gelingt es Palucca, die Anzahl ihrer Auftritte sogar immer mehr zu steigern. Den Höhepunkt erreicht sie mit 99 Gastspielen in der Spielzeit 1942/43, die sie – wie auch die folgende Saison – mit einer Bädertournee beginnt.

Mit der Zunahme der Auftritte werden auch die Erholungsphasen immer wichtiger. Diese verbringt Palucca wie eh und je auf Sylt. Von dort schreibt sie, dass sie den Abstand und die große Natur und vor allem die Einsamkeit einfach brauche.[33] Vor dem Krieg sei sie auf Sylt immer an der nördlichsten Spitze am Leuchtturm gewesen, dort habe sie wochenlang keinen Menschen gesehen, alles andere sei ihr furchtbar gewesen, der Betrieb erschreckend. Jetzt, im Mai 1943, sei Kampen schön und einsam.[34]

Selbst den Kriegsbeginn hat Palucca auf dem ›Ellenbogen‹ erlebt. Nach ihrer eigenen Aussage sei sie von den Soldaten in den Dünen überrascht worden; sie habe nicht gewusst, was deren Aufmarsch zu bedeuten hatte. Sie habe sich noch an deren »Gulaschkanone« bedient, dann aber doch ihr Quartier räumen müssen.

Wenn Palucca später vorgeworfen wird, eine KDF-Variante des Tanzes – »immer fröhlich, immer heiter, kräftig in der guten Laune« – über das Dritte Reich und den Zweiten Weltkrieg hinweg beibehalten zu haben,[35] so ist das in mehrfacher Hinsicht falsch. Zum einen wird Palucca von den KDF-Organisationen bewusst ausgegrenzt, zum anderen ändert sich auch ihr Tanzstil in dieser Zeit. Der in diesen Formulierungen mitschwingende Vorwurf, Palucca habe heiter getanzt, weil ihr heiter zumute war, wird durch Palucca selbst entkräftet: 1934 schreibt sie, dass es ein Vorurteil sei, zu glauben, dass heitere, tänzerische Werke mühelos und aus heiterer Laune entstünden.[36] Noch deutlicher wurde sie in ihrem Text *Zu meinen Tänzen* aus demselben Jahr. Es sei nicht so, dass ein heiterer Tanz aus einem bejahenden, ein tragischer aus einem weltschmerzlichen Gefühl entstünde. Das Gegenteil sei oft der Fall. Wenn das Leben ernst sei, entstehe oft heitere Kunst und umgekehrt, wohl aus einem angeborenen Kompensierungswillen. Im Leben, so Palucca, verrate man sich ja auch nicht immer, und in der Kunst entstehe bei einem Sich-gehen-Lassen Selbstbiografie, aber kein Werk. Erheiternd sei für die Welt manches, das für den Schaffenden gar nicht so heiter gewesen sei.

Selbstverständlich geht die Kriegszeit mit ihren Einschränkungen auch an Palucca nicht vorüber. Im Mai 1943 schreibt sie, dass sie gerade mit ihrem neuen Programm fertig sei. Es mache ihr große Freude. Die äußeren Umstände seien natürlich recht schwer. Sie wisse gar nicht, wie sie mit den Kostümen zurechtkommen solle und vor den Reisen graue es ihr. Trotzdem sei sie froh, dass sie so viel zu arbeiten habe. Das helfe doch über viel Trauriges hinweg.[37]

Palucca ist nicht immer froh gestimmt. Auch sie erlebt in dieser Zeit Leiden mit, die ihren künstlerischen Optimismus auf eine schwere Probe stellen. Einer Bekannten vertraut sie sich im April 1944 an: »Ich hatte sehr schwere Tage, war Tag und Nacht bei meiner kranken Freundin und musste einen grausamen Todeskampf mit durchleben. Das hat mich aus allem herausgerissen und mir alles Gleichgewicht genommen.«[38] Wer mag diese Freundin gewesen sein?

Als Paluccas Hauswirtschafterin für kriegswichtige Arbeit abkommandiert wird, lässt sie die Stelle im Juli 1944 neu ausschreiben. Damit die Interessentinnen wissen, mit wem sie es zu tun bekommen, beschreibt Palucca sich eingangs selbst. Sie sei eine alleinstehende Künstlerin, die viel zu arbeiten habe. Einen Teil des Jahres sei sie auf Reisen. Von August bis März habe sie Gastspiele im ganzen Reich zu geben. Es gebe bei ihr auch viele Tage, die vielleicht etwas anstrengender seien, dafür aber auch Wochen, wo die Betreffende sehr viel Zeit für sich habe. Diese Freiheit dürfte, meint Palucca, von selbstständigen Menschen als großer Vorzug empfunden werden. Die Stellung sei eine Vertrauensstellung.

Mit der Beschreibung der Wohnsituation für die Haushälterin gibt sie zugleich ihre eigene wieder. Der Haushälterin stehe ein großes und schönes Zimmer mit Ausblick auf Park im Erdgeschoss zur Verfügung. Die Wohnung habe Etagenheizung, elektrisches Licht, Gasherd und Küchenofen, Staubsauger usw., liege am Großen Garten, sei deshalb aber nicht abgelegen und habe günstige Fahrtverbindungen.[39] Paluccas Schreiben der nächsten Zeit deuten darauf hin, dass sie keine neue Haushaltshilfe finden wird.

Noch im August 1944 glaubt Palucca, dass sie im November in Hamburg tanzen wird. Doch die zweite und diesmal endgültige Prokla-

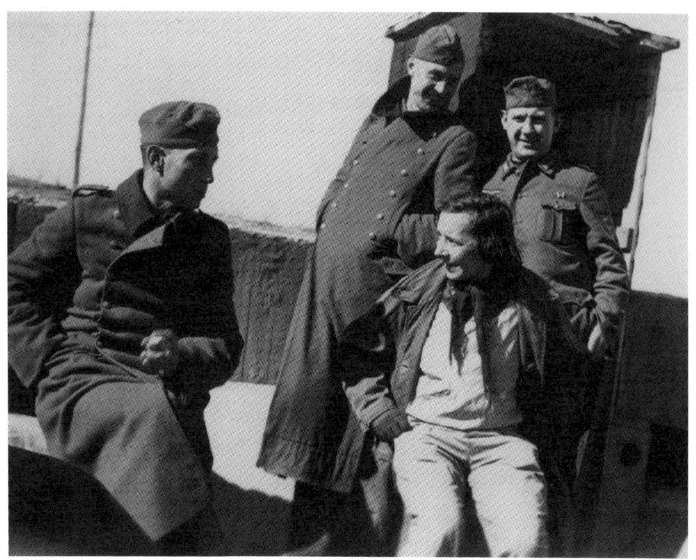

Palucca mit Wehrmachtssoldaten auf Sylt, um 1940

mierung des »totalen Krieges« beendet ihre Tanzkarriere abrupt. Für sie scheint dies tatsächlich eine Überraschung gewesen zu sein. Am 1. September 1944 ist sie in Dresden und wartet, was mit ihr geschehen wird. Sie nimmt an, dass sie nun in der Rüstungsindustrie arbeiten muss. Wenige Tage später wendet sie sich an die Reichskulturkammer mit der Anfrage, ob sie nicht auf die in Vorbereitung befindliche Liste aufgenommen werden könnte, die es ausgewählten Künstlern ermöglichen soll, weiterhin Gastspiele zu geben. Ihre Konzertagentur Adler habe ihr mitgeteilt, dass Ilse Meudtner und Harald Kreutzberg auf dieser Liste stünden. »Mein Fall ist natürlich anders, aber ich habe in letzter Zeit immer ungestört arbeiten dürfen und hatte so besonders schöne Abende, die Menschen waren so dankbar und glücklich und deshalb wird mir alles sehr schwer und wenn man nur ganz wenige Abende hätte, so hält es einen doch, weil man für ein Ziel arbeitet und bringt die Kraft noch auf, ich habe so angst, daß grade bei einer Tänzerin alles kaputt geht, wenn sie aufhören muß.«[40]

Palucca gestaltet weiter Tänze in der Hoffnung, dass sie bald wieder auftreten kann. Mit dem Grammofon erarbeitet sie im November 1944 zwei Tänze zu Musik von Poulenc und Haydn. Es sei mit sehr vielen Schwierigkeiten verbunden, nach Grammofon zu arbeiten – aber das schade nichts, schreibt sie.[41] Und tatsächlich gibt es wohl auch hin und wieder begründete Hoffnung auf einen Auftritt. Adolf Havlik habe ihr aus Kiel geschrieben, ob sie dort für die »Batterie« tanzen wolle. Wenn alles klappen würde, könnte sie am 17. Dezember 1944 abends, »auf kleinster Bühne und unendlich primitiv«, auftreten.[42]

Dass der Auftritt stattfindet, ist unwahrscheinlich, da Palucca im Dezember vom Arbeitsamt erfährt, dass sie nach ihrer Untersuchung durch den Vertrauensarzt bis zum 10. Dezember 1944 zurückgestellt worden sei, um sich auszukurieren. Ab 10. Dezember erwarte sie dann eine »leichte Arbeit«.

Palucca ist in keiner Weise in der Verfassung, auftreten zu können: »Ich bin jetzt schon immer so zerschlagen, dass ich keinen Schritt mehr üben kann«, schreibt sie. Sogar lesen könne sie nicht mehr. Vermutlich hat Palucca Heimarbeit zugewiesen bekommen, denn sie klagt: »Ich arbeite von früh bis abend im Haus, es ist schlimm für mich, der Tanz ist irgendwo ganz weit weg, ich gebe mir Mühe abends zu üben, aber meist bin ich zu erschöpft von dieser unproduktiven Arbeit. An meine Tänze denke ich schon gar nicht mehr und sicher muss ich in nächster Zeit in die Fabrik.«[43]

1945–1950 »NICHT OHNE GEHEIMNIS«

»ICH LEBE, ABER ALLES, ALLES VERLOREN«

Ab dem 1. August 1944 beginnen die Alliierten, neben den militärisch-strategisch wichtigen Zielen verstärkt auch die Städte in Deutschland zu bombardieren. 127 Städte werden an 194 Tagen und in 94 Nächten zerstört. In dieser Zeit scheinen Gedanken an den Tanz ausgeschlossen. Doch Palucca kann den Tanz, ihr Leben, nicht aufgeben. Sonntags versucht sie zu üben. Aber es will ihr nichts gelingen. Und als Adolf Havlik sie überraschend besucht, will sie sofort zu seinem Klavierspiel tanzen. Aber es geht nicht. Palucca ist körperlich zu schwach – und traurig.[1]

Sie entschließt sich, in Dresden zu bleiben – wie viele, viel zu viele. Man ist sehr nervös. Am Abend des 13. Februar 1945 wird Fliegeralarm ausgelöst. Dresden ist überfüllt mit Flüchtlingen. In zwei »Wellen« überziehen die Alliierten die Stadt mit einem Bombenteppich.

Das Haus Bürgerwiese 25 wird während des zweiten Angriffs getroffen. Palucca, die im Parterre wohnt, ist nicht im Keller des Hauses. Sie springt aus dem Fenster, läuft über den Hof und sieht die Menschen im Keller. Sie will hin – die Scheibe einschlagen –, schafft es aber nicht, weil das Haus zusammenzubrechen beginnt. Alles brennt. Sie muss sich den Mantel herunterreißen und den Pullover ausziehen und läuft. Läuft über Trümmer und fällt in einen Bombentrichter zwischen Verwundete und Tote. Arbeitet sich wieder heraus und läuft weiter in den Großen Garten, in dem viele Menschen, wie auch auf den Elbwiesen, Zuflucht vor den Bomben suchen.

Was sie erlebt, ist furchtbar. Erst viel später wird sie darüber berichten, berichten können. Auf ihrer Flucht in den an die Bürgerwiese grenzenden Großen Garten sieht sie eine junge Frau liegen, beide Arme ausgestreckt und an jeder Hand ein Kind. Sie ruft um Hilfe. Ihre Beine sind abgetrennt.

Im Großen Garten, in dem sogar die Tiere des Zoos frei und wie die Menschen in Panik umherirren, sinkt Palucca völlig erschöpft unter einen Baum und sieht in die Richtung ihres Wohnhauses. Flammen über Flammen. Sie denkt an die Menschen im Keller, für die es keine Rettung mehr gibt. Neben ihr sitzt ein junger Soldat. Palucca sagt zu ihm: »Jetzt ist alles aus.« Der junge Mann antwortet nicht. Er ist tot. Palucca erleidet einen Schock.

85 Prozent der Wohnungen in Dresden werden in dieser Nacht vernichtet. Auch das Schloss, die Semperoper, das Schauspielhaus und die Frauenkirche fallen dem Angriff zum Opfer. Die Toten sind unzählbar – auch weil niemand weiß, wie viele Flüchtlinge die Stadt beherbergt. Die Hitze, die die brennende Stadt tagelang ausstrahlt, ist so stark, dass mitten im Februar die Bäume anfangen zu blühen.

Palucca flüchtet aus der Stadt. Ihr erstes Lebenszeichen nach dem Bombardement stammt aus Apolda. Als Absender gibt sie allerdings den Ort Neukirchen im Kreis Ziegenhain bei Kassel an. Die Karte ist auf den 22. Februar datiert und trägt den Aufdruck: »Der Führer kennt nur Kampf, Arbeit und Sorge. Wir wollen ihm den Teil abnehmen, den wir ihm abnehmen können.« Paluccas Nachricht an eine befreundete Schülerin in Hamburg ist eine andere: »Ich lebe, aber alles alles verloren, da Dresden alles kaputt, musste ich weg. Bringe meine kranke Freundin fort nach Neukirchen dann weiss ich nicht wohin. Ich bin vollkommen verloren. Weiss einfach nicht wohin. In der Stadt unmöglich, kann nicht mehr Angriff aushalten. War zu furchtbar.«[2] Wer die kranke Freundin ist, schreibt sie nicht.

In Neukirchen, bedrängt von den Erinnerungen des Angriffs, beschreibt Palucca, wie sie überlebt hat: »Ich besitze nichts, gar nichts mehr. Selbst meine Papiere verbrannten mir aus der Hand. Ich war verschüttet und hatte völlig mit dem Tod gerechnet.«[3]

Am 19. März macht sich Palucca dann doch wieder auf den Weg nach Dresden. Dort notiert sie: »Ich bin wieder in Dresden, ich wollte für 6 Tage hinfahren, habe alles in Neukirchen gelassen, nun komme ich nicht mehr weg. Mein Herz gehört hierher. [...] Ich bleibe nun hier, was aus mir wird? Irgendwo werde ich ein Zimmer finden, meine Post geht immer an: Frau Dr. Zwingenberger, Bautzenerstr. 177 Dresden.« Mit der Kinderärztin Dr. Marianne Zwingenberger wird Palucca bis zu deren Tod im Jahr 1967 zusammenleben.

Ab 30. März 1945 ist sie in der Caspar-David-Friedrich-Straße 13c bei Dr. Strüver gemeldet. Doch als Dresden im April nochmals bombardiert wird, flieht Palucca erneut aus der Stadt, dieses Mal ins Erzgebirge, wie sie später berichtet. Am 8. Mai 1945 sei sie zu Fuß nach Dresden zurückgekehrt. Und dort wird Palucca bis an ihr Lebensende bleiben, obwohl sie bereits am 11. April 1945 an eine Freundin ahnungsvoll geschrieben hat: »Wir werden es hier sehr schwer haben, der drohende Osten.«[4]

OPFER DES FASCHISMUS

So schrecklich der Angriff und die Erlebnisse im Krieg gewesen sind, so ›hilfreich‹ sind sie aber auch bei der Konstruktion der Legende von Palucca, die alles, aber auch alles verloren habe. Später, wenn Palucca über die Zeit von 1933 bis 1945 befragt wird, wird sie immer wieder auf diesen Verlust hinweisen. Sie verschweigt, dass sie Wertgegenstände bereits vor dem Angriff hat fortschaffen lassen. Bis in die 1980er Jahre ahnt niemand, dass Palucca ihr vollständiges Archiv bei sich zu Hause aufbewahrt. Darunter befinden sich auch alle Dokumente zu ihrer Herkunft und Karriere, zu ihrer ›Verstrickung‹ im Dritten Reich. Ihre beim Angriff zerstörte Wohnung begräbt – scheinbar – alle Geheimnisse unter sich. Palucca kann ihr Leben neu ordnen.

Die »Entnazifizierung« und die »Russenangst« vertreiben viele aus der sowjetisch besetzten Zone. Palucca bleibt, muss Fragebögen ausfüllen und sich erklären. Ihre Antwort auf die Frage, was sie in der Zeit von 1933 bis 1945 getan habe, könnte bereits 1945 so gelautet haben wie ihre mündliche Auskunft 1985, anlässlich des sechzigjährigen Bestehens ihrer Schule: »In der Nazizeit hat man ja alles, was Moderner Tanz war, abgelehnt. Allmählich, das fing schon 1933 an, dass man unsere Art zu arbeiten nicht wollte. Ich wurde immer mehr eingeschränkt. Dann passierten natürlich auch sehr grausame Dinge. Ich meine, ich hatte natürlich auch junge Jüdinnen in der Schule. Dann kam es dann eben auch manchmal vor, dass sie plötzlich nicht mehr da waren. Dann hat man versucht herauszubekommen, wo die jungen Menschen sind. Ich habe dann also auch erfahren, dass gerade eine junge Lettländerin, die sehr begabt war, in Auschwitz ... dass man sie nach Auschwitz gebracht hatte. Da war sie 16 Jahre alt. Also solche Dinge passierten da. Dann wurde das allmählich immer härter. Bis es soweit kam, dass ich, dass 1939 die Schule dann geschlossen wurde. Ich habe für mich alleine dann noch gearbeitet. Ich konnte dann Soloabende noch geben – aber eingeschränkt. Und dann kam ja diese Zeit, wo es überhaupt aus war mit der Kunst.«[5] Ereignisse, über die Palucca nicht reden kann oder möchte, behält sie für sich. Wenn es sein muss, bricht sie mitten im Satz ab.

In der SBZ und späteren DDR kann man als »Opfer des Faschismus« (OdF) oder als »Verfolgter des Naziregimes« (VVN) eingestuft werden. Obwohl es über Palucca später auch heißen wird, dass sie während der Nazizeit verfolgt wurde, wird sie 1946 als Opfer des Faschismus anerkannt. In den 1960er Jahren wird sogar von der SED behauptet, Palucca sei schikaniert, von der Gestapo verhört und mit KZ-Haft bedroht worden.[6]

Das alles stimmt nicht oder nur zum Teil. Immerhin hat Palucca während der NS-Zeit, statistisch betrachtet, mehr getanzt als vorher und konnte die Anzahl ihrer Tanzabende stetig steigern. Die auf der Sondergenehmigung vermerkte Einschränkung, dass sie nur auf den üblichen, privat veranlassten öffentlichen Veranstaltungen tanzen dürfe, bedeutete praktisch nur eine geringfügige Einschränkung. Die einzelnen Kulturorganisationen des NS-Staates haben sich offensichtlich auch die Freiheit genommen, Palucca sogar für die Wehrmachtsbetreuung einzusetzen.[7] Ohne Frage ist die Schließung der Schule 1939 ein gravierender Einschnitt in der Berufsausübung als Pädagogin gewesen. Um Palucca als Opfer des Faschismus zu betrachten, müsste man allerdings den Begriff »Opfer« sehr weit fassen.

Inwieweit sie als »Halbjüdin« gefährdet war, ist nie wirklich untersucht und geklärt worden. Der NS-Staat[8] teilte ein in »Juden«, mitunter auch »Volljuden« genannt, »Mischlinge«, auch als »Halbjuden« bezeichnet, und mit Juden verheiratete Deutsche, sogenannte jüdisch Versippte. Vorrangig galten alle Bestimmungen für die »Volljuden«. Palucca galt als »Mischling I. Grades mütterlicherseits«. Bis zur Wannseekonferenz, auf der die sogenannte »Endlösung der Judenfrage« beschlossen wurde, waren »Mischlinge« den Deutschen gleichgestellt. Dann wurde verstärkt die soziale Ausgrenzung der »Mischlinge« betrieben. Doch erst im November 1944 wurde zum Beispiel angewiesen, dass »jüdische Mischlinge« und »jüdisch Versippte« aus führenden Beamtenstellungen »unverzüglich zu entfernen sind«. Weiterhin wog im NS-Staat die Abstammung väterlicherseits schwerer als die mütterlicherseits – wie bei Palucca.

Die Gründe, warum Palucca als Opfer des Faschismus eingestuft und bisweilen als Verfolgte des Naziregimes bezeichnet wird, sind vielfältig. Ehemalige Freunde und die neuen »Freunde« – wie die sowjetischen Besatzer in der DDR offiziell auch genannt werden – haben ihren Anteil daran.

Will Grohmann ist inzwischen Ministerialdirektor in Sachsen. Er stellt Palucca am 27. November 1945 eine Bescheinigung aus, die er an alle Kulturämter adressiert. Darin heißt es, Palucca sei eine international anerkannte Tänzerin, die beabsichtige, in allen großen und mittleren Städten Sachsens Tanzabende zu veranstalten, um mit ihrer Kunst allen Schichten der arbeitenden Bevölkerung Stunden des Kunsterlebens und der Entspannung zu bringen. Grohmann bittet alle Kulturämter, sich dafür einzusetzen, dass die Palucca-Tanzabende ein Erfolg werden. Und mit Nachdruck setzt er hinzu: umso mehr, als die Künstlerin unter dem Nazi-Regime viel zu leiden hatte.[9] Daraufhin dürfte kein Kulturamt mehr gewagt haben, Palucca irgendwelche Wünsche oder Bitten abzuschlagen.

Die neuen »Freunde«, die Sowjets, schreiben anlässlich eines Auftritts am 7. April 1946 in der Berliner Scala in ihrer *Täglichen Rundschau*, dass Palucca trotz der Jahre, in denen sie ihre Kunst nicht zeigen durfte, nichts verloren habe von der wunderbar durchseelten Ausdruckskraft des Körpers.[10] Diesem vorgegebenen Grundtenor folgen andere Berichterstattungen wie die von Annaliese Wiener in *Die Neue Welt*. Sie sieht Palucca »nach schier endlos langen Jahren zum erstenmal wieder auf der Bühne«[11] und war infolgedessen im Zweifel, wie die Begegnung nach so langen Jahren sein würde. Doch »die erste Sekunde schon zerstreute die leisen Bedenken. Es war alles wieder da. Nichts trennte uns oder war uns entfremdet. Ein Dezennium zerfloß in Nichts.«[12]

So oder ähnlich äußert man sich in dieser Zeit zu Palucca. »Nach langen Jahren« meint man Palucca endlich wiederzusehen.[13] Und in der *Deutschen Volkszeitung* wird tatsächlich geschrieben, dass Palucca lange Zeit Auftrittsverbot gehabt habe und nun zum ersten Mal wieder in Berlin tanze.[14] So lange allerdings liegt der 28. September 1943 gar nicht zurück, an dem Palucca letztmalig in Berlin getanzt hat.

In Sachsen schätzt man sich glücklich, die in aller Welt gefeierte Tänzerin in Dresden zu haben. Sie habe sich dem wahrheits-, kunst- und menschenfeindlichen Naziregime nicht unterordnen können. Sie sei gehasst und 1936 ihre Schule für immer geschlossen worden. Der Schutz, den sie Schülerinnen jüdischen Glaubens habe angedeihen lassen, habe den Zorn des Nazigewaltigen Mutschmann erregt. Frei und doch eine Gefangene der Nazis sei sie gewesen. Schließlich habe Mutschmann ihr Auftreten für ganz Sachsen verbieten lassen.[15]

Das alles stimmt so nicht: Das Auftrittsverbot in Sachsen kann, wenn überhaupt, erst seit dem September 1943 bestanden haben, bis dahin jedenfalls war Palucca aufgetreten. Die Schule wurde bekanntermaßen nicht 1936 geschlossen. Aber diese Presseveröffentlichungen zeigen Wirkung: Palucca erhält im Juni 1946 die Bescheinigung des Ortsausschusses für die »Opfer des Faschismus«.

Der Sowjetischen Militäradministration in Deutschland schreibt Palucca, dass ihre Schule durch die Naziregierung geschlossen wurde und sie selbst darüber hinaus auch als Künstlerin und Mensch schweren Verfolgungen ausgesetzt gewesen sei.[16] In einem Lebenslauf aus dem Jahr 1950 konkretisiert sie die schweren Verfolgungen so: »Zu Beginn des Naziregimes hatte ich in der Spielzeit regelmäßig über 100 Solotanzabende, bis man im Jahre 1936 begann, mich systematisch zu verfolgen. Die Schule wurde verboten und mir jeder Unterricht untersagt, nur private Tanzabende waren noch erlaubt. Die Reisen ins Ausland wurde mir gesperrt. Am meisten zu leiden hatte ich unter den persönlichen Anfeindungen und Schikanen des ehemaligen Gauleiters von Sachsen Mutschmann, die zu einem Auftrittsverbot für ganz Sachsen führten.«[17] Worin diese Anfeindungen und Schikanen bestanden, beschreibt sie nicht. Sollte Palucca die angebliche Auslandssperre mit ihrer Sondergenehmigung in Verbindung bringen, so irrt sie sich 1950. Immerhin trat sie sogar im Krieg noch mehrfach in der Schweiz und in Luxemburg auf.

Diese Halbwahrheiten können sich auch deshalb so hartnäckig halten, weil ein Zugriff auf die Dokumente von 1933 bis 1945 nicht oder nur ausgewählten Personen möglich ist. In der DDR hat man kein Interesse daran, Paluccas Vergangenheit genauer zu untersuchen.

Die Situation nach 1945 ist vor allem für die Künstler im Osten Deutschlands ›spannend‹: Die aus dem Exil Heimgekehrten, die aus den Zuchthäusern Entlassenen, die Überlebenden der Konzentrationslager und diejenigen, die in Deutschland geblieben sind, sozusagen in der ›inneren Emigration‹, kennen sich und doch auch nicht. Niemand weiß so recht, wem zu trauen ist und wem was zuzutrauen ist.

Der »rote Tänzer« Jean Weidt zum Beispiel, der nach Frankreich emigriert war und nun in der Ostzone lebt, äußert sich in seinen Lebenserinnerungen drastisch zu dieser Situation. »Ich muß ehrlich sagen«, schreibt Weidt, »dass ich in den ersten Jahren meines Berliner Aufenthaltes einen ungeheuren Haß gegen alle diejenigen entwickelte, die direkt oder indirekt den Faschismus unterstützt hatten. Ich brauchte Jahre, um den Haß loszuwerden.«[18] »Vergangenheitsbewältigung« wurde in der DDR staatlich verordnet und geregelt. Die unterschiedlich Betroffenen haben sich untereinander wohl eher angeschwiegen als ausgesprochen.

PALUCCA UNTERRICHTET WIEDER

Unmittelbar nach Kriegsende meldet Palucca sich bei der »Antifa«, sagt »Hier bin ich« und dass sie gern wieder unterrichten möchte. Der Mann, der dort in dem engen Büro in Dresden-Strehlen sitzt, kennt die kleine Frau vor ihm, weiß um das Kultur- und vor allem Tanzverständnis der sowjetischen Genossen und um die Wichtigkeit, die Prominente für die Legitimation der Ostzone haben. Unumwunden antwortet er: »Ja, das wollen wir unterstützen! Sehen Sie mal zu, dass sie irgendwo einen Saal bekommen.« Der Mann ist Walter Weidauer und wird wenig später Dresdens Oberbürgermeister. Von vielen wird er später wegen des von ihm mitverantworteten Wiederaufbaus der Stadt auch als der »zweite Zerstörer Dresdens« bezeichnet.

Um einen Raum zu finden, besorgt sich Palucca vom sowjetischen Kulturoffizier Alexej Kotschetow ein Fahrrad, das sie auch gleich auf den Namen des Spenders »Kotschetow« tauft. Mit diesem Fahrrad fährt Palucca durch das zerstörte Dresden, sucht und findet einen Raum in der Kareherallee 43 und bringt, wo sie nur kann, ihre handgeschriebenen Zettel an, die besagen, dass sie wieder unterrichtet. Der erste Unterrichtstag nach dem Krieg ist der 1. Juli 1945. Bei den ersten Schülerinnen ist sie allerdings etwas ratlos. Die NS-Zeit hat ihre Spuren hinterlassen. Die jungen Tänzerinnen, die sich melden, kennen weder ausländische Musiker noch Schriftsteller, weder Debussy noch Dostojewski. So beginnt sie, ihre Schülerinnen neben dem Tanzunterricht auch mit moderner Kunst vertraut zu machen.

Palucca ist nicht allein: Sie eröffnet die Schule mit den Mitarbeitern, mit denen sie bereits vor 1939 zusammengearbeitet hat. Zu ihnen zählen der Pianist Willy Kehrer, die Tanzpädagogin Eva Glaser und ihre Kostümbildnerin Charlotte Vocke. Auch die frühere Schülerin Maritta Gubisch ist dabei, die laut Palucca eine wirkliche Künstlerin und sehr begabte Pädagogin ist. Die Entwicklung der Schule geht wie von selbst voran. Palucca kommt es wie ein »großes Glück« vor.

Sehr sympathisch und interessiert nennt sie rückblickend die sowjetischen Kulturoffiziere. Aus der Sowjetunion kennen sie eigentlich nur das klassische Ballett aus dem 19. Jahrhundert. Nun also sitzen sie in der *Palucca Schule Dresden* und beobachten Palucca beim Unterrichten. Unvermeidlich, dass es dann auch um die Improvisation geht, ein für die sowjetischen »Freunde« fremdes Kunstgebiet. So ohne Konzeption einfach drauflostanzen – wie soll man das kontrollieren? Man ist unsicher: Palucca solle einmal selbst improvisieren. Sie geht darauf ein und bittet, eine bekannte Musik vorzuschlagen. Kotschetow überlegt und sagt: »Die Marseillaise!« Palucca, so erinnert sich der Kulturoffizier, ganz angespannt, ganz innere Konzentration. Dann beginnt der Pianist zu spielen. Und, so Kotschetow: »Plötzlich wächst ihre zierliche Gestalt vor unseren Augen gleichsam empor, richtet sich auf und kommt mit einem entschlossenen Ruck in den Rhythmus der marschähnlichen Bewegung. Erstaunlich ist diese Vielfalt der tänzerischen Formen, die die Tänzerin aus der sich mit wachsendem Tempo wiederholenden Melodie ›herausholt‹.«[19] Von dieser großzügig-bewundernden Wertung der Tanzimprovisation wird zwar bald wieder abgerückt, wenn die sowjetischen Funktionäre die Kulturangelegenheiten nach Gründung der DDR in deutsche Hände geben. Vorerst allerdings ist die Begeisterung groß und Palucca wird aufgefordert, im Rahmen des Wiederaufbaus des kulturellen Lebens der Stadt Dresden bis spätestens 1. August einen Tanzabend zu geben.[20]

»AUFSCHWUNG« – DER ERSTE TANZABEND NACH DEM KRIEG

Dieser Aufforderung kommt Palucca – trotz Schwierigkeiten – nach: Am 31. Juli 1945 gibt sie in der Dresdner Tonhalle, dem Interimstheater, ihren ersten Tanzabend nach Kriegsende. Schon zwei Tage vorher meldet die *Dresdner Tageszeitung*, dass das Tanzgastspiel Palucca ausverkauft sei und deshalb am 5. August 1945 wiederholt werde. Die Erwartungshaltung, die auf Palucca lastet, ist unerhört groß.

Palucca beginnt den Abend mit einer *Romantischen Suite* zu Kompositionen von Robert Schumann. Sie kennt ihr Dresdner Publikum. Ihr erster Tanz heißt bezeichnenderweise *Aufschwung*. Nach dem *Schlummerlied* tanzt sie ein *Kleines Rätsel*. Dann folgen *Drei Chopinwalzer*, eine *Italienische Suite* mit Kompositionen von Corelli, Scarlatti und Pergolesi. Den Abschluss bilden Tänze nach Opernmusiken aus Verdis *Rigoletto*, der *Walzer der Musette* aus Puccinis *La Bohème* und »Fantasien um Carmen« nach Bizet. In der *Dresdner Volkszeitung* schreibt Arno Großmann, dass erst die *Fantasien um Carmen* im letzten Teil des Abends der erwartete Durchbruch »zu einer neuartigen, für das Bedürfnis der Gegenwart [...] charakteristischen Gestaltungskunst« gewesen seien.[21] Was meint er damit?

Auch wenn Palucca – wie bewusst auch immer – mit *Aufschwung* und *Kleinem Rätsel* die Zeit treffend charakterisiert haben mag, kann nicht verborgen bleiben, dass es sich um Tänze aus dem Jahr 1943 handelt. Wie überhaupt das Programm da anknüpft, wo Palucca im August 1944 aufhören musste. Es ist weder die Stunde Null noch der Neubeginn – im Sinne des Beginnens mit Neuem.

TOURNEEN IN DEUTSCHLAND

Die Auftrittsmöglichkeiten nach dem Krieg sind stark eingeschränkt. Theater sind zerstört, Bahn- und Straßenverkehr stark behindert. Die Teilung Deutschlands in die Besatzungszonen bringt weitere Schwierigkeiten. 1945 und 1946 kann Palucca nur im Osten Deutschlands und in Berlin auftreten. Dresden und Umgebung, Leipzig, Gera, Zwickau, Freiberg heißen die ersten Stationen. Im Sommer 1946 gibt es ›Abstecher‹ nach Rostock und Güstrow. Palucca zieht es an die See.

Im Osten allerdings gibt es mit den Besatzern auch eine neue Kulturpolitik. Die neuen Anforderungen an die Kunst, zeitgemäße Themen künstlerisch zu gestalten, werden auch an den Tanz der Palucca gestellt. Folgerichtig suchen die Rezensenten verzweifelt nach dem Thema, dem Gegenstand des tänzerisch Dargestellten – und finden es nicht. Von tänzerischer Absolutheit ist die Rede, die fremd bleibe, von »kultivierter Bindungslosigkeit«. Das ist kein gutes Zeichen.

Aber es kommt noch schlimmer. Im *Neuen Deutschland* heißt es, dass Palucca stehengeblieben sei, sich fast zurückentwickelt habe. Das Wichtigste, nämlich dass auch der Tanz als darstellende Kunst sich mit dem Zeitgeschehen auseinanderzusetzen habe, bleibe bei ihr unberücksichtigt.[22] Verabschiedend spricht man schon von der milden Reife des Spätstils[23] und vom Schwanengesang des alten Modernen Tanzes.[24]

An kritische Stimmen ist Palucca gewöhnt. Und sie ist nicht gewillt, sich den Forderungen zu beugen, wissend, dass die künstlerischen Einschätzungen auch politisch beeinflusst sind. Wie aber steht es künstlerisch um Palucca? Wer könnte hierzu eine unpolitische Meinung abgeben? Mary Wigman.

Seit 1942 tanzt Wigman nicht mehr. Am 5. Januar 1947 besucht sie einen Tanzabend von Palucca in Leipzig und fällt noch am selben Abend in ihrem Tagebuch ein vernichtendes Urteil: »Palucca, wenn es jemanden gibt, der es wirklich gut mit ihr meinte, der müsste ihr sagen, höre auf. – Aber sie tanzt weiter, und es ist nur noch jämmerlich.«[25] Und sie holt auch gleich zur Generalabrechung mit der so erfolgreichen Schülerin aus: »Palucca war nie ein schöpferischer Mensch. Ihre tänzerischen Einfälle schon immer dürftig. Sie hat es mit der Vitalität, und der Intensität ihres besessenen Erfolgswillens geschafft. Brutal, sentimental, niedlich, das waren die Nuancen, auf die alles abgestimmt war. Damals ging das. Denn sie war jung und konnte faszinierend sein. Heute ist das peinlich. Schon, dass sie [...] den nicht mehr jugendlichen (und den nie schön gewesenen) Mittelkörper entblösst, ist geschmacklos. Das Programm: Eine Anzahl von Tänzchen, die sich alle so ähnlich sahen [...]. Es ist wohl ungeheuer schwer, seine eigenen Grenzen zu erkennen.«[26]

Palucca hat diese Zeilen nie gelesen. Aber Wigmans Einschätzung gleicht teilweise denen der Rezensenten. In Dresden ist man enttäuscht über Paluccas Auftritt im März 1946. Nicht eine alle technischen Mittel souverän beherrschende ausgezeichnete Tänzerin wolle man sehen, sondern eine Palucca, die infolge ihrer »Tänze eigener Prägung« Jahre hindurch unvergesslich geblieben sei. Welche Palucca aber sollte das sein? Das Technisch-Virtuose ist doch das Prägende des Palucca-Tanzes.

Was ist gemeint? Palucca bietet doch das »Alte«, ehemals Neue ihres Tanzes. Palucca bleibt sich selbst treu. Der Moderne Tanz scheint jedoch aus einer anderen Zeit zu sein. Es wird ihr zugute gehalten, dass sie eine Künstlerin sei, die unbeirrt ihren Weg gehe, ohne versuchsweise Anleihen bei billigeren tänzerischen Ausdrucksmöglichkeiten zu machen.[27]

Man befürwortet die Ausstellung eines Interzonenpasses für Palucca, da sie als Tänzerin von europäischem Ruf in allen Zonen Deutschlands ihre Kunst zeigen soll. Nun kann sie ungehindert im Westteil des Landes gastieren und tut dies ausgiebig. Von den 57 Gastspielen im Jahr 1947 finden nur neun im Osten statt. Bei diesem Verhältnis wird es im Wesentlichen auch in den folgenden zwei Jahren bleiben. Das muss die Genossen in der Ostzone stutzig machen. Palucca wird doch nicht etwa mit dem Gedanken spielen, früher oder später die Ostzone in Richtung Westen zu verlassen? Auf dem Programmzettel zum Auftritt im Februar 1949 im Hebbeltheater in Berlin lässt sie drucken, dass sie mit ihren Mitarbeitern auch in Berlin unterrichten werde – und zwar in Berlin-Dahlem.[28]

Wie nur kann man die ›hypermobile‹ Palucca im Osten halten? Immobilien und Geld müssen her! Man will die Arbeits- und Lebensbedingungen von Künstlern erheblich verbessern und ihnen beachtliche Einkünfte und Nebeneinkünfte zu ermöglichen, um sie zu halten.

DIE ENTSCHEIDUNG FÜR DEN OSTEN

Ein Wohnhaus in der Wiener Straße 110 in der Nähe des Großen Gartens hat Palucca bereits im September 1946 zugewiesen bekommen, wo sie seitdem mit Dr. Marianne Zwingenberger wohnt. Das Haus hatte vorher einem Nazi gehört, man nimmt es also dem ›Richtigen‹ weg. Die Einrichtung des Vorbesitzers verbleibt im Haus. Bezahlt werden muss für sie nicht, da für Möbel und Einrichtungsgegenstände, die den Opfern des Faschismus und ausgebombten Antifaschisten ›leihweise‹ aus den Beständen von NSDAP-Mitgliedern und Militaristen zur Verfügung gestellt werden, keine Abnutzungsgebühr zu erheben ist, heißt es amtlich.

Die Tourneen durch den Westen sind erfolgreich, auch finanziell. Aber wo sind eigentlich die Steuern? Beim Geld hört bekanntlich die Freundschaft auf. Nach der Währungsreform, mit der im Juni 1948 in der SBZ die »Deutsche Mark der Deutschen Notenbank« eingeführt wird, beantragt Palucca, dass die Konten ihrer Schule umgewertet werden können. Dem wird nicht stattgegeben. Bei einem Abwertungskurs von 10:1 bedeutet dies, dass die im Aufbau befindliche Schule nahezu mittellos ist. Nun meldet Palucca auch ihre Privatkonten zur Umwertung an. Die Kontostände sind weit höher als erwartet. Vielleicht hat Palucca Privat- und Schulkonten nicht so genau getrennt, Einnahmen aus den Tanzabenden und Ausgaben für die Schule nicht so verbucht, wie es korrekt gewesen wäre. Der Steuerbehörde ist dies alles zu undurchsichtig und also verdächtig.

Wie immer und überall sind da Beamte, die ohne Rücksicht auf kulturpolitische Großwetterlagen oder das Ansehen von Personen ihren Dienst verrichten. Palucca wird die folgenden zwei Jahre verhandeln. Am Ende schafft sie es, den nachgeforderten steuerlichen Betrag in einem solchen Umfang zu verringern, dass es fast lächerlich erscheint, diesen Rest einzufordern. Aber das Gesicht muss staatlicherseits gewahrt bleiben.

Palucca kann das ganze Gezerre um ihr Geld überhaupt nicht verstehen. Der freundliche Walter Weidauer aus dem Antifa-Büro in Strehlen, der 1945 so unbürokratisch geholfen hatte, ist jetzt Dresdner Oberbürgermeister. Im August 1948 wendet sie sich an ihn, legt ihre private finanzielle Situation und somit gleichzeitig die der Schule offen. Verbunden mit der Bitte um Unterstützung fährt Palucca eine neue Strategie, die bis zum Ende der DDR funktionieren wird: Sie deutet an, dass sie Dresden auch in Richtung Westen verlassen könnte. Jedesmal, wenn sie diesen ›Joker‹ aus der Tasche zieht, wird sie alles erreichen, was sie fordert – ob angemessen oder nicht.

Die materielle Absicherung der Schule ist also von wesentlicher Bedeutung bei der Entscheidung Paluccas für oder gegen den Osten

Deutschlands. Das ist allen Beteiligten bewusst. Schnell muss aus diesem Grund ihre Schule verstaatlicht werden. Palucca erkennt ihren Vorteil und verhandelt geschickt. Zu ihren Bedingungen gehört, dass das von ihr eingearbeitete Personal übernommen wird, dass sie jederzeit auf Gastspielreisen gehen kann und von Repräsentationspflichten befreit ist. Natürlich hat die Leitung der Schule in ihren Händen zu verbleiben. Alle inhaltlichen und strukturelle Fragen der Ausbildung will sie weiterhin selbst entscheiden. Bis zur Verstaatlichung beantragt Palucca zur Überbrückung Subventionen und bekommt sie mühelos.

Ab 1. April 1949 wird die *Palucca Schule Dresden* als Staatliche Schule für Tanz und Gymnastik in die Obhut des Ministeriums für Volksbildung bei der Landesregierung Sachsen übernommen. Die Landesregierung ist außerordentlich großzügig und geht auf nahezu alle materiellen Forderungen Paluccas ein. Der erste Haushaltsplanentwurf der Schule weist eine Summe von 149 500 Mark aus. Das ist zu dieser Zeit selbst für Palucca eine astronomische Summe. Das Gehalt, das ihr nun als Leiterin einer staatlichen Schule gezahlt wird, ist ebenfalls beträchtlich. Am Anfang sind es 2000 Mark im Monat. Das ist ungefähr das Zehnfache des Durchschnittseinkommens. In den nächsten Jahren wird es verdoppelt. Damit ist dann aber die Obergrenze dessen erreicht, was man für prominente Künstler zu zahlen gewillt ist – auch Bertolt Brecht erhält nicht mehr.

Diese Unterstützung der Schule durch deren Verstaatlichung, die Bereitstellung eines privaten Wohnhauses mit Garten im Jahr 1946 sowie die Absicherung durch ein überdurchschnittliches Einkommen haben Palucca sicher überzeugt, dass Dresden der geeignetste Ort für ihre tanzkünstlerische und tanzpädagogische Tätigkeit ist. Allerdings verdunkeln auch Wolken diesen Himmel des neuen Glücks. Auf der ersten Kulturtagung der KPD nach dem Krieg wird zwar verkündet, dass die Künstler die Freiheit haben würden, für ihre Gestaltung die Form zu wählen, die sie selbst für die einzig künstlerische hielten, aber das Ideal sahen die Kommunisten in einer Kunst, die ihrem Inhalt nach sozialistisch, ihrer Form nach realistisch sein sollte. Eine Verbindung, die für Palucca noch verhängnisvoll werden soll.

DAS ENDE DER TANZKARRIERE

Palucca sitzt neben ihrem Fahrer im Wagen. Es ist der 17. Februar 1950 und es ist spät. Sie kommt von einem Auftritt in Brandenburg. Die Straße hat die letzten ›tausend Jahre‹ und die ersten fünf Nachkriegsjahre nur mit Schäden überstanden. Auf einmal gibt es einen Ruck. Der Fahrer ist von der Fahrbahn abgekommen, weil er ohne Licht gefahren ist. Es gibt noch ein paar heftige Stöße, die alles und alle durcheinanderrütteln, und dann fliegt Palucca durch die Frontscheibe des Autos. Das Gesicht ist blutüberströmt. Wunden brennen. Die Nase schmerzt. Palucca kann nicht richtig atmen.

Eine Woche liegt sie in Berlin im Krankenhaus, die nächsten Auftritte werden verschoben. Palucca tanzt am 22. März in Dresden und am 26. März im Deutschen Theater in Berlin. Dann wird in mehrfachen Operationen die Nase wiederhergestellt. Die alte wird es nicht mehr. Professor Tonndorf vom Stadtkrankenhaus Dresden-Friedrichsstadt verbietet ihr im April das Auftreten und jegliche Tätigkeit auf der Bühne, auch das Proben.[29] Was soll nun werden?

Palucca ist 48 Jahre alt. Als klassische Tänzerin wäre sie schon längst zu alt für die Bühne, aber im Modernen Tanz gibt es diese Diskriminierung des Alters nicht. Der Moderne Tanz ist bisher mit den Tänzerinnen und Tänzern gemeinsam gealtert. Viele haben länger als gewöhnlich getanzt. Mary Wigman hat sich erst mit 56 Jahren mit ihrem letzten Solotanz *Abschied und Dank* von der Bühne zurückgezogen. Palucca fühlt sich in keiner Weise bereit für Abschied und Dank von Bühne und Publikum.

Doch die Kritiken werden nicht besser. Ihre Kunst zeige nichts Neues auf dem Gebiet des Tanzes[30], sie habe keinen neuen, nach vorn weisenden Weg gefunden. Unbeschwert tänzele sie am Rande des Lebens dahin und verirre sich dabei immer mehr im Dickicht persönlicher Empfindungen und Gefühle.[31] Es wird bereits ganz unverblümt auf ihre hervorragenden pädagogischen Fähigkeiten hingewiesen.[32] Das ist deutlich. Die tanzende Palucca wird anscheinend nicht mehr gewollt. Das Konzept *TANZ PALUCCA* steckt in der Krise.

Es ist der Wendepunkt in Paluccas Laufbahn. Schaut sie zurück, überblickt sie ein Leben, das vor allem durch Auftritte und Tourneen ausgefüllt war: Proben, Reisen, Tanzabende – und das tausendfach. Ein erfülltes Tänzerleben. Auch bei ihren Tänzen gibt es solche, die sie gern, mit großem Erfolg und lange getanzt hat, und andere, die kurz auftauchten und dann für immer verschwanden. Doch das Vergängliche ist allen Tänzen gemein, egal ob *Mondscheinsonate* oder *Serenata*.

Einst hatte Palucca auf die Frage, ob der Beruf anstrengend sei, geantwortet: sicherlich. Aber tauschen möchte sie trotzdem mit niemandem, und wenn der Beruf dreimal so anstrengend sei wie andere; sie liebe ihn eben, denn sie lebe in ihm. Leben und Tanzen sei für sie nicht voneinander zu trennen. Und auf die Frage, wie sie sich die Zukunft vorstelle, sagte sie: »Danach darf man mich nicht fragen, die Gegenwart beansprucht mich ganz. Nur so viel: ich werden tanzen und arbeiten, solange ich die Kraft habe [...].«[33]

Nun ist es soweit. Nie mehr in der Gasse stehen, sich konzentrieren, dem Pianisten zunicken – und dann raus. Nie mehr den begeisterten, stürmischen Applaus der Zuschauer entgegennehmen. Das heißt jetzt auch: in Dresden bleiben, sich ganz auf die Schule konzentrieren.

Von der wild Springenden und Stampfenden über die Schwingende und Schreitende zur Gleitenden und Sinkenden hin hatte sie die ganze Palette der tänzerischen Möglichkeiten ausgelotet – ihr Leben getanzt. Ihr Dasein mit Leidenschaft im Tanz verkörpert. Das soll nun ein Ende haben?

Herbert Trantow, ihr langjähriger musikalischer Mitarbeiter, nannte sie einst eine mädchenhafte, selbstbewusste moderne Frau. Ist sie diese nicht mehr? Oder ist diese nicht mehr gefragt? Die kritischen Rezensionen, die schwindende Kraft, die Krise des Modernen Tanzes überhaupt, die Folgen des Unfalls und nicht zuletzt die gesicherte Perspektive der Schule werden wohl zusammen den Ausschlag dafür gegeben haben, dass Palucca das Tanzen zugunsten des Unterrichtens aufgibt.

Am 8. August 1950 tanzt sie noch einmal auf der von ihr so geliebten Insel Sylt. Es ist das Ereignis der Saison. Die Insel hat einen Sonderzug zu ermäßigten Preisen eingesetzt, der alle Tanzbegeisterten von Süden nach Norden bringt. Der Abend ist ausverkauft. Keiner der Anwesenden weiß, dass es der letzte große Solotanzabend von Palucca ist. Sie zeigt unter anderem *Heitere Tänze alter deutscher Meister*, *Zwei Préludes* von Debussy, eine *Sonatine* von Blacher. Zu Musik aus Mussorgskis *Bilder einer Ausstellung* hat sie den Tanz *Aus den Tiefen* geschaffen. Die letzten Tänze des Programms sind *Schlusstänze* nach den Ungarischen Tänzen von Brahms. Zufall oder Absicht?

Auch bis zum nördlichsten Zipfel Deutschlands verfolgt sie die Presse. Ein anonymer Berichterstatter hält den Eindruck von damals für uns fest: »Gong! – Da ist sie! – Wie immer ganz plötzlich da, aus der Seitenkulisse hereinschreitend, fast schwerelos schwebend, in dem ihr eigenen schlichten wallenden Tanzkleid und natürlich barfuß. Eine Sekunde innerer Sammlung, dann spannt sich der Körper, der kein Altern zu kennen scheint und die Palucca tanzt. Diese Frau scheint das Geheimnis ewiger Jugend entdeckt zu haben, die Jahre gehen spurlos an ihrer großen Kunst vorüber, im Gegenteil, ihr Tanz ist noch mehr vertieft, vergeistigt worden, er rührt so unmittelbar an, daß man manchmal wie aus einem Erlebnis erwachend aufschreckt, wenn der letzte Ton des Klaviers verklingt.«[34] Die Begeisterung kennt keine Grenzen.

Spontan auf die ihr entgegengebrachte Begeisterung reagierend, tanzt sie am 11. August 1950 noch eine Zugabe im Klappholttal, in einer kleinen, in die Dünen hineingebauten Laubenkolonie, die eine Oase für Freidenker und Nacktbader ist. Hier gibt Palucca ihren allerletzten Tanzabend. Einen abgelegeneren Ort hätte sie sich kaum aussuchen können. Ohne Vorankündigung, ohne große Öffentlichkeit, ohne Ehrungen und Dankesreden geht ein Kapitel deutscher Tanzgeschichte zu Ende. Palucca teilt diesen in ihrem künstlerischen Leben schwierigen Moment nur mit den allerengsten Freunden auf der Insel und zieht sich dann wie jeden Sommer in die Einsamkeit der Dünenlandschaft auf dem ›Ellenbogen‹ zurück. Als sie die Reise zurück nach Dresden antritt, beginnt sie ein zweites Leben. Ein Leben als Pädagogin für den Neuen Tanz.

DIE SCHULE IN DRESDEN

Sechs Jahre hat Palucca die pädagogische Arbeit unterbrechen müssen, bis sie 1945 wieder beginnen kann. Jetzt wird das Unterrichten, der Auf- und Ausbau der Schule zum Lebensmittelpunkt. Palucca wirbt für:

- »Berufsausbildung in Solo-, Gruppen-, Theatertanz bis zur Bühnenreife,
- Berufsausbildung in Gymnastik und Tanzpädagogik bis zur Lehrberechtigung,
- Laienkurse,
- Klassen für Berufstätige, Studierende, Kinder, Kleinkinder,
- Sonderkurse für Bühnennachwuchs (Opern- und Schauspielschüler),
- Fortbildungs- und Sommerkurse für Tanzschüler, Konzert- und Theatertänzer, Tanzregisseure, Tanzpädagogen und Gymnastiklehrer,
- Eintritt jederzeit – Vorbildung nicht erforderlich,
- Zuzugsgenehmigung für Studierende wird erteilt.«[35]

Unterrichtet werden Gymnastik, Tanztechnik, Tänzerischer Unterricht, Rhythmik, Musikkunde, Pädagogik, Anatomie, Gegenwartskunde, Kunsterziehung, Kunstgeschichte, Kostümkunde, Tanzgeschichte und Theatergeschichte. Auch die künstlerische Atmosphäre in der neuen Schule scheint die der alten zu sein. Das Leben der Palucca-Schule werde geprägt vom Genie der Palucca, schreibt Johannes Paul Thilman, der zu dieser Zeit musikalischer Mitarbeiter der Schule ist. Der Name dieser Tänzerin sei ein Begriff geworden in der ganzen Welt wie die Eigenart und Einmaligkeit der Persönlichkeit der Palucca. Sie sei das Vorbild und Ideal der Schülerinnen. Die Palucca-Schule arbeite praktisch schon an solchen gemeinschaftsbildenden Aufgaben mit, die der neuen Gesellschaft dienten.[36]

Starthilfe bekommt Palucca auch von ihrem ›alten‹ Freund Will Grohmann. Er bescheinigt bereits im September 1945, dass die *Palucca Schule Dresden* als Tanzschule anerkannt und als künstlerisches Unternehmen dem Kulturamt der Stadt Dresden unterstellt sei. Damit war auch jegliche Unterstützung für Schule und Schülerinnen gesichert: Schulgelderlass, Schwerarbeiter-Lebensmittelkarten, Aufnahme ins Jugendwohnheim.

Die Schülerzahlen steigen stetig. Unter den ersten Schülerinnen nach 1945 befindet sich auch Ruth Berghaus. Aus den anfänglich 15 Schülern sind 1947 bereits 45 geworden. 1948 unternimmt Palucca mit ihnen erstmals eine Tournee. Im Verlauf der Gastspielreise treten die Palucca-Schülerinnen im Staatstheater Dresden, im Schauspielhaus Leipzig und im Deutschen Theater in Berlin auf. Palucca und ihre Schule stehen wieder im Licht der Öffentlichkeit. Eine »junge Freude am Experiment« wird der Palucca-Gruppe bescheinigt und eine saubere, technische Durcharbeitung.[37]

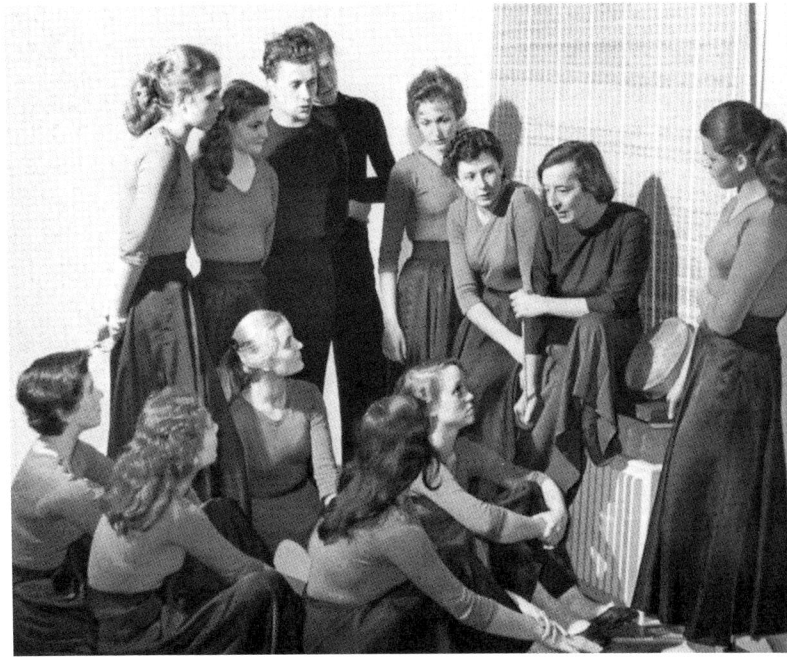

Palucca im Gespräch mit Schülern, 1955

Noch kann Palucca in Dresden Inhalt und Struktur ihrer Ausbildung selbst bestimmen. Aber die in der Kulturpolitik grundsätzlich diskutierte Frage, ob klassische oder moderne Kunst zeitgemäß, das heißt: der Zeit gemäß sei, wird inzwischen auch von Tanzfachleuten erörtert.[38] Das Verhältnis von Inhalt und Form wird problematisiert, und Begriffe wie Volksverbundenheit, Lebensnähe, Gegenwärtigkeit und die Zurückgebliebenheit des Tanzes bestimmen die Gespräche. Der Moderne Tanz wird mit den Begriffen Subjektivismus, Virtuosentum, Mystizismus und Abstraktionismus kritisiert und vor allem das sowjetische Ballett als beispielhaft hervorgehoben.

PALUCCA IN DER POLITIK

Kunst, Kultur und Politik sind im Osten nicht mehr voneinander zu trennen. Kulturpolitik ist gleichzeitig Bildungspolitik. Eine demokratische Schulreform zur Beseitigung des Bildungsprivilegs, aber auch zur Durchsetzung einheitlicher Lehrpläne steht an oberster Stelle der neuen Bildungspolitik. Die Kunst hat dabei eine erzieherische und bewusstseinsbildende Aufgabe zu übernehmen. Eine unpolitische Kunst und Kunstausbildung kann es demnach nicht mehr geben. In Sachsen ist es allerdings besonders schwierig mit Bildungsreform und Entnazifizierung – 97 Prozent der sächsischen Lehrer waren Mitglied der NSDAP.[39] Palucca nicht.

Sie könnte jetzt abwarten, wie andere ihre Angelegenheiten regeln. Oder sie entscheidet selbst mit. Noch geht es im Osten Deutschlands vor allem antifaschistisch, aber auch demokratisch zu. Palucca geht in die Politik.

Sie will im Stadtparlament mitregieren. Warum, verrät sie in einem Interview: »Die Aufstellung einer Künstlerin als Kandidatin für die Gemeindewahlen wird wohl viele Dresdner überrascht haben. Meine eigensten Aufgaben liegen auf dem Gebiete der Kunst und der Erziehung junger Menschen zur Kunst. Darin, daß ich als Parteilose auf der Liste der SED aufgestellt bin, sehe ich eine Anerkennung dessen, was ich in dem letzten Jahre für Dresden leisten konnte, nachdem das Hitlerregime mich jahrelang ausgeschaltet hatte. [...] Ich hoffe, dahin wirken zu können, daß die geistigen und materiellen Mittel, die für kulturelle Zwecke zur Verfügung stehen, so angewendet werden, wie es der Ernst künstlerischen Strebens erfordert.«[40]

Bis 1948 arbeitet Palucca bei der Gestaltung der kulturellen Zukunft mit. Neben dem Verteilen von Geldern und dem Ringen um den höchstmöglichen Status für ihre Schule stärkt sie auch ihre Position und die der Schule, indem sie auf unliebsame Konkurrenz aufmerksam macht. Als anerkannte kompetente Vertreterin auf dem Gebiet des Tanzes tritt sie für die Durchsetzung von Richtlinien für Tanzschulen ein. Aus dem »Volksbildungswesen« des Rates der Stadt Dresden kommt prompt die Rückmeldung, dass gerade mit ihrer Hilfe die »Gesamtbereinigung« aller in Dresden vorhandenen Tanz- und Gymnastikschulen erfolgen werde.[41]

1950 wird Palucca noch von ganz unerwarteter Seite hohe Ehre zuteil. In Berlin wird die Deutsche Akademie der Künste gegründet. Bertolt Brecht hatte im Vorfeld der Gründung an Arnold Zweig geschrieben, dass man die modernsten Leute für die modernsten Künste bekommen müsse.[42] Palucca wird als Gründungsmitglied berufen – neben Johannes R. Becher, Bertolt Brecht, Hanns Eisler, Wolfgang Langhoff, Ernst Legal, Anna Seghers, Helene Weigel, Arnold Zweig und anderen. Mit der Akademie wird in der DDR eine Kunstopposition geschaffen, die Künstler der Akademie sind aufgefordert, die Regierung in allen Fragen der Kunst zu beraten, also staatlich legitimiert Kritik zu üben. Die Akademiemitglieder werden in den Folgejahren unter dem wachsenden Druck der DDR-Kulturpolitik immer enger zusammengeschweißt, werden zu einer Gemeinschaft, in der man sich gegenseitig stützt und unterstützt. Palucca wird diese Hilfe mehrfach in Anspruch nehmen, nehmen müssen.

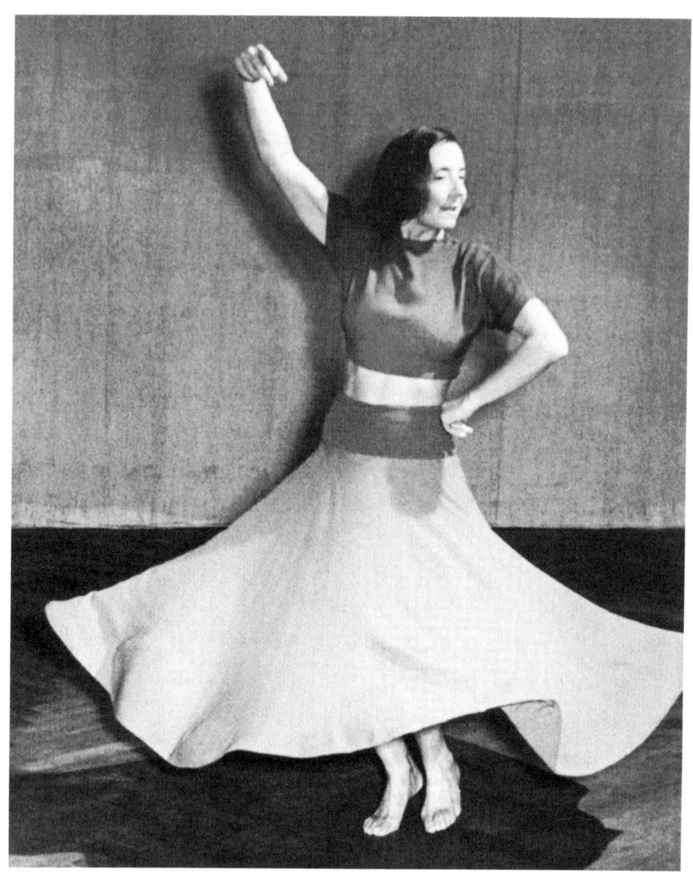

Palucca, um 1948

1950–1961 »AUFFORDERUNG ZUM TANZ«

Palucca kann nun mit staatlichen Mitteln ihre Pläne einer modernen Tanzausbildung in die Tat umsetzen – in einem Staat, der vorgibt, ein sozialistischer zu sein oder zu werden. Was genau das für sie bedeuten wird, kann sie nicht wissen. In der Sowjetunion ist sie bis dahin nicht gewesen. Die Menschen von dort, die sie bisher kennengelernt hat, haben ihr stets geholfen.

Ihre Arbeit in der Schule in Dresden verläuft ungestört – bis ihr die DDR ein verlockendes Angebot macht. In der neuen alten Hauptstadt soll es auch eine »Zentrale Ausbildungsstätte des Tanzes«, eine »Deutsche Hochschule für Tanz«, geben. Palucca erhält den Auftrag, dieses Projekt zu betreuen. Ist das die Anerkennung ihrer tänzerischen, vielleicht sogar schon ihrer tanzpädagogischen Leistung? Oder ist es bereits einer der ersten von zahlreichen Schachzügen, um sie in dieser Phase, in der sich viele gegen das »neue Deutschland« entscheiden, in der DDR zu halten?

Für sie ist selbstverständlich, dass die Schule in Berlin unter ihrer Leitung nur einen Namen tragen kann: »Palucca Schule Berlin«. Tänzer, Tanzpädagogen und Tanzregisseure sollen ausgebildet werden. Man lässt sie machen. Durch ihre Dresdner Mitarbeiter wird alles genauestens vorbereitet. Viel Arbeit ist das – so nebenbei, aber alle wissen, dass das eine einmalige Chance für Palucca und ihre Schule ist.

Doch am 14. April 1951 gibt sie auf. Ihre Entscheidung begründet sie damit, dass ihr für die erweiterte Zielsetzung »studienmäßige Voraussetzungen« fehlten.[1] Warum vergibt Palucca diese Chance? Der erweiterte Name der Schule sollte lauten: »Staatliche Schule für neuen künstlerischen Tanz, Ballett und Gymnastik«. Neuen Künstlerischen

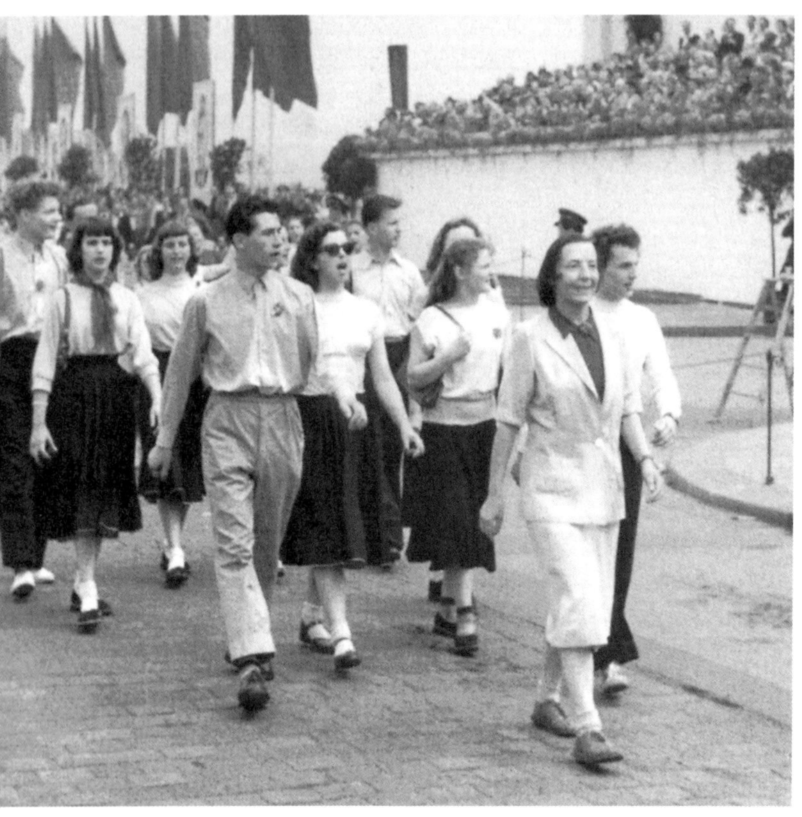

Palucca marschiert in eine neue Zeit: Mai-Demonstration in Dresden, 1955

Tanz und Gymnastik kann Palucca vertreten, Ballett nicht. Entweder hat Palucca von dieser vorgesehenen Erweiterung um den klassischen Tanz zu Beginn der Arbeiten nichts gewusst oder insgeheim die Hoffnung gehegt, diesen Studienbereich mittels ihrer Autorität aus dem Fächerkanon entfernen zu können. Offensichtlich soll aber gerade dieser Tanzstil zukünftig in Berlin dominieren. Palucca steigt aus, gibt ihre Berliner Kurse auf und eilt zurück nach Dresden.

Die Berliner Tanzschule wird ohne Palucca, aber mit allen von ihr vorgeschlagenen Pädagogen gegründet. Unter ihnen ist auch ihre Schülerin Marianne Vogelsang. Durch die Gründungsvorbereitungen für diese Schule in Berlin, die den Namen »Fachschule für künstlerischen Tanz« tragen wird, hat Palucca hautnah erlebt, in welche Richtung die Kulturpolitik der DDR gehen wird. Ärger kündigt sich an. Palucca zieht sich auf, wie sie glaubt, gesichertes Terrain nach Dresden zurück.

ÄRGER MIT DER KULTURPOLITIK – ZUM ERSTEN

Für Palucca heißt es jetzt, die Dresdner Schule ganz auf ihrem Kurs zu halten. Was sie nicht weiß: Seit die Schule staatlich ist, laufen einige Dinge an ihr vorbei. Sie ahnt es nicht einmal. Durch ihre Mitgliedschaft in der Deutschen Akademie der Künste fühlt sie sich geehrt, geschützt, privilegiert. Doch die DDR bedient sich zur Durchsetzung ihrer Kulturpolitik nicht der Akademie, sondern schafft ein neues Gremium: die Staatliche Kommission für Kunstangelegenheiten, kurz Stakoku genannt. Hatte man womöglich in der Akademie nur die Künstler zusammengefasst, um sie besser unter Kontrolle zu haben und ihnen nur ein Mitspracherecht in kulturpolitischen Fragen vorgegaukelt?

Gesteuert wird die Politik im Lande von der SED, die Kulturpolitik von der Kulturabteilung des ZK der SED, und es gibt seit dem 8. Februar 1950 ein Ministerium für Staatssicherheit. Im Januar und Februar 1951 wird aus der Schule direkt an die Kulturabteilung des ZK der SED gemeldet, was in der Schule so passiert.[2] Genosse Albin Fritsch, Dozent für Gegenwartskunde, übernimmt diese »verantwortungsvolle« Aufgabe. Eine unpolitische Lehrerschaft hat er ausgemacht sowie »Arroganz« und »geistige Inzucht«. Der für eine staatliche Einrichtung verbindliche »Schmuck« fehlt, genauso eine SED-Gruppe. Er verurteilt Paluccas Sonderposition, in der von ihr vertretenen Eigengesetzlichkeit künstlerischer Prozesse macht er ein bürgerliches Erziehungsideal aus. Sein wichtigster Vorschlag ist »das Brechen der Position« und damit des künstlerischen und pädagogischen Einflusses von Palucca.

Allein allerdings kann der Genosse dies nicht schaffen. Man müsste dazu die Leitung der Schule innehaben. Wie dies zu bewerkstelligen sei, hatte Walter Ulbricht bereits inoffiziell bekannt gegeben. Alles habe nach außen demokratisch auszusehen, nach innen müsse man trotzdem alles fest in der Hand haben.[3] Gemeint ist damit, dass offiziell die Leitung bei international anerkannten Persönlichkeiten liegen kann, dahinter aber stets Genossen der SED an entscheidender zweiter Stelle zu installieren sind.

Um sich – nach außen – Paluccas Treue zu versichern, schließt man mit ihr einen Einzelvertrag ab. Vorerst erhält sie 3000 Mark im Monat, ein Auto (EMW) und Bauhilfe für ein Haus auf Hiddensee. Um sich – nach innen – der Schule zu bemächtigen, erhöht die Stakoku den Anteil des gesellschaftswissenschaftlichen Unterrichts, was die Einstellung einer entsprechenden Lehrkraft notwendig macht, die gleichzeitig als stellvertretender Direktor positioniert werden soll.

Fritsch wird nach einem Streit mit Palucca beurlaubt.[4] Da man Paluccas Vorliebe für die See kennt und weiß, dass sie sich in den Ferien lange auf Hiddensee aufhalten wird, setzt man den Plan im Sommer 1952 um. Per Post teilt man ihr mit, dass ein gewisser Genosse Harry Hähnel nun der stellvertretende Direktor ihrer Schule sei.[5] Vorher gab es diese Position an der Schule nicht.

Beinahe planmäßig kommt es auch zum Streit zwischen ihm und Palucca. Der Unterstützung der Akademie gewiss, verkündet Palucca daraufhin im Oktober 1952 während einer Sitzung der Sektion Darstellende Kunst ihren Rücktritt von der Schulleitung. Ihr musikalischer Mitarbeiter Johannes Paul Thilman übernimmt kommissarisch. Das hat also funktioniert, mag man in Berlin denken.

In Dresden allerdings sieht man das anders. Walter Weidauer, der Dresdner Oberbürgermeister, erinnert die Genossen, dass es bedauerlich wäre, wenn man »Gret Palucca verlieren würde«[6]. Er kennt sie. Und ihre jüngsten Andeutungen, dass sie auch in den Westen gehen könne, klingen ihm noch deutlich in den Ohren. Man lenkt ein und schließt mit Palucca im Januar 1953 einen neuen Einzelvertrag ab. Das Einkommen wird um 1000 Mark erhöht. Ein Zeichen, dass man sie wirklich in der DDR halten will. Und um den eigentlich kulturpolitischen Konflikt als einen zwischenmenschlichen erscheinen zu lassen, wird Genosse Harry Hähnel im Februar 1953 gegen den Genossen Otto Kießling ausgewechselt. Doch dann passiert wieder etwas Unerwartetes. Am 1. Mai 1953 verlässt Johannes Paul Thilman die Schule. Das Amt des Schulleiters ist damit frei und muss folgerichtig vom Stellvertreter wahrgenommen werden. Otto Kießling wird Direktor der *Palucca Schule Dresden* – und Palucca damit verdrängt.

DER »NEUE KÜNSTLERISCHE TANZ« – DIE ERFINDUNG DES NAMENS

Im Mai 1951 findet in Berlin die erste Sitzung zur Erarbeitung von einheitlichen Richtlinien für die Tanzausbildung in der DDR statt.[7] Neben Mitarbeitern des Volksbildungsministeriums gehören Aenne Goldschmidt vom Staatlichen Tanzensemble, Marianne Vogelsang, die zu der Zeit noch eine eigene Schule in Berlin-Weißensee leitet, Jochen Scheibe vom Metropoltheater, die Tanzpädagogin Poldi Fritsch – Ehefrau von Albin Fritsch – und Palucca als Tanzfachleute dem Gremium an. Die Atmosphäre ist konstruktiv. Die Anwesenden können sich auf Studienvoraussetzungen, Ausbildungsdauer und Spezialisierungen zu Gruppen- oder Solotänzer, zum Tanzpädagogen bzw. Tanzregisseur oder Ensembleleiter einigen. Man stellt einen Kanon von Unterrichtsfächern zusammen. Im Bereich Theorie sind es Gesellschaftswissenschaft, Deutsch und Russisch. In der Praxis Gymnastik, klassischer Tanz und – Palucca hat da einen Vorschlag!

Gut zwei Monate nach der 5. ZK-Tagung, auf der der Ausdruckstanz als Formalismus »entlarvt« worden war, ist damit zu rechnen, dass es nicht mehr lange dauern kann, bis sie und ihr Unterricht ins Visier genommen werden. Palucca schlägt nun für die andere – ihre – Tanzrichtung den Begriff *Neuer Künstlerischer Tanz* vor. Die Klärung dieser Frage ist für Palucca und ihre Schule von existentieller Bedeutung. Die Anwesenden wissen das nicht – oder sehr genau. Sie diskutieren und einigen sich nicht. Der Begriff soll vorerst nicht verwendet werden. Misserfolg oder Teilerfolg für Palucca?

Teilerfolg, denn Palucca weiß nun, wie die Fronten verlaufen. Sie wird ab sofort jede Chance nutzen, den Namen *Neuer Künstlerischer Tanz* in Umlauf zu bringen. Presse und Institutionen informiert sie, dass für ihren Unterricht nur noch dieser Name zu verwenden sei. Bei ihren Kollegen von der Akademie kann sie noch deutlicher werden. Das Wort *Ausdruckstanz* sei im Zusammenhang mit ihr zu vermeiden.[8] Der Hinweis ist besonders wichtig, weil der bekannte Tanzpublizist Fritz Böhme gerade im Auftrag der Akademie, also auch mit ihrer Zustimmung, an einem tanzhistorischen Buch arbeitet. Es trägt den inzwischen verhängnisvollen Titel *Ausdruckstanz – Entstehung, Entwicklung, Wirkungen*.[9] Fritz Böhme stirbt jedoch 1952, bevor das Buch veröffentlicht werden kann. Das Manuskript kommt in die Schublade. Und dort liegt es bis heute.

In der nächsten Zeit werden die Begriffe *Neuer Tanz*, *Ausdruckstanz* und *Neuer Künstlerischer Tanz* willkürlich durcheinandergeworfen. Die Fragen werden immer lauter, was das denn nun eigentlich sei, der *Neue Künstlerische Tanz*, und ob es überhaupt eine Technik oder Methode dieses Tanzes gebe. Palucca beteuert stets, in der Wigman-Schule habe sie eine richtige Technik erlernt, die Tanzschritte hätten auch Bezeichnungen gehabt. Andere Wigman-Schülerinnen äußern mit der gleichen Selbstgewissheit genau das Gegenteil. Beweise müssen also her!

Mit ihren Mitarbeiterinnen Irmgard Schaaf und Maritta Gubisch versucht Palucca die »Technik der neuen Tanzkunst« zu formulieren: Man will keinen Stil prägen. Dann würde aus dem Neuen Tanz ja nichts weiter als eine Art modernes Ballett. Nach Worten ringend versuchen sie zu erklären, dass der Neue Tanz etwas anderes ist, »ein Tanzen an sich«. Wenn man versuchen würde, ihn wie den klassischen Tanz in Schritte zu zwängen und zu zergliedern, würde dies bedeuten, ihn lebendig zu begraben.[10]

Neben den Texten erarbeiten sie Tanzetüden, mit denen die Technik der Gangarten, der Schwünge, des Drehens, des Springens und der Balance, der Beintechnik und der allgemeinen Körperbeherrschung erlernt und trainiert werden kann – damit jeder Schüler eigenschöpferisch damit umgehen, Eigenes im Tanz erfinden und mit einer unverwechselbaren »Handschrift« zum Ausdruck bringen kann.[11]

Willy Kehrer hat zu den einzelnen Etüden Musik komponiert, die auf Schallplatten aufgenommen wird. Jeder Schüler kann mit Pianist und Noten oder mit Schallplatte im Saal an den Etüden arbeiten.[12] Stolz heißt es: »Durch diese neue Arbeitsmethode wird der Schüler zum planmäßigen und sinnvollen selbstständigen Arbeiten erzogen.«[13] So werden eigenverantwortlich handelnde Künstler erzogen – genau das, was man in der DDR eigentlich nicht will.

Wie zum Schein diskutiert man mit Palucca und ihren Mitarbeitern noch eine ganze Weile über die Notwendigkeit des Neuen Künstlerischen Tanzes. Doch zum Ende des Jahres 1953 wird der Anteil des *Neuen Künstlerischen Tanzes* per Anweisung auf ein Minimum reduziert. Man lässt dem NKT gerade so wenig Raum in den Stundenplänen, dass er keine Bedeutung mehr für die Tanzausbildung haben kann. Aber auch gerade so viel, dass man Palucca gegenüber so tun kann, als würde man ihre persönliche künstlerische und pädagogische Arbeit doch irgendwie schätzen.

REALISMUS IM TANZ UND PALUCCA – FAST – IM WESTEN

Trotz dieser Auseinandersetzungen gibt Palucca ihre Unterrichtstätigkeit keineswegs auf. Um ihre eigene Position auch inhaltlich zu stärken, gründet sie sogar mit Hilfe der Akademie die *Arbeitsgemeinschaft Palucca* (AGP). Ihr gehören ausschließlich Schulmitarbeiter an, denen es um die Begründung von Methode und Technik des Neuen Künstlerischen Tanzes geht.[14] Dieser soll das Profil der Schule bestimmen; man will verhindern, dass aus ihr eine Ballettschule wird.

Anders sieht es in Berlin aus. Von besonderer Bedeutung ist das Ehepaar Rebling. 1952 waren Eberhard Rebling, Pianist und Musikwissenschaftler, und seine Frau Rebecca, Tänzerin und Sängerin mit Künstlernamen Lin Jaldati, aus den Niederlanden in die DDR übergesiedelt. Beide waren zur Zeit des Faschismus schwersten Verfolgungen ausgesetzt gewesen. Eberhard Rebling war in Abwesenheit zum Tode verurteilt worden, seine Frau Rebecca hatte die KZ-Haft überlebt.

Rebecca Rebling gibt in der Berliner Fachschule für künstlerischen Tanz Unterricht und muss dort – ihrer Meinung nach – Schlimmes erfahren: In der Berliner Schule geht es dekadent, disziplinlos, nahezu anarchisch zu. Überall wird Jazz gespielt. Marianne Vogelsang macht formalistischen Unterricht. Und der Direktor soll sogar zeitweilig aus der SED ausgeschlossen gewesen sein! Diese Schule ist in ihren Worten ein dekadentes, politisches Brutnest der Reaktion. Das sollen die Genossen im ZK der SED wissen. Ihre Meldung vom 11. Oktober 1952 versieht sie auch gleich mit Vorschlägen: Diese Schule muss sofort geschlossen oder umgestaltet werden. Ein charakterfester Genosse muss als Direktor eingesetzt werden.[15]

Es wird sofort gehandelt. Marianne Vogelsang soll so schnell wie möglich weg. Das wird aber erst 1958 möglich sein, wenn die Fachschule für künstlerischen Tanz zur Staatlichen Ballettschule Berlin umgewandelt wird und auch der geforderte charakterfeste Genosse gefunden ist: Albin Fritsch.

Vorerst wird eine Diskussionskampagne gestartet. Viele Künstler und auch Kritiker äußern sich. Zu ihnen gehören Lilo Gruber, Rosemarie Lettow-Schulz, Thea Maaß und Werner Hoerisch. Palucca, die ebenfalls aufgefordert wird, ihre Haltung zum Thema Realismus im Tanz zu formulieren, weigert sich. Ein Mitarbeiter der Weltbühne, Ernst Krause, fährt nach Dresden und schreibt über die nützliche Forschungsarbeit der AGP und den beeindruckenden Unterricht der Palucca. Formalistische Leere habe er nicht vorgefunden.[16]

Palucca nutzt diesen Besuch selbstverständlich sofort, um Kritik an der staatlichen Einflussnahme auf ihre Schule zu äußern und um für ihre Arbeit den neuen Namen in Umlauf zu bringen: *Neuer Künstlerischer Tanz.*

Die Veröffentlichung der unterschiedlichen Meinungen darüber, welche der Tanzformen – klassisch, modern oder folkloristisch – nun die »realistische« sei, bringt erwartungsgemäß keine Klärung. So wird von den Genossen eine Tanzkonferenz organisiert, auf der man die richtigen Beschlüsse fassen will. Überschattet wird die Veranstaltung durch den Tod Stalins, was keine günstigen Auswirkungen auf den Verlauf der Konferenz haben kann. Die Diktatur des Proletariats ist inzwischen aber so fest installiert, dass sie auch ohne diesen Diktator funktioniert.

Der Ausgang der Tanzkonferenz steht schon vorher fest. Scheindemokratisch wird über die Einführung einer Doktrin abgestimmt: den sozialistischen Realismus. Im März 1953 modifiziert Eberhard Rebling die kulturpolitischen Richtlinien für den Tanz. Sozialistischer Realismus heiße nach Stalins Charakterisierung: sozialistisch im Inhalt und national in der Form. Neue Werke sollen geschaffen, neue Libretti und Kompositionen geschrieben werden. Auch die Tanzausbildung wird sich zu verändern haben. Der klassische Tanz und der Nationaltanz gelten von nun an als Grundlage der Ausbildung. Dazu sind einheitliche Lehrpläne zu erstellen. Beabsichtigt ist auch, dass an staatlichen Schulen demnächst bereits Kinder im Alter von neun Jahren aufgenommen werden sollen.[17]

Die meisten Forderungen kennt Palucca schon. 1935 hatte die Reichstheaterkammer Ähnliches von ihr verlangt. Auch die Nationalsozialisten hatten den klassischen Tanz und den Nationaltanz angewiesen. Bertolt Brecht stellt erschrocken nach den Ereignissen im Juni 1953 fest: »unter neuen befehlshabern setzte sich also der naziapparat wieder in bewegung.«[18]

Irgendwie hat Palucca diesen Ausgang der Diskussion in Berlin schon geahnt und sagt ihre Teilnahme an der Konferenz kurzfristig ab. Doch lässt sie ihre Mitarbeiterinnen und Schülerinnen allein in Berlin die Arbeitsergebnisse auf dem Gebiet des *Neuen Künstlerischen Tanzes* demonstrieren. Diese geraten dort ohne die Unterstützung von Palucca hart in die Kritik.

Einen letzten Versuch, die Diskussion zu ihren Gunsten zu entscheiden, unternimmt Palucca am 1. Juni 1953 in Dresden. Sie lädt ihre Kollegen von der Akademie und ihre Widersacher von der Stakoku ein, um ihnen ihre Arbeitsweise zu zeigen. Dem ZK der SED hatte sie vorab geschrieben, dass die Beurteilung ihres Unterrichts gleichzeitig die Entscheidung über ihre persönliche Arbeit bedeute.

So sitzen an diesem Tag in Paluccas Schule die Künstler Bertolt Brecht, Paul Dessau, Walter Felsenstein, Wolfgang Langhoff und Helene Weigel den Kulturpolitikern der SED gegenüber. Palucca zeigt die Tanzetüden, die die Technik des *Neuen Künstlerischen Tanzes* demonstrieren sollen, und historische Tänze wie *Pavane* und *Gigue*. Anschließend diskutiert man, trifft aber keine Entscheidung. Die Gäste fahren mit der Zusage heim, sich gegenseitig schriftliche Stellungnahmen zukommen zu lassen. Palucca fährt nach Hiddensee.

Die Künstler der Akademie senden verabredungsgemäß an den Vorsitzenden der Staatlichen Kommission für Kunstangelegenheiten, Helmut Holtzhauer, ein Schreiben, in dem sie Palucca und ihrer Arbeit uneingeschränkte Unterstützung zusichern. Hauptabteilungsleiter Seidel von der Stakoku fällt dagegen ein vernichtendes Urteil. In der Stakoku will man keine Experimente und keine Technik des Modernen Tanzes, sondern die des klassischen Tanzes. Mit aller Schärfe wird gesagt, dass der Unterricht von Palucca in seinem gegenwärtigen Entwicklungsstadium nicht geeignet sei, den geforderten Typ des Balletttänzers zu entwickeln, und dass er deshalb nicht Grundlage einer Tanzausbildung sein könne.[19] Ob es nicht möglich sei, für Palucca ein kleines Institut an der Deutschen Akademie der Künste einzurichten[20], fragt man an in der Hoffnung, den großen Namen weiter für die DDR verwenden zu können, die »formalistische« Künstlerin und Pädagogin aber unschädlich zu machen. Der Vorschlag wird – um ihm Gewicht zu verleihen – vom Ministerpräsidenten der DDR, Otto Grotewohl, an die Sektion Darstellende Kunst herangetragen. Das würde das Aus für die Pädagogin Palucca in der DDR bedeuten. Palucca legt daraufhin demonstrativ ihre Unterrichtstätigkeit nieder und entzieht der Schule ihren Namen.

Außerordentlich geschwind wird diese Sensation der Westpresse zugespielt. »Die Nazis verboten dieser Frau aus rassischen Gründen ihre Lehrtätigkeit, ließen sie aber öffentlich auftreten. Die Kommunisten haben es leichter: denn Auftreten kann sie aus Altersgründen nicht mehr und auf eine Lehrtätigkeit hat sie unter den gegebenen Verhältnissen verzichtet.«[21]

In der Stakoku ist man mit der Entwicklung offensichtlich zufrieden. Heißt der Parteiauftrag doch, dass jegliche formalistische Kunst zu bekämpfen sei. Im Tanz bedeutet dies aber automatisch, den Tänzer, den Menschen zu bekämpfen, der mit seinem Körper Träger des Kunstwerkes ist. Palucca hat nicht vor, sich so beschädigen zu lassen. In einem Schreiben an die Deutsche Akademie der Künste droht sie mit der Ausreise in den Westen, wenn man sie weder als Künstlerin noch als Pädagogin in der DDR haben wolle. Ministerpräsident Otto Grotewohl lässt sich nun von der Stakoku im Dezember 1953 ausführlich über den »Fall Palucca« informieren. Zu dieser Zeit gibt es keinen Palucca-Unterricht mehr in Dresden. Und bald wird es möglicherweise auch keine Palucca mehr in der DDR geben.

Der verfahrene »Fall Palucca« ist kein einzelner. Grotewohl muss feststellen, dass auch Kulturfragen Machtfragen sind. Und die müssen geordnet werden – natürlich von oben. Ein Kulturminister muss her!

BERUFUNG UND BESPITZELUNG

Palucca muss in der DDR bleiben. Das war das wichtigste Ziel. Schon 1950 hatte sich das Ministerium für Volksbildung mit der Landesregierung Sachsen dahingehend verständigt, dass die Palucca-Schule kulturelle Bedeutung von europäischem Rang habe. Damals wurde noch lobend hervorgehoben, dass Palucca die einzige Künstlerin in der Republik sei, die im Sinne des Modernen Tanzes arbeite. Der entscheidende Satz lautete damals: »Das Land Sachsen muß alles aufbieten, um diese Kraft in Dresden zu erhalten.«[22] Auch im ZK der SED gilt diese Haltung. Die Genossen verständigen sich untereinander, dass sie sich eine solche künstlerische Potenz mit einem solchen Namen, wie ihn Palucca hat, »warmhalten« wollen.[23]

Im Januar 1954 nun bekommt es Grotewohl von der Stakoku schwarz auf weiß: »Die Auseinandersetzungen mit Gret Palucca wurden in voller Achtung ihrer künstlerischen Persönlichkeit [...] mit großer Zurückhaltung von unserer Seite aus geführt. Wir wünschen auf keinen Fall, daß Gret Palucca nach dem Westen geht, und haben – ähnlich wie bei Bert Brecht – die politischen Gesichtspunkte über die künstlerischen gestellt.«[24]

Palucca hat bereits angekündigt, dass sie keinesfalls mehr die Gesamtleitung der Schule, sondern nur noch die künstlerische Leitung wahrnehmen wolle.[25] Ihr noch einmal einen Genossen vor die Nase zu setzen, traut man sich in der angespannten Situation nicht. Walter Felsenstein rät, dass Palucca »ihr bester Freund«[26] als Direktor der Schule zur Seite stehen sollte, wenn sie die Leitung der Schule wieder übernähme.

Am 7. Januar 1954 wird das Ministerium für Kultur gegründet, der erste Kulturminister ist der Dichter Johannes R. Becher. Er beruft Palucca ab Februar 1954 zur »Künstlerischen Leiterin der Palucca-Schule (Fachschule für künstlerischen Tanz) Dresden«. Eigenwillig ist nicht nur die Schreibweise des Namens der Schule, sondern auch der Zusatz auf der Berufungsurkunde: »Ich bin überzeugt, dass Sie das Vertrauen rechtfertigen werden, das Ihnen durch diese Berufung bewiesen wird [...].«[27] Wem kann man denn in diesen Zeiten noch vertrauen?

Irmgard Schöningh, Paluccas »bester Freund«, wird Direktorin der Schule. Als stellvertretende Intendantin der Staatsoper in Berlin hatte sie den Krach um die Oper *Das Verhör des Lukullus* von Brecht und Dessau hautnah miterlebt. Schöningh ist die Richtige, durchsetzungsfähig und kampferprobt ist sie, eine Vertraute Paluccas und keine Genossin.

Nun gilt es, auch den Ruf der Schule zurückzuerobern. Denn im Westen macht man sich bereits Sorgen um Palucca. »Modernen Tanz oder Ausdruckstanz gibt es nicht in der UdSSR, also kann es ihn erst recht nicht in der SBZ geben. Ballett und Volkstanz allein werden gepflegt, besonders letzterer mit einem üblen nationalistischen Akzent. Die Lehrpläne der beiden einzigen staatlichen Tanzschulen in Ostberlin und in Dresden wurden so frisiert, daß der Nachwuchs an modernen Tänzern versiegen muß.«[28]

Genau das wollen Palucca und Irmgard Schöningh verhindern. Als erstes gibt es personelle Veränderungen: Otto Kießling verlässt die Schule. Die beiden Frauen haben die Leitung jetzt fest in den Händen.

In der Öffentlichkeit wird das »vorbildliche Zusammenwirken von Frau Palucca und Frau Schöningh«[29] gelobt und dass die beiden verantwortlichen Leiterinnen einander in so liebenswürdiger und humorvoller Weise assistieren würden.[30] Aber der Schein trügt. Es gibt Denunziationen bis zum ZK der SED: »In den 4. und 5. Klassen gibt es mehrere Fälle widerlicher Homosexualität einerseits zwischen den Jungen und andererseits auch unter den Mädels. Aber auch unter dem Lehrerpersonal gibt es derartige Erscheinungen. [...] Solche Exzesse werden durch die Lehrkräfte angezettelt und hereingetragen.«[31]

Das Ministerium für Staatssicherheit versucht mehr herauszubekommen. Die Inoffiziellen hätten auch gern über Palucca Informationen, die es ihnen ermöglichen würden, Druck auf sie auszuüben. Das durch das Ministerium für Kultur zum Ausdruck gebrachte Vertrauen wird durch ein mindestens ebenso großes Misstrauen der Stasi konterkariert. Man wirbt Informanten in der Schülerschaft an. Palucca erfährt das bereits 1953, als Schüler während einer Aussprache im Unterricht weinend gestehen, dass sie verpflichtet worden seien, um über die Schule und Palucca zu berichten.[32] Auch der Lebenslauf von Palucca wird nun professionell ausspioniert:[33] Zum einen möchte man Belastendes zu finden, zum anderen rechtzeitig über anstehende Konflikte oder Paluccas »Reisepläne« informiert sein.

Bis zum Ende der DDR wird diese Überwachung nicht mehr aussetzen. Den ersten zusammenfassenden Ermittlungsbericht gibt es im Oktober 1956. Doch Palucca versteht es, ihr Privatleben gut unter Verschluss zu halten, vieles bleibt für die Stasi im Dunkeln.

Gemeldet werden kann dagegen, dass sie nach 1945 illegale Ausstellungen über abstrakte und formalistische Malerei besucht hat und der Künstlergruppe *Die Hirsche* angehört hat, die 1950 »zerschlagen« wurde. In dem Bericht heißt es, dass sie eine höfliche und freundliche Person sei, aber auch verstehe, ihren Willen durchzusetzen, und zur Hysterie neige. Über ihre persönlichen und finanziellen Verhältnisse sei nichts in Erfahrung zu bringen. So versteigt man sich vorerst auch zu Vermutungen wie der, dass sie lesbisch sein müsse.

Das Palucca-Porträt bleibt also erstaunlich lückenhaft, und doch kann man brisante Aussagen entdecken: Politisch nicht einschätzbar sei sie und gesellschaftlich weder aktiv noch organisiert. Es gebe keine klare Haltung zur Sowjetunion, aber Verbindung zu abstrakter und formalistischer Malerei zerschlagener Untergrundgruppen. Auch mit der vermuteten sexuellen Orientierung stellt man Palucca für diese Zeit problematische Karten aus. Dass die Stasi sie als »Tanzlehrerin für Ballett« und ihr Fach NKT als »National-Klassischen Tanz« bezeichnet, zeigt letztlich, wie wenig sachkundig die Berichterstatter wirklich sind. Dennoch sind sie gefährlich: Sie haben fast genug »Material«, um Palucca unter Druck setzen zu können, sollte sie wieder einmal künstlerisch-pädagogisch »aus der Reihe tanzen«.[34]

PALUCCA UND DIE CHOREOGRAFIE

Palucca choreografiert natürlich nicht nur als Solistin ihre eigenen Tänze, sondern auch die ihrer Schüler. 1949 entsteht aus der Unterrichtsarbeit das Stück *Ein Fest*. Mit großem Erfolg wird es mehrfach aufgeführt. Es ist eine von Palucca einstudierte Tanzpantomime zu Musik von Willy Kehrer, in der eine bunte Gesellschaft treffend charakterisierter Figuren aus deutscher und orientalischer Märchenwelt einander begegnet.[35] So unverkrampft und selbstverständlich könnten sich weitere Stücke aus der Unterrichtsarbeit ergeben, wenn da nicht die kulturpolitische Forderung wäre nach dem Handlungsballett mit den zeitgemäßen Konflikten und die Ächtung allen Tanzes um des Tanzes willen als Formalismus. Dass Palucca nach ihrer Tanzkarriere nicht ins choreografische Fach wechselt, liegt wohl auch daran, dass ihr ein notwendiges Ausprobieren auf diesem Gebiet durch die restriktive Kulturpolitik unmöglich gemacht ist.[36]

Palucca hält sich also in den kommenden Jahren mit choreografischen Arbeiten zurück, um nicht in die Mühlen der »Kunstpolizei« zu geraten. Doch im Juni 1953 fordern sie der Generalintendant der Städtischen Bühnen Leipzig, Max Burghardt, und die Choreografin Lilo Gruber auf, bei der Inszenierung des Balletts *Die Flamme von Paris* in Leipzig mitzuarbeiten. Palucca stellt klar, dass ihre Mitarbeit nur pädagogischer Art sein kann und sich auf methodisch-technische Hinweise beschränken wird.[37] Sie ist nicht so leichtsinnig, ihre künstlerische Arbeit mit einer Ballettinszenierung verknüpfen zu lassen. In der *Weltbühne* hebt sie jedoch das ernsthafte Bemühen um neue tänzerische Mittel in dieser Inszenierung hervor – ohne auf ihre Mitarbeit hinzuweisen.[38] Hat Palucca nun mitgearbeitet oder nicht? Da die Schüler der oberen Klassen der Schule nach Leipzig fahren, um sich ein sozialistisch-realistisches Ballett in der Spielstätte Dreilinden anzusehen, muss die Frage wohl bejaht werden.

Durch ihre »Rehabilitation« ermutigt, choreografiert sie 1955 eine *Schülersuite* und *Höfische Tanzformen*. Die erste große offizielle Anerkennung als Choreografin erlangt sie mit der *Aufforderung zum Tanz* zu Musik von Carl Maria von Weber und dem *Eröffnungstanz* zu Musik von Johann Friedrich Fasch, die sie anlässlich der 750-Jahr-Feier Dresdens mit ihren Schülern einstudiert.

Palucca setzt mit diesen Arbeiten alles auf eine Karte, denn auch als Choreografin bleibt sie ihrem Konzept *TANZ PALUCCA* treu. Sie macht keine Zugeständnisse an außertänzerische Inhalte, an klassischen Tanz und Nationaltanz oder gar an den sozialistischen Realismus. Wieder ist die »Zwei-Einheit« von Tanz und Musik ihr Thema.

Die Presse sieht es wohl und geizt nicht mit Anerkennung. Von einer Glanzleistung ist die Rede. Ganz offen wird sie wieder als die dargestellt, die sie wirklich ist: als Mitschöpferin des »deutschen Tanzes«, des Ausdruckstanzes, des *Neuen Künstlerischen Tanzes*. Ihre Choreografien zeigten dies deutlich. Sie seien Bekenntnisse.[39]

Der Zufall will es, dass der kulturpolitische Streit – klassisch oder modern –, einen willkommenen Vergleich ermöglicht. Die Berliner Fachschule für künstlerischen Tanz hatte die *Aufforderung zum Tanz* ausschließlich klassisch choreografiert. In Karl-Marx-Stadt treffen nun beide Varianten aufeinander und provozieren folgerichtig vergleichende Wertungen: »Es wurde dabei deutlich, dass auf beide Weisen ein vollklingendes Tanzerlebnis möglich ist, daß beide Tanzarten eine innige Kongruenz mit der Musik und ihrem Inhalt zu schaffen vermögen. [Es] ist im Grunde genommen Geschmackssache, wer welche Form vorzieht.«[40] Damit ist es ausgesprochen. Nicht »entweder oder«, sondern »sowohl als auch«: klassisch *und* modern. Auch der berühmte Herbert Ihering, der die Tanzmatinee der Palucca-Schule in Dresden miterlebt, schreibt in der Wochenzeitschrift *Sonntag*: »Klassik war modern geworden und die Moderne wieder klassisch.«[41]

Paluccas Einstudierung *Aufforderung zum Tanz* wird gefilmt, zu sehen ist die Choreografie landesweit im DEFA-Dokumentarfilm *Dresden – unvergängliche Stadt*. Der Regisseur sagt der *Sächsischen Zeitung*, dass die Tanzszenen zu den schönsten des Films gehören.

In den folgenden Jahren werden immer wieder Choreografien im Unterricht von Palucca entstehen, die auch mit großem Erfolg öffentlich aufgeführt werden. 1958 sind es die *Ländliche Suite* und der *Tanz der Fischermädchen*, 1960 *Vier alte deutsche Tanzlieder*, eine *Tanzsuite* nach Walzern von Johannes Brahms, der *Frühlingsstimmenwalzer* von Johann Strauß und Szenen wie *Unser Bilderbuch*, *Markttreiben*, *Tanz mit Tüchern* zu Musik von Willy Kehrer.

Auch die Schüler werden zum Choreografieren ermutigt. Ohne ein Choreografie-Studium einzurichten, bildet Palucca in der zweiten Hälfte der 1950er Jahre wie nebenbei eine Reihe erfolgreicher Choreografen aus. Dietmar Seyffert, Enno Markwart, Hanne und Harald Wandtke gehören zu ihnen. Palucca spürt mit ihrem »pädagogischen und künstlerischen Ingenium« unter den Schülern genau diejenigen auf, die einmal gute Choreografen werden könnten, und fördert sie.[42]

In einer Fernsehreportage zeigt sie der DDR-Öffentlichkeit sogar ihre choreografisch-pädagogische Arbeitsweise. Mit einer Jungengruppe erarbeitet sie mit Hilfe der Improvisation Ausdrucksbewegungen wie Angriff, Abwehr und Schleichen zunächst isoliert voneinander. Anschließend fordert sie die Schüler auf, diese einzelnen Ausdrucksstudien zu einer Tanzhandlung zusammenzusetzen. Die Jungen beraten sich kurz und entschließen sich dann, eine Szene aus dem sowjetischen

Ballett *Die Fontäne von Bachtschissarai* zu gestalten. Dadurch macht Palucca deutlich, dass die in der Tradition des Ausdruckstanzes stehenden Bewegungsstudien durchaus in die Ballettwerke des sozialistischen Realismus eingepasst werden können und so deren Ausdrucksmöglichkeiten erweitern. Die Absolventen der *Palucca Schule Dresden* sind auf ihre Arbeit an den Ballettbühnen der DDR bestens vorbereitet, als Tänzer ebenso wie als Choreografen.

»BEI PALUCCA« – SCHULNEUBAU UND FILM

Man stelle sich für das Schuljahr 1951/52 folgende Raumsituation der Schule vor: Unterrichtsräume gibt es im Erdgeschoss der Villa Karcherallee 43, in der Villa Karcherallee 45, in der Wiener Straße 82 und in der Wiener Straße 91, schräg gegenüber von Paluccas Wohnhaus, in dem sich das Sekretariat der Schule befindet. Theorieunterricht wird in der Garderobe in der Karcherallee 43 gegeben. Die Wiener Straße 82 ist gut einen Kilometer entfernt von den Räumen in der Karcherallee. So kann man keinen Stundenplan für 70 Schüler und die Lehrkräfte organisieren! Ein eigenes Schulgebäude müsste her. Aber wer soll das bezahlen? Der Staat! Doch wie soll man das begründen?

Palucca macht einen gewagten Schachzug. Sie beschließt, zum Schuljahresbeginn 1951/52 die Ballettelevenklasse der Dresdner Oper ihrer Schule anzugliedern. Das liegt genau auf der Linie der kulturpolitischen Forderungen nach der verstärkten Ausbildung im klassischen Tanz und wird unterstützt. Mit dieser Angliederung hat sie das Fass der räumlichen Probleme vorsätzlich zum Überlaufen gebracht. Die Palucca-Schüler laufen um den Großen Garten von einem Haus zum anderen. Manchmal laufen sie auch mittendurch – vorbei am Palais.

Palucca macht dem Vorsitzenden der Stakoku einen kühnen Vorschlag: »Besteht eventuell die Möglichkeit, dass das Palais im Großen Garten für diese Tanzschule ausgebaut werden könnte?« Kavaliershäuschen säumen das Palais, dem ein Teich mit Fontäne malerisch vorgelagert ist. Breite Alleen gehen achsenförmig von ihm in alle Himmelsrichtungen durch den Großen Garten. Die Architektur überliefert die barocke Ideologie von Macht: Der Staat bin ich.

Palucca meint es ernst. Aber vielleicht fordert sie auch nur das Unmögliche, um das Bestmögliche zu erhalten. Das ZK der SED bietet ihr die ehemalige Mary-Wigman-Schule an, in der das Ballett der Staatstheater trainiert. Es stellt sich aber heraus, dass der Umbau der ehemaligen Wigman-Schule genauso teuer wäre wie ein Neubau. Da fügt es sich, dass der erste Fünfjahresplan der DDR im November 1951 für den Neubau von Schulen umfangreiche Mittel bewilligt hat.

Also beginnt man im Juli 1952 für Palucca eine neue Schule zu bauen. Palucca jedoch, die einer architektonischen Lösung im Bauhausstil bestimmt den Vorzug gegeben hätte, kann auf den Bau aufgrund ihrer Streitereien mit der DDR-Regierung keinen Einfluss mehr nehmen. Zum Richtfest im September 1953 wird sie nicht einmal eingeladen.

So kann sie nur von ferne beobachten, wie der Entwurf des Dresdner Architekten Fred Pietzsch umgesetzt wird, der den ästhetischen Vorstellungen der 1950er Jahre entspricht. Auch hier werden Ideologie und Macht verbaut. Die konkave Krümmung des Hauptgebäudes, in dessen Zentrum sich die Eingangstür befindet, macht einen einladenden Eindruck. Gleichzeitig hat das Gebäude die Ausstrahlung einer Festung. Die Türen zu den Büros täuschen innen meterdicke Wände vor, die Rahmen verlaufen konisch und vermitteln dem Besucher das Gefühl, in verborgene Machtzentralen vorzudringen.

Aber das Wesentliche ist, dass die Tanzsäle und Theorieunterrichtsräume, der Speiseraum, die Sanitärräume und die Garderoben für Schüler und Mitarbeiter neu und funktional sind. Nach den DDR-Gesetzen soll auch ein Prozent der Bausumme für »künstlerischen Schmuck« ausgegeben werden. Nach langen, auch öffentlich geführten Diskussionen herrscht Uneinigkeit über die Verwendung der Mittel. Auf staatliches Geheiß wird daraufhin über der Eingangstür eine Plastik des Dresdner Bildhauers Rudolf Löhner aufgestellt.[43] Jeder, der die Schule betritt, kann die unbekleidete weibliche Figur aus der Froschperspektive betrachten. Eine tänzerische Figur ist es nicht. Palucca ist brüskiert und droht, die Schule nicht mehr zu betreten. Doch in der DDR ist man inzwischen dazu übergegangen, erst Tatsachen zu schaffen und dann zu diskutieren. Die Figur wird dort aufgestellt, steht dort noch heute, und Palucca ist viele tausend Male unter ihr hindurchgegangen. Ob sie sie jemals wieder angesehen hat?

Zum Schuljahresbeginn 1955/56 ist der Neubau der Schule endlich fertig. Ein Film über die Schule soll entstehen. Mit dem Regisseur Walter Martens, von dem der Vorschlag für den Film stammt, bereiten Palucca und Irmgard Schöningh im Herbst 1956 vor, was sie zeigen wollen. Der Film soll nicht nur die große neue Schule als Bau herausstellen, sondern vor allem Paluccas künstlerische und pädagogische Ansichten der Öffentlichkeit vorstellen.

Es wird in der Schule gefilmt, aber auch in den DEFA-Studios in Berlin-Johannisthal. Dort gilt es dann immer wieder dieselben Szenen tanzend darzustellen, bis Palucca mit dem Tanz zufrieden ist und das Filmteam mit der Aufnahme. Es ist für alle Beteiligten eine doppelte Belastung und die Freude umso größer, als es geschafft ist.

Der Beginn des Films ist scheinbar ganz privat. Palucca legt zu Hause eine Platte mit Musik von Béla Bartók auf. In der Schule dann sieht man, wie sie sich auf den Unterricht vorbereitet, indem sie Möglichkeiten der tänzerischen Verwendung verschiedener Bartók-Musiken probiert. Im Verlauf des Films bittet sie in einer Unterrichtssituation auch die Schüler, eine »Bagatelle« sowohl klassisch als auch modern zu interpretieren. Weiterhin sieht man eine folkloristisch betonte Interpretation und am Ende des Films Palucca mit einer Gruppe junger Männer, die sie um mindestens Kopfesgröße überragen, das rhythmisch betonte *Allegro barbaro* in offensichtlich kämpferischer Manier tanzen.

So zeigt der Film einerseits die idealen Studienbedingungen in Paluccas neuer Schule und andererseits die Gleichberechtigung von *Neuem Künstlerischen Tanz*, klassischem Tanz und Folklore. Da ganz bewusst die Arbeitssituation der Schule, in der eben mit verschiedenen Mitteln experimentiert wird, hervorgehoben wird, heißt der Film *Bei Palucca. Aus der Arbeit einer Tanzwerkstatt*. Das war zu dieser Zeit durchaus ein mutiger Titel, der einen mutigen Film ankündigt.

Am 15. Juni 1957 kommt der Film in die Kinos. Die erste Aufführung geht in Wiedererkennungseuphorie unter und er wird noch einmal gezeigt. Palucca ist mit ihrem Film ein großer Wurf gelungen. Ihre Position ist so gefestigt wie nie – glaubt sie.

ÄRGER MIT DER KULTURPOLITIK – ZUM ZWEITEN

Sommer 1958. Palucca ist wie seit Jahren auf Hiddensee. Für die Presse im Westen ist es ein Sommerloch unter vielen. Wo bleibt die Meldung, die sich zur Sensation aufbauschen ließe? Wo bleibt der Aufmacher? Fritz Drobig, Mitarbeiter der SED-Bezirksleitung Dresden, wird sie liefern. Vermutlich gegen seinen Willen und den seiner Partei, denn es ist sehr unwahrscheinlich, dass die SED inzwischen die Westpresse mobilisiert, um ihre kulturpolitischen Streitereien mit Palucca auszutragen.

Auf den Tag genau erscheinen am 28. Juni 1958 im *Wiesbadener Kurier*, im *Hamburger Echo* und in den *Stuttgarter Nachrichten* Meldungen mit den unübersehbaren Schlagzeilen »Palucca-Schule mißfällt der SED«, »Palucca-Schule angegriffen, schwächstes Glied im Fachschulwesen« und »SED kritisiert Dresdner Palucca-Schule«. In der *Dresdner Union* erscheint an diesem Tag dagegen eine Fotografie der Choreografie von Ruth Berghaus *Die den Himmel verdunkeln, sind unsere Feinde* mit Schülern der Palucca-Schule. Wenige Tage später bringen auch der *Tagesspiegel* in Berlin, die *Berliner Stimme* und die *Welt der Arbeit* aus Köln die Meldung unter »Die Partei tanzt« beziehungsweise »Aus der Reihe getanzt«.

Quer durch die Bundesrepublik wird auf einen Schlag bekannt, dass die Palucca-Schule sich den Unwillen der Parteifunktionäre zugezogen hat, weil neben der künstlerischen Ausbildung die sozialistische Erziehung nicht in Angriff genommen worden sei. Die »Sowjetzonenbehörden« hätten »kadermäßige Konsequenzen« angedroht. Der *Wiesbadener Kurier* ist sicher: Wer im Osten in die Mühlen der SED

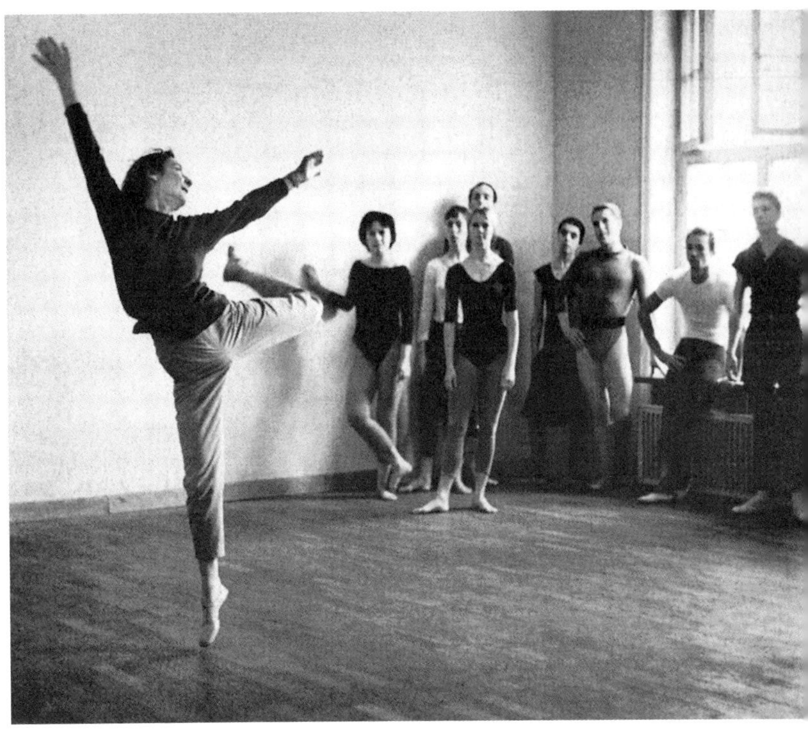

Sommerkurs bei Palucca, 1962

gerät, flieht, so er denn kann, in den Westen. Beispiele aus Kunst und Wissenschaft werden geliefert: Tatjana Gsovsky, Staatsoper Berlin, Dr. Walter Schliepe, Technische Hochschule Dresden, Klaus Jürgen von Poeppinghausen, Universität Jena, und Dr. Christoph Worbs, Humboldt-Universität Berlin.[44] Warum sollte also nicht auch Palucca in die BRD gehen?

Was im Westen so heiß diskutiert wird, wird im Osten offiziell nicht bekannt, aber inoffiziell sammelt die SED alle diese Artikel und wertet sie aus. Wer hat das interne Protokoll mit den Äußerungen des Genossen Fritz Drobig aus Dresden der Westpresse zugespielt? Waren es eventuell sogar Palucca und ihre Vertrauten? Vielleicht war es ein von langer Hand von ihnen geplanter Coup, der hier seinen Anfang nimmt, um die geforderte sozialistische Umgestaltung der *Palucca Schule Dresden* zu verhindern.

Um diese aber durchsetzen zu können, braucht man die Genossen der SED in Leitungspositionen. Bereits im November 1955 hatte die SED-Stadtleitung Dresden kritisiert, dass »ideologisch klare und politisch bewusste« Dozenten fehlen.[45] Ein Genosse unter dreizehn Dozenten ist ein für die SED »untragbarer Zustand«. Es wird parteiintern angeordnet, dass zwei Genossen an der Schule einzustellen sind, damit man eine Parteigruppe bilden kann.

Günter Hirche, der stellvertretende Direktor und Dozent für Gesellschaftswissenschaften, ist der oben erwähnte einzige Genosse. Er informiert regelmäßig über die unhaltbaren Zustände in der Schule.[46] Die von ihm vorgeschlagene Strategie sieht vor, beeinflussbare Lehrkräfte zu »lenken« und politisch-ideologisch gefestigte »Fachkräfte« auch ohne tanzpädagogische Kenntnisse einzustellen, um in der *Palucca Schule Dresden* »die entscheidende Wende« herbeiführen zu können.

Doch man kann nicht so einfach an Palucca vorbei pädagogische Genossen anstellen. Man hat eine viel bessere Idee. Ein Tanzpädagogik-Studium wird erneut eingerichtet, für das aber die von Palucca ausgebildeten Lehrkräfte, die ihre eigenartige Methode weiterverbreiten, unerwünscht sind. Unter den Pädagogikstudenten wiederum werden sich sicher Kandidaten für die SED anwerben lassen, mit denen dann die sogenannte entscheidende Wende herbeigeführt werden kann, glaubt man in der Partei.

Auch die verstärkte Aufnahme von Arbeiter- und Bauernkindern ist gewünscht, ob sie nun die körperlichen Voraussetzungen für die Tanzausbildung haben oder nicht.[47] 55 Prozent aller Studierenden sollen Arbeiter- und Bauernkinder sein, das ist das Planziel der SED-Kulturpolitik. Noch im November 1955 kann Hirche die Erfüllung des Plans melden, die »Übererfüllung« dann im August 1958.[48] Hirche und sein Assistent für Gesellschaftswissenschaften ab 1956, Genosse Harry Krüger,[49] »werben« nun intensiv um die Mädchen und Jungen der Schule. Und sie haben Erfolg: Im April 1957 wird die Parteigruppe der Palucca

Schule Dresden gegründet. Alle sind furchtbar stolz und sich ihrer Aufgabe bewusst: die Umgestaltung der Schule zu einer sozialistischen Fachschule, in der sozialistische Künstler erzogen werden.[50]

Doch so einfach geht es nicht. Im Februar 1958 muss Hirche resignierend melden, dass die Umsetzung von Parteirichtlinien erst dann dauerhaft gesichert sei, wenn man die Direktion anleiten und kontrollieren könne.[51] Ohne Irmgard Schöningh namentlich zu erwähnen, greift er sie und ihren Leitungsstil in einem Sechs-Punkte-Plan frontal an. Sie sei das größte »Hindernis« bei der Umgestaltung der Schule. Fachlich kann man ihr nichts nachweisen. Man wird zu anderen Maßnahmen greifen müssen.

Während die Mitarbeiterinnen der Schule Rosa Müller und Käthe Tittel in der Chronik anlässlich des Jubiläums der Schulgründung der »lieben Palucca, der großen Künstlerin, der großen Pädagogin, dem aufrechten und warmherzigen Menschen« dafür danken, dass alle Mitarbeiter von ihr lernen können, wie man »mutig arbeitet und lebt«[52], arbeitet die SED an der Absetzung Irmgard Schöninghs. Das Ministerium für Kultur schickt Kontrolleure durch die Schulen, die hospitieren und Missstände melden. Im März 1958 sind sie bei Palucca. Ihre Kritikliste ist umfangreich. Republikflucht von Studenten und keine Orientierung an den Beschlüssen der Partei und Regierung in der Ausbildung und Leitung der Schule, notieren sie. Doch nicht Palucca wird dafür verantwortlich gemacht, sondern Irmgard Schöningh.[53]

Palucca will Irmgard Schöningh keinesfalls verlieren. Wenn Schöningh gehen muss, geht auch sie. Beide Frauen teilen das in einem gemeinsamen Telegramm dem Ministerium für Kultur unmissverständlich mit. Wieder gibt man nach, aber vereinbart, dass Schöningh weder dem Lehrerkollegium angehören noch Einfluss auf die Erziehungs- und Ausbildungsarbeit an der Schule nehmen darf.[54] Gut – dann übernimmt sie eben die Dokumentation des Unterrichts von Palucca, die die Grundlage für die Formulierung ihrer künstlerisch-pädagogischen Methode werden soll. Hirche wird im August 1958 mit der Leitung der Schule beauftragt.[55] Damit sichert sich die SED einen dauerhaften Einfluss auf Paluccas Schule.

DIE DOKUMENTATION DES »NEUEN KÜNSTLERISCHEN TANZES« – EIN VERSUCH

Schon seit langem wartet man in der DDR auf die Methode des *Neuen Künstlerischen Tanzes.* Wie der Unterricht bei Palucca abläuft, kann niemand so richtig sagen. Einer Beschreibung oder Bewertung gar hat sich Palucca bisher geschickt entzogen. Die Schüler haben entweder ihre große Freude an ihm oder leiden unendlich, denn die Förderung des Individuell-Schöpferischen bedeutet, auf jeden Schüler individuell einzugehen. Dass Palucca dies tatsächlich tut, steht außer Frage. Doch ein allzeit gültiges Erfolgsrezept für Kreativität gibt es nicht. Kunst war und ist das Einfache, das so schwer zu machen ist. Palucca wird dies immer wieder hervorheben.

Ihre Äußerungen im Unterricht klingen allen Schülern sicher ein Leben lang in den Ohren: »Seid nicht so satt und perfekt! Wo ist euer Einsatz? Immer hübsch brav, harmonisch und langweilig, links beide Arme, rechts beide Arme, das nenne ich spießig! Ihr müsst etwas riskieren! Ihr lasst euch vom Alltag diktieren, statt von der Kunst besessen zu sein. Seid nicht so geizig mit euch. Ihr müsst alles großzügig tun. Der Mut zur Kühnheit fehlt euch! Ihr seid Beweger, aber keine Tänzer, lasst euch nicht gehen, sondern geht selbst!« Willy Kehrer, ihr Pianist, hat diese Ermutigungen, Anfeuerungen und Beschimpfungen mit angehört und heimlich notiert.

Irmgard Schöningh beginnt mit der Dokumentation des Unterrichts. Das Wesen des *Neuen Künstlerischen Tanzes* und seine Vermittlung im Unterricht sollen gezeigt werden. Eine eigentlich unlösbare Aufgabe: Der Unterricht von Palucca ist durch und durch improvisiert. Zwar kommt sie mit einer Idee, die sich meist aus der vorhergehenden Stunde ableitet, in den Unterricht, schwenkt aber sofort auf ein anderes Thema um, wenn die Unterrichtssituation es verlangt.

So kommt Palucca zum Beispiel am 10. November 1958 mit der Idee in die Klasse, an der Armhaltung und -führung zu arbeiten. Für die Fortbewegung im Raum gibt sie eine rhythmische Aufgabenstellung. Während die Schüler nun im 4/4-Takt durch die Diagonale trippeln,

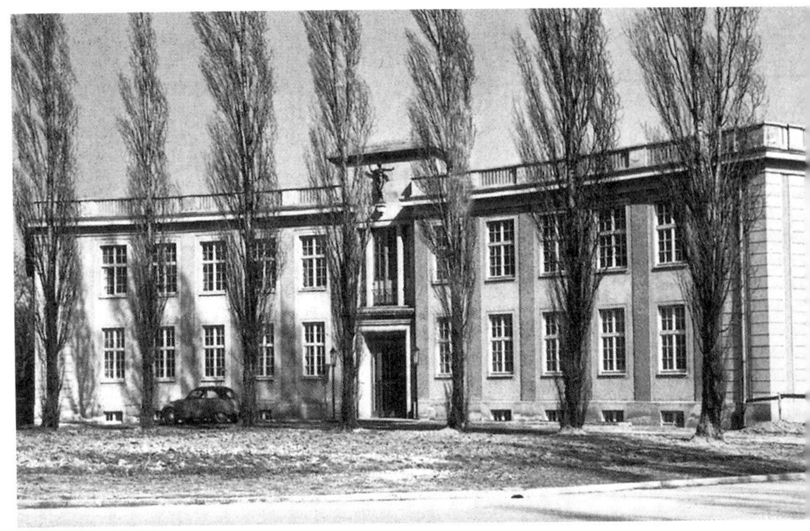

»Palucca Schule Dresden«, Basteiplatz 4, 1956

sollen sie dabei gleichmäßig die Arme auf und ab bewegen. Palucca ruft: »Wie im Vogelflug!« Es klappt. Sie ist zufrieden und gibt die schwierigere Aufgabe, das technisch Erarbeitete nun in eine Tanzhandlung zu integrieren. Eine Schülerin hat die Idee, dass eine Vogelmutter von der Nahrungssuche kommt und sieht, dass ihr Nest mit den Jungen gerade von einem Raubvogel geplündert wird. Es kommt zum Kampf. Palucca akzeptiert die Geschichte und wird noch viele Stunden bis hin zur Prüfung an dieser Aufgabe mit der Klasse 1a/b arbeiten.

Ganz ähnlich ergeht es der Klasse 2a/b am 30. Oktober 1958. »Pausen im Tanz« möchte Palucca mit ihnen erarbeiten. Die Schüler wissen nicht so recht, wie sie Pausen im Tanz gestalten sollen, blicken hilflos drein. Palucca gibt Hinweise. Zielgerichtet sollten sie schauen, zum Beispiel nach Schmetterlingen suchen. Palucca gefällt das Bild mit den Schmetterlingen. Die Schüler sollen sich jetzt eben wie Schmetterlinge bewegen. Um die Ausführung zu erschweren, verlangt sie, dass die Taktarten wechseln.

Für die Schüler sind diese Unterrichte immer eine große Herausforderung. Bei Palucca muss man auf alles gefasst, immer konzentriert bei der Sache sein. Palucca hat so unterrichtet, wie sie selbst zu tanzen gewohnt war. Aus sich selbst heraus schöpfen, nicht einem vorgegebenen System folgen. Kreieren, nicht variieren oder imitieren. Eigene Bewegungen hat man als Schüler zu finden oder zu erfinden. Jede »Anleihe« zum Beispiel beim klassischen Tanz wird unbarmherzig entlarvt und geahndet. Auch Palucca nachzumachen ist verboten!

Sonnabends gibt es Gemeinschaftsunterricht. Schüler aller Altersstufen werden von Palucca zusammen unterrichtet. Hier können und müssen die Schüler dann miteinander und voreinander zeigen, was sie bereits gelernt haben. Die Großen vor den Kleinen und umgekehrt. Palucca spart zwar nicht mit Kritik, aber aus diesen Stunden gehen alle euphorisch und glücklich ins Wochenende, froh, Palucca-Schüler zu sein.

Dass Paluccas Unterrichte improvisiert sind, lässt sich nun nicht mehr abstreiten, die Mitarbeiterinnen haben es jetzt sogar bewiesen. Kein Plan! Aber heißt das auch: Kein Konzept?

Wie sah diese Methode aus, mit der Palucca Künstler erzog? Der Pianist Hartmut Klug hat sie als einen harten täglichen Kampf erlebt: »Eine Welt für sich war die Schule. Hier stellte Palucca ihre unkonventionellen Aufgaben und experimentierte. Meist hatte sie für gewisse Zeit eine bestimmte Schülerin im Visier, konfrontierte sie mit besonderen Ansprüchen und ließ keinen Augenblick locker. Nach einigen Wochen war dann ›Die Künstlerin‹ geboren – oder verloren. Das war ein Fegefeuer!«[56] Die »geborenen Künstlerinnen und Künstler« konnten sich der Zuneigung Paluccas nach ihrem Tanz durchs »Fegefeuer« sicher sein. Aber nicht wenige Schüler flüchten vor diesem Fegefeuer der Palucca. Mancher verlässt verzweifelt die Schule.

Die Worte, die die Mitarbeiterinnen für Paluccas Unterricht finden, sind eher hinderlich als nützlich. Der Konflikt wird immer größer. Je mehr sie notieren, um so mehr sägen sie an dem Ast, auf dem sie alle sitzen. Im Februar 1959 geben sie auf.[57] Was sind die Ursachen für dieses Scheitern? Irmgard Schöningh ist keine Pädagogin und die pädagogischen Mitarbeiterinnen sind vielleicht zu unerfahren und Palucca gegenüber zu befangen. Die Dokumentationszeit ist mit Sicherheit zu kurz, um zum Wesentlichen des Palucca-Unterrichts vorzudringen. Darin sind Inhalte und Methoden kaum zu trennen. Mit Hilfe des Tanzes vermittelt sie ihren Schülern Wesentliches für die Bühne und das Leben: Präzision, Konzentration, Fantasie, Disziplin, Intensität – und nicht zuletzt wie in jeder Stunde ihres eigenen Daseins auch Entscheidungsfreude. Erst nach ihrem Tod wird eine Dokumentation ihres Unterrichts veröffentlicht.

VERWEIGERUNG

Auf ihrer Sitzung am 9. Juni 1958 schlägt die Sektion Darstellende Kunst der Deutschen Akademie der Künste Palucca für den Nationalpreis der DDR vor.[58] Wer immer diesen Orden erhält, wird künftig in allen Publikationen stets »NPT – Nationalpreisträger« genannt. Damit hatte sich die DDR eine Art intellektuelle Oberschicht geschaffen.

1952 wurde die Schweizerin Aenne Goldschmidt Nationalpreisträgerin. Sie hatte sich, vom Modernen Tanz kommend, auf Folklore spezialisiert und mit großem Erfolg an den Weltfestspielen der Jugend in Berlin teilgenommen. Palucca und ihre Schule waren damals kurzfristig aus dem Programm »geflogen« – auch, wie manche vermuteten, auf Betreiben von Aenne Goldschmidt.

Nun also, 1958, wird auch Palucca vorgeschlagen. Doch der Ausschuss zur Verleihung der Nationalpreise lehnt die Verleihung an Palucca ab. Man verständigt sich dahingehend, dass ihre überragenden künstlerischen Leistungen schon Jahre zurücklägen. Palucca wird vornehmlich als Tänzerin bewertet. Die Pädagogin Palucca ist nicht auszeichnungswürdig – jedenfalls nicht zu diesem Zeitpunkt und nicht mit dem Nationalpreis. Der Vorschlag wird bis zum 60. Geburtstag im Jahre 1962 zurückgestellt. Dann will man darüber beraten, ob eine Auszeichnung für das Lebenswerk vorgenommen werden kann.[59]

Unerklärlicherweise wird Palucca dann aber doch für würdig befunden, den Vaterländischen Verdienstorden zu erhalten: »für hervorragende Verdienste in der revolutionären deutschen und internationalen Arbeiterbewegung, bei der allseitigen Stärkung und Festigung sowie beim Schutz der DDR, im Kampf um die Sicherung des Friedens sowie bei der Erhöhung des internationalen Ansehens der DDR«. Ein eigenwilliger, schwer nachvollziehbarer Austausch. Die Verleihung findet am 5. Oktober 1958 im Schloss in Berlin-Niederschönhausen statt. Doch was Palucca nicht zu wissen scheint: Sie bekommt den Vaterländischen Verdienstorden nur in Bronze.

Palucca fühlt sich nicht geehrt. Sie gibt den Orden der DDR-Regierung einfach zurück, wie etwas, das ihr in mehrfacher Hinsicht nicht passt. Das einzige, was sie sich wirklich wünsche, sei eine günstige Basis für ihre Tätigkeit. Und wenn man ihr tatsächlich eine Auszeichnung geben wolle, so müsse diese bitte schon der Bedeutung ihrer Arbeit und ihrem internationalen Ruf entsprechen.[60] Dass es wegen der Abstufungen der Nationalpreise und Vaterländischen Verdienstorden schon oft Verstimmungen unter den Ausgezeichneten gegeben habe, erfährt Otto Grotewohl auf Nachfrage von der Akademie der Künste.[61] Doch lässt sich die DDR-Regierung nicht so einfach bloßstellen. Der Minister für Kultur, Alexander Abusch, wird Palucca davon überzeugen, dass die Rückgabe des Ordens nicht die richtige Entscheidung war. Palucca nimmt daraufhin die Rückgabe zurück.[62] Mit Sicherheit hat sie aber ein Zeichen gesetzt.

EINSAM UND ZURÜCKGEZOGEN

Auch in der Schule stehen die Zeichen auf Kampf. Günter Hirche, mit dem noch jungen Genossen an seiner Seite, kann die Stellung gegen Palucca nicht lange allein halten. Bevor er von ihr mattgesetzt wird, entsendet die SED einen erfahreneren Genossen an die Spitze der Schule.

Wieder einmal nutzt man die Chance in den Sommerferien. 1958 wird der Genosse Gerhart Dittmann als Direktor installiert. Vorher war er Lehrer am damaligen Pädagogischen Institut Dresden. Nicht nur ein unterrichtender Pädagoge also, sondern auch ein unterrichteter Genosse und ein Kenner der Dresdner Verhältnisse. Er hat jedoch nur geringe Beziehungen zur künstlerischen Ausbildung. Mit großer Bereitschaft versucht er, auf diesem neuen Feld Fuß zu fassen – mit dem Erfolg, dass seine und Paluccas künstlerisch-pädagogischen Auffassungen sich bald offen als unvereinbar gegenüberstehen. Harte Auseinandersetzungen zwischen ihm und Palucca insbesondere über die Persönlichkeitsentwicklung junger Künstler folgen.

In der Chronik der Schule heißt es, dass Palucca sich daraufhin für längere Zeit beurlauben lässt und einen neuen Direktor fordert.[63] Wahr ist, dass sie einen neuen Direktor fordert, aber beurlauben lässt sie sich nicht: Palucca verlässt im März 1959 die DDR.

Dittmann steht allein gegen Palucca und ihre Verbündeten. Bis zum Januar 1959 hält er durch, dann sendet er einen Hilferuf an seinen Dienstherrn, das Ministerium für Kultur in Berlin.[64] Ja, Palucca sei um jeden Preis an der Schule zu halten, mit dieser Vereinbarung sei er an diese Schule gegangen. Auch dass dadurch nur der Kompromiss zustande gekommen sei, Irmgard Schöningh weiter zu beschäftigen, wird von ihm hervorgehoben. Doch mit der Rückgabe des Vaterländischen Verdienstordens hätten die Meinungsverschiedenheiten zwischen Palucca und ihm begonnen. Irmgard Schöningh habe dann auch gleich – die Gunst der Stunde nutzend – wieder in die Schulorganisation eingegriffen. Ihm seien die Hände gebunden.

Palucca findet Dittmann einfach provinziell, nicht welterfahren, und sagt ihm dies auch so. Alles, was Dittmann durchzusetzen hat, wie die Anstellung von sowjetischen Gastdozenten für die Ausbildung im klassischen Tanz oder von Ruth Berghaus für eine neue politisch-zeitgemäße Choreografie, wird von Palucca be- oder verhindert. Das Verhalten von Palucca und Irmgard Schöningh bezeichnet er als »Methode des ultimativen Terrors« und die Schule als »Privatschule mit staatlicher Beteiligung«. Und dann gebe es an der Schule noch eine gewisse Clique, die Palucca für ihre Zwecke missbrauche. Dazu gehörten Irmgard Schöningh, die Verwaltungsleiterin Käthe Tittel und die

Lehrkraft Maritta Gubisch. Das alles wird Kulturminister migeteilt. Im ZK ist man sich einig, dass Gerhart Dittmann sofortige Hilfe zuteil werden muss.

Als erste Unterstützung wird ab 1. Februar 1959 der Genosse Werner Gommlich als stellvertretender Direktor eingestellt.[65] Nun fehlt nur noch ein Genosse und man kann wieder eine handlungsfähige Parteigrundorganisation gründen. Der »Clique« scheint damit klar zu werden, dass sie gegen ZK der SED und Ministerium für Kultur so nicht ankommen kann. Diskussionen sind unergiebig, energie- und zeitraubend. So entschließt sich die »Clique« für eine spektakuläre Aktion.

Am 23. Februar 1959 telegrafiert Gerhart Dittmann an den Hauptabteilungsleiter für Darstellende Kunst im Ministerium für Kultur, Kurt Bork: »Frau Schöningh republikflüchtig, Kollegin Gubisch hat gekündigt. Genosse Larondelle bittet, Genossen Abusch und Kulturabteilung des ZK zu verständigen.«[66] Wie konnte das passieren? Und wo überhaupt ist Palucca? Die Parteigruppe der Schule nimmt Stellung und gibt das »Verlassen der Republik durch Frau Palucca« zu.

Seit Gründung der DDR vor knapp zehn Jahren hatte man mit allen Mitteln versucht, genau dies zu verhindern. Nun war es geschehen. Ist es vielleicht rückgängig zu machen? Warum hatten denn alle ›Frühwarnsysteme‹ nicht funktioniert?

Tatsächlich hatte Palucca ganz offiziell in der Akademie der Künste angefragt, ob man ihr bei der legalen Ausreise aus der DDR behilflich sein würde. Doch als man dies von dort erfährt, ist sie schon weg.[67] Die Genossen der Schule schätzen diese einzelnen Aktionen – Flucht, Kündigung, Ausreise – als geplant und zusammenhängend ein. Und damit haben sie wohl auch Recht. Palucca will auf diesem Weg Zugeständnisse erzwingen, die ihr anders nicht gemacht worden wären.

Doch die Genossen warnen. Wenn Paluccas Plan Erfolg hat, ist die Entwicklung der Palucca-Schule zu einer sozialistischen Fachschule ein für allemal unmöglich. Dekadenz, Mystizismus, Unwissenschaftlichkeit, formalistische Spielereien und Unmoral würden triumphieren. Ein Kompromiss in dieser Richtung würde dem Ansehen der Partei schaden.[68]

Eigentlich sind die Genossen in der Dresdner Schule heilfroh, dass Palucca endlich weg ist. Ohne Palucca, Schöningh und Gubisch können sie gegen den Rest der »Clique« vorgehen. Jetzt endlich will man die günstige Situation nutzen und unverzüglich mit der Umgestaltung der Palucca-Schule beginnen.

Auf höherer Ebene allerdings denkt man anders. Es muss gelingen, Palucca wieder nach Dresden zu bekommen! Jetzt werden alle in Bewegung gesetzt: ZK der SED, Ministerium für Kultur, Oberbürgermeister der Stadt Dresden und SED-Stadtleitung Dresden, damit Palucca ihren »Aufenthalt« in West-Berlin und ihren »Erholungsurlaub« auf Sylt, wie es offiziell nur heißt, bald beendet und in Richtung Dresden aufbricht. Für ihre Sylt-Reise lässt man ihr sogar aus den Mitteln der Deutschen Akademie der Künste 500 DM zum günstigen Wechselkurs 1:1 mit der Begründung zukommen, dass sie im Westen nicht auf fremde Hilfe angewiesen sein solle.[69]

Man entwirft verschiedene Varianten für Palucca im Falle ihrer Rückkehr. Entweder soll sie Abteilungsleiterin für ihren Bereich, den *Neuen Künstlerischen Tanz*, werden, oder ein Palucca-Studio erhalten. Man denkt allerdings auch an Pensionierung und – welch ein Szenario! – an die Möglichkeit, dass Palucca wieder die gesamte künstlerische Leitung ihrer Schule beanspruchen könnte.[70] Wenn dem stattgegeben werden sollte, dann nur »unter genauer Abgrenzung ihrer Kompetenzen, wobei rechtswirksame Maßnahmen nur vom Direktor getroffen werden können«[71].

Es ist inzwischen Juni. Palucca lebt einsam und zurückgezogen auf Sylt. Wieder einmal treffen sich alle Verantwortlichen zu einer Krisensitzung im Ministerium für Kultur, diskutieren ihre Möglichkeiten und halten schlussendlich im Protokoll fest: »Sollte Gret Palucca nach wie vor die Forderung nach Ablösung des Genossen Dittmann stellen, so soll der Genosse Dittmann als Leiter der Palucca-Schule abberufen werden.«[72]

Tatsächlich verlässt Dittmann zum 31. August 1959 die Schule. Berlin regelt die Angelegenheit ›Palucca-Schule‹ nun selbst. Tilo Vogel, Abteilungsleiter im Ministerium für Kultur, übernimmt die Schulleitung.[73] Palucca ist erst einmal zufrieden und kommt wieder zurück nach Dresden. In einem späteren Lebenslauf vermerkt sie lakonisch: »Durch weitere Veränderungen in der Struktur der Schule ergab es sich, daß ich ab 1960 Abteilungsleiterin für Neuen Künstlerischen Tanz wurde, ich behielt aber weiterhin die Künstlerische Leitung der Internationalen Sommerkurse.«[74]

Die SED hat Glück gehabt. Die gesamte künstlerische Leitung will Palucca nicht mehr haben, und die Öffentlichkeit hat von Flucht und Rückkehr auch nichts mitbekommen. Selbst in der Schule gibt es nur Gerüchte.

Anders natürlich wieder im Westen. *Der Kurier, Die Welt, Der Tag* aus Berlin und das *Hamburger Abendblatt* melden im Juli 1959, dass Gret Palucca wieder nach Dresden zurückgekehrt sei.[75]

Die SED wird das ihre tun, damit in Zukunft andere Schlagzeilen über Palucca das öffentliche Interesse an ihrer Person bestimmen.

DER NATIONALPREIS UND DAS HAUS AUF HIDDENSEE

Das *Neue Deutschland* und *Die Welt*, die *Sächsischen Neuesten Nachrichten* und die *Frankfurter Rundschau* melden am 9./10. Oktober 1960 »Gret Palucca in China«. Diesmal ist sie allerdings in Begleitung von Marianne Zwingenberger ganz offiziell unterwegs, um sich mit dem Schaffen der chinesischen Ballettkünstler vertraut zu machen, heißt es. Wie nebenbei wird die eigentliche Information verkauft: Palucca hat zum Tag der Republik den Nationalpreis erhalten. Zweiter Klasse wird sie geehrt. Es ist ein Mittelweg, ein Kompromiss, wie in Zukunft überhaupt Kompromisse das Verhältnis von Palucca und Staat bestimmen werden.

Nach ihrer Rückkehr in die DDR wird Palucca erneut für den Nationalpreis vorgeschlagen. Nach Herbert Iherings Formulierung liege Paluccas Verdienst im Wesentlichen im Aufbau und in der künstlerischen Leitung der *Palucca Schule Dresden*.[76] Diese Begründung entspricht den Tatsachen und kann auch von Palucca uneingeschränkt

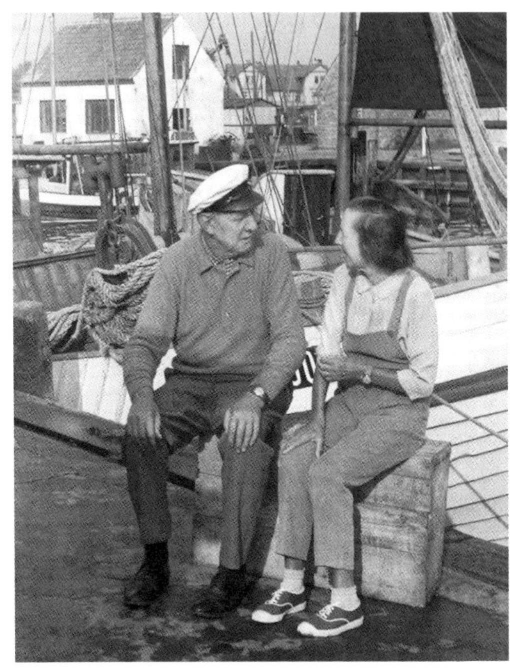

Palucca im Gespräch mit einem Fischer am Hafen von Vitte auf Hiddensee, 1969

akzeptiert werden. Auch andere Gründe werden genannt: So wird sie als »große deutsche Tänzerin der Gegenwart« bezeichnet – 1960 ist sie ist seit zehn Jahren nicht mehr aufgetreten. Besonders als Interpretin von Werken mit humanistischem Inhalt habe sie in der ganzen Welt Anerkennung erfahren. Große Verdienste habe sie bei der Heranbildung eines umfassend gebildeten Tänzernachwuchses erworben. Es wird auch daran erinnert, dass Palucca anerkanntes Opfer des Faschismus ist.

So wird die eigentlich verfemte moderne Tänzerin, die eine ungeliebte künstlerisch-pädagogische Konzeption vertritt, offiziell für den Wertekanon der DDR vereinnahmt. Palucca mag dies wenig gestört haben, für sie sind die konkreten Folgen wichtiger. Mit dem Geld des Nationalpreises kann sie sich endlich ein Sommerhaus auf der Insel Hiddensee bauen lassen.

Palucca erwirbt ein ca. 1500 Quadratmeter großes Grundstück in der Gemeinde Vitte, wenige Meter hinter dem Deich des Weststrandes. Drei kleine Zimmer wird das Haus haben. Das größte für Palucca, die anderen für mitreisende Freundinnen oder später auch für die Sekretärin. Küche und Bad. Mehr nicht. Das Dach ist natürlich reetgedeckt. Die Schränke sind in die Wände eingebaut. Alles praktisch – Bauhaus auf Hiddensee. Von ihrem neuen Domizil aus wird Palucca morgens ganz in der Frühe, noch bevor der Urlauberansturm losbricht, schwimmen und tagsüber mit ihren Hunden auf dem Deich spazieren gehen.

Die Insulaner mögen Palucca, weil sie zurückhaltend und bescheiden auftritt. Und Palucca mag die Insel, weil man sie hier in Ruhe lässt. Das haben in der Geschichte der Insel viele Prominente genossen, die hier ihre Feriendomizile errichteten, wie Gerhart Hauptmann, Henny Porten, Asta Nielsen, Walter Felsenstein oder Inge Keller. Doch auch die vielen, die nur zu Besuch kamen, haben sich meist sofort in das Eiland verliebt. Eine Liste derjenigen, die das »geistigste aller deutschen Seebäder« aufgesucht haben, wäre unendlich lang. Zu den berühmtesten gehören wohl Albert Einstein, Lion Feuchtwanger, Sigmund Freud, Käthe Kollwitz, Oskar Kruse, Thomas Mann, Erich Mühsam, Joachim Ringelnatz und Ernst Toller.

Auch der eigenen ›Tanzgeschichte‹ kann Palucca auf der Insel begegnen. Dr. Felix Emmel, mit dem sie gemeinsam auf dem Tänzerkongress 1930 in München den Entwurf für eine Tanzhochschule mitformuliert hatte, hat dort ein Haus und studiert mit den Hiddenseern von ihm selbst entworfene Fischerspiele ein.

Palucca kann seit ihrem ersten Aufenthalt nicht mehr von dieser Insel lassen. Dabei war ihr erster Hiddensee-Urlaub 1948 durch die Währungsreform eher eine Ausweichlösung. Ohne ›richtiges‹ Geld konnte sie damals nicht nach Sylt.

Palucca wird sich so sehr in diese Insel verlieben, dass sie wünscht, hier begraben zu werden. Marianne Zwingenberger kauft ihrer Freundin eine Grabstelle auf dem Inselfriedhof in Kloster. Palucca findet das zwar »ulkig«, zeigt aber ihrem Besuch die Stelle, an der sie einmal begraben sein wird.

1961–1989 »HÄNDE WEG!«

FRAU PROFESSOR PALUCCA

»Es ist mir eine Freude, Ihnen für Ihre Arbeit, für die großen unvergeßlichen Erlebnisse, die Sie als Tänzerin, als Choreographin, als Pädagogin unseren Menschen geben, zu danken«[1], schreibt der Minister für Kultur Hans Bentzien anlässlich ihres 60. Geburtstags an Palucca. Und er dankt es ihr mit der Verleihung des Professorentitels.

In den Pressemeldungen fallen die stereotypen Textschablonen auf. Insbesondere der millionenfach abgedruckte Lebenslauf von Palucca ist aufs Passendste frisiert. Ganze Lebensabschnitte werden weggelassen oder uminterpretiert. Die bedeutendste Tänzerin der 1920er Jahre sei sie gewesen, im Naziregime verfolgt und mit Auftrittsverbot belegt. Dass sie in Dresden ist, wird als Glück bezeichnet. Doch an ihrem 60. Geburtstag ist sie gar nicht in Dresden. Ist sie vor dem ganzen Gratulationsjubel geflüchtet? Wie in jedem Winter ist sie an der See. In diesem Jahr in Ahrenshoop an der Ostsee. Nach Sylt kann Palucca nicht reisen. Die DDR hat sich abgeriegelt und ihre Menschen eingezäunt und eingemauert.

Palucca kann in der *Ostseezeitung* lesen, dass gerade ihre Bemühungen um einen ausdrucksstarken gegenwartsbezogenen modernen Bühnentanz weltweite Anerkennung gefunden haben.[2] Brecht hat Recht mit seinem Lob der Dialektik: So wie es ist, kann es nicht bleiben. Auch Paluccas Blatt hat sich gewendet. Gründlich, und zwar zu ihren Gunsten.

DER »NEUE KÜNSTLERISCHE TANZ« IM AUFWIND

Mit der Akzeptanz des *Neuen Künstlerischen Tanzes* geht auch eine Neubewertung der pädagogischen Arbeit von Palucca einher. Die Grabenkämpfe zwischen den Vertretern der Klassik und der Moderne gehen jedoch weiter, von einem friedlichen Miteinander ist man weit entfernt. Bestenfalls herrscht ein gespanntes Nebeneinander im Zustand eines unsicheren Waffenstillstands. Selbst in der DDR-Presse wird ungeschönt formuliert, dass es völlig falsch wäre anzunehmen, dass an der Palucca-Schule eine Synthese zwischen klassischem und *Neuem Künstlerischem Tanz* gelehrt werde. Die Grundlage der Technik »an unserer Schule«, erklärt Palucca selbst, »ist die Technik des klassischen Tanzes. Die Technik des Neuen Künstlerischen Tanzes ist eine andere.« Doch sie fügt hinzu, dass sich beide sinnvoll ergänzen.[3]

Ganz offensichtlich sieht sich Palucca zu diesem verbalen Zugeständnis genötigt, da sie den klassischen Tanz nach sowjetischem Vorbild nun auch von ihrer Schule nicht mehr abwenden kann. Trotzdem besteht sie auf Anerkennung der Eigengesetzlichkeit ihres NKT.

Die Ausbildung sei zu etwa zwei Dritteln dem klassischen Stil gewidmet, zu einem Drittel dem *Neuen Künstlerischen Tanz*[4], heißt es offiziell mit Verweis auf den feinen Unterschied zum »Berliner Schwester-Institut«, in dem die Klassik vollständig durchgesetzt wurde.

In den nächsten Jahren wird dann auch der Vergleich zwischen den beiden Schulen zu einem festen Ritual. Paluccas Unterricht wecke in jungen Menschen schöpferische Kräfte, sie forme künstlerische Persönlichkeiten und bewahre Tänzer vor Schematismus oder gar »Ballettzucht«. Und – das ist für Palucca neu – sie führe die Schüler jetzt zum Inhaltlichen hin.[5]

Derart akzeptiert und gelobt, schreibt Palucca 1960 über ihre Arbeit: »Wir alle wissen, dass [...] die Auseinandersetzungen darüber [über den *Neuen Künstlerischen Tanz*] noch nicht abgeschlossen sind. Solche Kämpfe sind nicht unfruchtbar. Sie schaffen Klarheit auf künstlerischem und pädagogischem Gebiet.«[6]

Die Folge dieser öffentlichen Anerkennung des *Neuen Künstlerischen Tanzes* ist, dass man auf eine Angleichung der Lehrpläne an die der Berliner Schule verzichtet.[7] Mit der Akzeptanz der neuen Schulstruktur geht in der Öffentlichkeit allerdings auch eine Veränderung der Bezeichnung für Paluccas Schule einher. Die Schule wird mit zunehmender Selbstverständlichkeit als Ballettschule bezeichnet, die Schüler folglich als Ballettschüler. Mitunter wird sogar Palucca als Ballettpädagogin bezeichnet.

Palucca kann dies nicht verhindern, protestiert auch nicht dagegen. Auch die Erweiterung der Ausbildung von fünf auf sieben und dann noch einmal auf acht Jahre nimmt Palucca hin. Gefragt wird sie dazu ohnehin nicht mehr. Auch der dadurch notwendig gewordene Anbau von Ballettsälen scheint sie nur am Rande zu interessieren. Die Meldung in der *Sächsischen Zeitung* vom 1. November 1980 könnte liebloser kaum ausfallen. Unter der Überschrift »Palucca Schule erhält Mehrzweckhalle« heißt es: »Das Gebäude entsteht in Stahlbetonbauweise, wird mit einer VT-Falte abgedeckt und von Kollektiven des VEB Bau Radebeul errichtet.« Die »VT-Falte« ist lediglich eine sich selbst tragende, gefaltete Betondecke, wie sie die meisten in der DDR zu dieser Zeit entstandenen Turn-, Schwimm- und Kaufhallen aufweisen. Die Palucca-Schule bekommt also ihre »Tanzhalle«. Dass darin demnächst zehnjährige Kinder acht Jahre lang zu Künstlern erzogen werden sollen, erscheint unmöglich. Bei der Grundsteinlegung trägt Palucca ihren Mops auf dem Arm. Beide schauen der Zeremonie etwas hilflos zu.

ABSCHIED VON MARITTA GUBISCH UND MARIANNE ZWINGENBERGER

»Keiner, der Maritta Gubisch kannte, wird die Nachricht von ihrem Tode ohne Erschütterung aufgenommen haben«, beginnt ein Nachruf auf die Tanzpädagogin in der Dresdner Tageszeitung *Die Union* vom 31. Januar 1962. Palucca hatte ihre ehemalige Schülerin im Frühjahr 1946 eingestellt, weil sie sie für pädagogisch sehr begabt hielt. Und diese Einschätzung bewahrheitet sich. In den 1950er Jahren ist Maritta Gubisch maßgeblich an der Erarbeitung von Etüden für den *Neuen Künstlerischen Tanz* beteiligt. Mit ihrer Kollegin Irmgard Schaaf verfasste sie Texte zum *Neuen Künstlerischen Tanz*. Beide haben in endlosen zermürbenden Sitzungen für dessen Berechtigung gestritten und sich mit ihrer ganzen Existenz – bis zur Kündigung – für diese Kunstform eingesetzt. Von Palucca haben sie dabei wenig Unterstützung erfahren. Palucca kämpfte grundsätzlich für sich.

Maritta Gubisch ist bereits in der Nacht zum 9. Januar 1962 gestorben. Man hat sie in ihrer Wohnung gefunden, die Backröhre vom Gasherd aufgeklappt, der Gashahn offen. Was immer in der Nacht vom 8. zum 9. Januar 1962 passiert ist, wird sich schwerlich klären lassen. Dass hier ein Leben viel zu früh endet, das erfüllt war von dem Wunsch, dem Tanz, der Pädagogik und vor allem anderen Palucca zur Seite zu stehen, ist unbestritten.

Die dadurch entstehende Lücke wird mit Zustimmung von Palucca 1965 durch Eva Winkler geschlossen, ebenfalls Palucca-Schülerin.

Fünf Jahre später, im Sommer 1967, muss Palucca mit einem weiteren Verlust fertig werden. Mit Marianne Zwingenberger ist sie wie jeden Sommer in ihrem Haus auf Hiddensee. Doch Marianne hat eine Lungenentzündung. Ob beide Frauen die Krankheit unterschätzen, ob vielleicht die Umstände auf der Insel den rechtzeitigen Transport aufs Festland verzögern, sei dahingestellt. Als sie sich entschließen, Marianne ins Krankenhaus nach Stralsund zu bringen, ist es zu spät. Sie stirbt im Stralsunder Krankenhaus.

Mit Marianne Zwingenberger hat Palucca ihre Lebensgefährtin verloren. Seit Kriegsende bewohnten sie gemeinsam das Haus in der Wiener Straße 110. Ob die Kriegswirren sie zusammengeführt haben oder ob sie sich bereits vorher begegnet waren, ist nicht bekannt. Ihre Partnerschaft war eine besondere, eine in jeder Hinsicht ungleiche. In alltäglichen und in schwierigen Situationen war es wohl stets Marianne Zwingenberger, die organisierte und half. Sie war eine angesehene Kinderärztin in Dresden, unterrichtete aber auch in der Palucca-Schule das Fach Anatomie.

Palucca, die von Kindesbeinen an lernen musste, mit dem Verlust enger Verwandter und Freunde umzugehen, trauert allein. In der Schule lässt sie sich nie anmerken, was sie bewegt. Wenn nötig, äußert sie sich nur in der für sie typischen knappen, das Wesentliche zum Ausdruck bringenden Art und Weise: »Ich habe Zwingenberger verloren.«

Palucca bleibt nach dem Tod von Marianne Zwingenberger allein. Im Haus Wiener Straße 110 wird sie von einer Haushälterin umsorgt. Auch eine Sekretärin ist im Haus, um jederzeit Paluccas Korrespondenz- und anderen Wünschen nachkommen zu können. Und in der Küche sitzt oft und lange der Fahrer und wartet darauf, dass Palucca Erledigungen in Auftrag gibt oder selbst irgendwohin gefahren werden möchte.

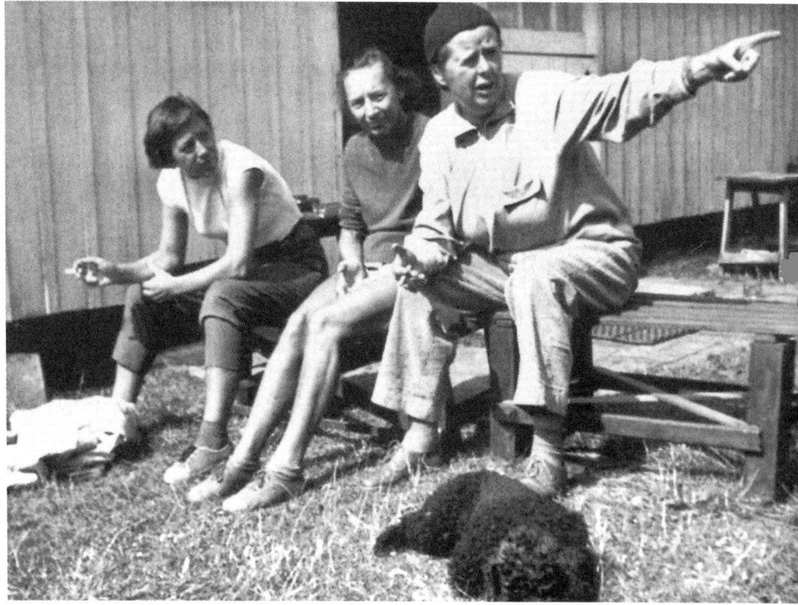

Maritta Gubisch, Palucca und Irmgard Schöningh vor Paluccas Bungalow auf Hiddensee, um 1958

Dass Personen, die privat so eng mit Palucca zusammen sind, mitunter auch von anderen ›Dienstherren‹ verpflichtet werden, erscheint im Rückblick mit dem Wissen um die DDR-Geschichte eher zwangsläufig als überraschend. Aber Palucca ist sehr schweigsam.

DIE IMPROVISIERENDE PÄDAGOGIN

Von offizieller Seite möchte man, wie vorher auch schon, genauer wissen, worin Paluccas pädagogisches Geheimrezept nun eigentlich besteht. Doch das bleibt ein ungelöstes Rätsel, denn in den Unterrichtsstunden, die Palucca gibt, erarbeitet sie nicht wirklich mit den Schülern etwas und zeigt, wie sie dies tut.

Auf die Frage, woran sie arbeite, antwortet Palucca 1973, dass es ihre Aufgabe sei, die jungen Menschen so zu unterrichten, dass sie nicht nur einseitige Tänzer und Interpreten, sondern selbst schöpferisch werden. Ihre Methode, das zu erreichen, ist das Improvisieren.

Bis zu ihrem Lebensende wird Palucca zu verhindern wissen, dass ihre Lehrmethode analysiert und publiziert wird. In der 1952 gegründeten *Arbeitsgemeinschaft Palucca* wurden Etüden erarbeitet und Musik komponiert, keine tanzwissenschaftliche Forschungsarbeiten geleistet, wie es erwartet wurde.

Dies ahnend hatte die DDR-Regierung Palucca schon in ihrem Einzelvertrag dazu verpflichtet, »ihre Kenntnisse und Erfahrungen auf tanzpädagogischem Gebiet voll für die Entwicklung und den Aufbau einer Unterrichtsmethode zur Verfügung zu stellen«. Daran hat sich Palucca nicht gehalten.

Bekanntlich ist es gerade die Improvisation, die über Jahrzehnte hinweg die »variable Konstante« in Paluccas Unterrichtsstunden bildet. Dieser Widerspruch, dass das einzig Feststehende das Veränderliche war, schien und blieb unauflösbar, weil das zu Begreifende das Flüchtige war.

Das bereits zitierte Fazit einer Palucca-Schülerin, Martha Fricke, lautet: »Kein Tag war wie der andere. Palucca improvisierte jeden Tag anders und wir improvisierten jeden Tag anders.« Palucca sei damals nicht nur ein Mensch gewesen, der nichts erklären wollte, sondern der das auch noch nicht konnte.[8]

Palucca unterrichtete, wie sie auch für sich arbeitete. Dem technisch-gymnastischen Eintrainieren folgte das improvisierende Gestalten. Die bereits bekannte Auskunft Paluccas aus dem Jahr 1934 bestätigt die unteilbare Einheit von Tänzerin und Pädagogin. Die Spontaneität, mit der sich die Pädagogin Palucca durch ihre Stunden tanzte, hatte eine Unwiederholbarkeit ihres Unterrichts zur Folge. Auch Schüler aus anderen Jahrzehnten erinnern sich an Paluccas »Sternstunden« mit den Worten »Wir haben getanzt, getanzt, getanzt ...«.[9]

Doch in Zeiten einer an sowjetischen Vorbildern orientierten Tanzkunst in der DDR reicht dieses Tanzen an sich nicht mehr aus. Palucca benutzt ihre Methode der Improvisation nun auch, um zu zeigen, dass auch sie »auf der Höhe der Zeit« steht, dass man durchaus auch inhaltlich improvisieren kann.

Auch im Film *Palucca* von Gitta Nickel aus dem Jahr 1971 steht die Improvisation im Mittelpunkt des Unterrichts. Die jüngsten Schülerinnen wissen bereits in der ersten Stunde, was Palucca von ihnen erwartet: »Drauflostanzen!« »Richtig!« Palucca ist begeistert, wählt eines der Kinder und tanzt sofort – als Siebzigjährige – selbst »drauflos«. Die anderen Kinder stürmen, von Paluccas Elan angesteckt, mit der gleichen Begeisterung tanzend durch den Saal.

Im selben Film zeigt sie auch, wie die technisch geschulten Tänzer mit Hilfe der Improvisation zu eigenen Gestaltungen gelangen. Palucca spricht ihre Schüler an: »Es ist wichtig, dass ihr kühn drauflos experimentiert, damit jeder überhaupt erst einmal weiß, was in ihm steckt. Damit du dich selbst kennenlernst. Da müsst ihr euch einfach mal verausgaben. Ja? Und das muss wirklich sehr intensiv herauskommen. Ich meine, das muss man sehen, ich meine, das gehört zum darstellenden Künstler, zum Tänzer, dass er das fertigbringt.« Für Palucca selbst ist dies alles selbstverständlich – das Experimentieren, Sich-Verausgaben, Intensiv-Sein und Suggerieren. Für sie bedeutet Tanzen den Augenblick leben und erleben. Für die DDR-geprägten Kinder und Jugendlichen ist das schon eine abenteuerliche Entdeckungsreise zu sich selbst.

Für Ruth Berghaus war Palucca »behutsam, aber streng, geduldig, aber konsequent«. Hannelore Bey nennt sie »unbeugsam-gründlich«. Der Pianist Michael Witt erwähnt Paluccas Einbeziehung der Sprache, die den Schüler, aber auch den Pianisten in geradezu suggestiver Weise unterstützte. »Wenn man an ihrer Saaltür vorbeikam, hörte man die Anfeuerungen von Palucca«, erinnert sich Harald Wandtke, und Hannelore Bey ergänzt: »Mit kehliger Stimme weckt sie Phantasie.«[10]

Doch wenn Palucca mit dem Engagement der Schüler nicht einverstanden war, konnte sie auch ungerecht und verletzend werden. Aussprüche wie »Das ganze Menuett ist einfach scheußlich bei euch«[11] oder die Beschimpfung der Klasse als »schreckliche Gesellschaft«[12] sind da noch die freundlich klingenden Varianten. Nur die Starken konnten sich gegen sie behaupten und frei machen, meint der Palucca-Schüler Enno Markwart rückblickend.

Auch Paluccas anfeuernde Zwischenrufe sind legendär: »Nur auf einem klingenden, gestimmten Körper können wir unsere Technik entwickeln. Weshalb seid ihr alle hier hergekommen? Weil ihr erstickt, wenn ihr euch nicht bewegen könnt. Seid weder Seelenauswinder noch Gehirnakrobaten, sondern Tänzer! Wenn wir Schwünge üben, müssen wir selbst beschwingt sein. Wer nicht schwingen kann, ist ein unglücklicher Mensch. Ihr dürft der Musik gegenüber keine Nullen sein. Die Musik ist euer Partner, ihr dürft euch nicht zu sehr unterordnen. Der Boden darf euch überhaupt nicht annehmen. Mehr Freude am Rhythmus!«[13]

Mit zunehmendem Alter muss auch Palucca beginnen, mit ihren Kräften zu haushalten. Schüler, die sich ihr nicht diszipliniert und widerspruchslos unterordnen, unterrichtet sie nicht mehr. Dies und die an sich selbst gestellte Forderung, beherrschen zu müssen, was sie von den Schülern verlangt, zwingen sie immer mehr dazu, nur noch die jüngeren Schüler zu unterrichten.

Ende der 1980er Jahre zieht sich Palucca zunehmend aus dem Unterricht zurück. Sie bittet eine ihrer begabtesten Schülerinnen aus den

1950er Jahren wieder an die Schule zurückzukommen und zu unterrichten: Hanne Wandtke nimmt das Angebot an. Selbstverständlich macht sie anderen Unterricht als Palucca. Das ist für die Jüngere nicht immer konfliktfrei, für die Ältere dagegen selbstverständlich. Sie hat auf ihre Weise ihrer Nachfolgerin auch inhaltlich den Weg zu Eigenem geebnet. Über das von ihr entwickelte Fach *Neuer Künstlerischer Tanz* sagt sie, dass es sich bei ihm nicht um ein Dogma handele. Sie ist sich aber auch sicher, dass diese Bezeichnung ausschließlich mit ihrem Namen verbunden bleiben und mit ihr verschwinden müsse. Hanne Wandtke verbietet sie einfach, diese Bezeichnung für deren Unterricht zu verwenden – legt allerdings Wert darauf, dass sie bei ihr hospitiert, um sie auf künstlerisch-pädagogisch Wesentliches hinzuweisen. Damit schützt sie den *Neuen Künstlerischen Tanz* davor, als etwas anderes verstanden zu werden als er war. Hanne Wandtke schützt sie davor, dass sie in einer ehrlich empfundenen Ehrfurcht vor der Meisterin erstarren könnte und Paluccas »ursprünglichen« Unterricht als etwas Museales weiterführt. Hanne Wandtke wird ihr Fach *Improvisation* nennen.

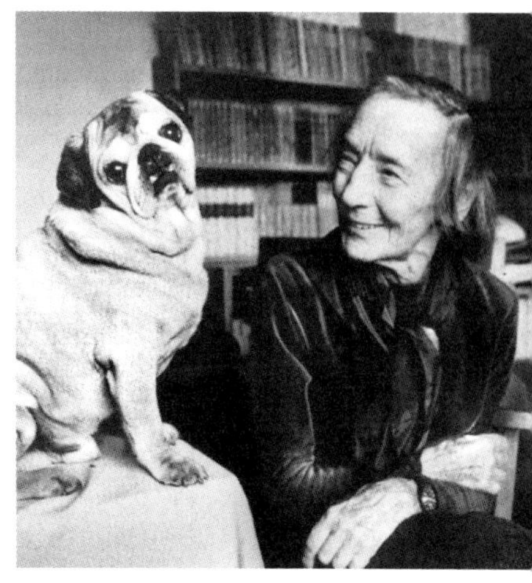

Palucca mit Mops in ihrem Haus in der Wiener Straße 110, 1986

TANZ UND POLITIK

Die Politisierung der Kunst macht auch vor dem Tanz und der Palucca-Schule nicht Halt.

Sorgen muss sich Palucca allerdings nicht wirklich, da ihrer Schülerin Ruth Berghaus mit ihren künstlerischen Arbeiten ein eigenwilliger Kompromiss gelingt. Deren erste Choreografien sind wichtig, weil sie nachweisen, dass gerade mit dem *Neuen Künstlerischen Tanz* aktuell-politische Themen eindrucksvoll dargestellt werden können.

Bereits Ende der 1950er Jahre haben die Genossen an der Schule immer wieder von Palucca die Einstudierung von Tanzszenen mit konkret politischen Inhalten gefordert. Sie schert sich nicht darum. Gerhart Dittmann gegenüber lässt sie sich sogar zu der Behauptung hinreißen, »daß allein der Neue Künstlerische Tanz in der Lage sei, den Realismus im Tanz, ja sogar den sozialistischen Realismus im Tanz durchzusetzen«[14].

Ruth Berghaus' choreografische Einstudierung des Stückes *Zugvögel* beweist genau das. Berghaus hatte in einer Pressemeldung gelesen, »daß Zugvögel ihren gewohnten, jahrtausendelang benutzten Weg in den Süden ändern, wenn sie auf Landschaften stoßen, die von Atomstaubregen verseucht sind«[15]. Ein Festprogramm des Zentralrats der FDJ war dann »willkommener Anlaß, zu beweisen, welche wirkungsvollen Mittel der neue künstlerische Tanz besitzt, zur Agit-Prop-Arbeit beizutragen«[16]. Siegesgewiss singen die Darsteller am Ende im Chor die Aufforderung: »Arbeiter, Bauern nehmt die Gewehre!«

Auch wenn die Genossen noch zögernd lediglich von einem gelungenen Experiment im Sinne des sozialistischen Realismus sprechen[17], macht sich in der Palucca-Schule Stolz breit, dass man nun auch einen Beitrag vorzuweisen hat, der ins geforderte Konzept passt.

Die erweiterte Fassung wird in der Presse als eine der stärksten Leistungen der Dresdner Palucca-Schule gefeiert, als ein großer Schritt vom allgemeinen Humanismus zum proletarischen, sozialistischen Humanismus, vom abstrakten Ausdruckstanz zum lebensnahen realistischen Tanz.[18] Berghaus erhält sogar die silberne Friedensplakette der Stadt Dresden.[19] Durch diese Anerkennung gestärkt, erarbeitet sie weitere Stücke für die Palucca-Schüler.

1959 gestaltet sie den Sputnik-Flug in *Flug zur Sonne* und 1961 das Tanzspiel *Das Katzenhaus* nach dem gleichnamigen Märchen von Samuil Marschak. Nach den kulturpolitischen Forderungen hatte der Inhalt stets die Form zu bestimmen. In diesem Stück konnte aufgrund der Handlung vom klassischen Tanz oder vom Volks- und Nationaltanz

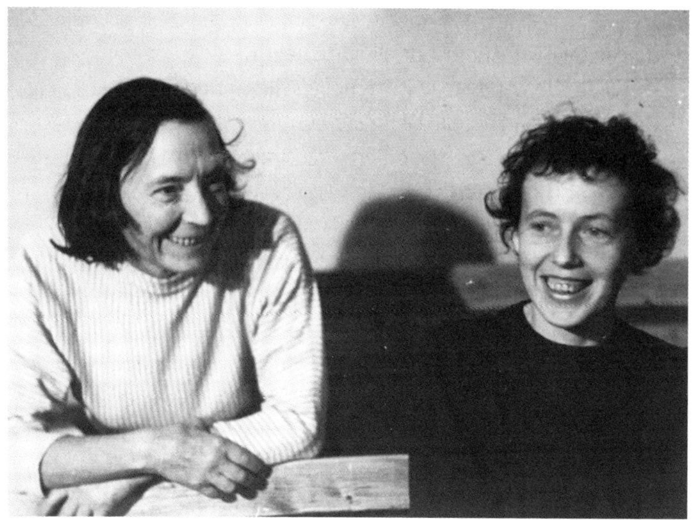

Palucca und Ruth Berghaus, 1957

nichts zu sehen sein. Welches Schwein tanzt schon auf Spitze, welcher Esel dreht Touren in der Luft?

1962 dann folgt mit *Hände weg!* die wohl herausragendste Arbeit von Ruth Berghaus für die *Palucca Schule Dresden*. Die vollständige Polit-Parole hieß »Hände weg von Vietnam!« Nichts Geringeres als die Epoche des Übergangs vom Kapitalismus zum Sozialismus mit ihren revolutionären Kräften ist dieses Mal ihr Thema.

Palucca schreibt mit ambivalenter Formulierung an ihren Akademie-Kollegen Herbert Ihering, dass Ruth Berghaus versucht habe, mit den Schülern der Palucca-Schule und den Mitteln des *Neuen Künstlerischen Tanzes* ein sozialistisches Thema zu gestalten.[20] Vielleicht will sie ihn auf das, was er unter ihrem Namen zu sehen bekommen wird, schonend vorbereiten.

Letztlich muss sie aber auch anerkennen, dass ihre Schülerin mit dem bei ihr erlernten Handwerk beachtliche Erfolge erzielt. Die Presse lobt einhellig, wie eindrucksvoll das Thema der Befreiung der kolonialen Völker, ihre Leiden, ihr Kampf gegen die Soldateska und schließlich ihr Sieg gestaltet wurden. Die Mittel des *Neuen Künstlerischen Tanzes*, heißt es, standen im Dienste einer fortschrittlichen Idee, einer starken Aussage.[21]

Sogar die *Andere Zeitung* aus Hamburg meint, *Hände weg!* erinnere an den fruchtbaren Urschlamm des Modernen Tanzes der zwanziger Jahre. Anerkennend räumt man aber selbst dort ein, dieser sei noch und wieder fruchtbar.[22]

Danach arbeitet Ruth Berghaus nicht mehr für die Palucca-Schule. Die Lücke wird in den 1970er und 1980er Jahren vom chilenischen Choreografen Patricio Bunster geschlossen. Seine Choreografien wie *Unser Glück auf dem Frieden beruht, ... denn wir haben nur ein Leben* oder *Trotz alledem – Venceremos* nehmen wieder tänzerisch Partei für Frieden und Sozialismus. Dagegen wird sich Palucca nicht mehr wehren, ist sie doch selbst inzwischen zu einer ›Kulturpolitikerin‹ in Fragen des Tanzes avanciert.

1965 wird sie neben Eduard Claudius, Walter Felsenstein, Alfred Kurella, Wolfgang Langhoff, Ernst Hermann Meyer und Otto Nagel zur Vizepräsidentin der Akademie der Künste gewählt. Der neue Präsident ist Konrad Wolf. Palucca nimmt dieses Amt, soweit ihr dies neben ihrer pädagogischen Tätigkeit möglich ist, auch wahr.

1968 ist sogar im Zentralorgan der SED ein Statement von ihr anlässlich des Volksentscheids zur neuen Verfassung der DDR zu lesen. Sie bejaht öffentlich die neue Verfassung »des ersten sozialistischen Staates deutscher Nation«. 1975 wird Palucca auch noch zum Ehrenmitglied des Verbandes der Theaterschaffenden der DDR gewählt. Dies sind keine Ämter ohne Aufgaben. Palucca ist, solange sie dies gesundheitlich kann, unterwegs auf Kongressen und Versammlungen. Und es bleibt auch nicht aus, dass Palucca wie viele andere ab und an Texte unterzeichnet, die mit der Floskel »mit sozialistischem Gruß« enden.[23]

Palucca ist eine der großen Persönlichkeiten, die der kleinen DDR ein Stück internationale Anerkennung verschaffen. Dafür wird sie auch mit allen Ehren bedacht, die diesem Staat zur Verfügung stehen. Zu ihren Geburtstagen werden die Gratulationen von Partei und Regierung landesweit veröffentlicht. Ihr Ruhm ist Wirklichkeit, ihr Ruf inzwischen Legende – wie es in Kürze heißen wird.

PALUCCA – EINE LEBENDE LEGENDE

Nachdem Palucca mit Nationalpreis und Professorentitel geehrt wurde, gilt es, ihren Ruhm zu mehren – auch als ›Aushängeschild‹ der DDR. Bücher werden über sie geschrieben, Filme produziert und Ausstellungen gezeigt.

Neben Wigman, Jooss und Kreutzberg wird sie zu den herausragenden Persönlichkeiten des *Neuen Künstlerischen Tanzes* gezählt. Die Begriffe *Moderner Tanz* oder *Ausdruckstanz* werden tunlichst vermieden. Mit Aussagen von László Moholy-Nagy und Wassily Kandinsky aus den 1920er Jahren wird noch einmal Paluccas Verbindung zu den bildenden Künstlern des Bauhauses dargelegt. Vieles stammt aus den von Palucca selbst produzierten Werbeprospekten und wäre also eigentlich kritisch zu durchleuchten.

Dass Palucca auch in der NS-Zeit erfolgreich als Tänzerin weitergearbeitet hatte, muss nun irgendwie umgangen werden. Palucca habe nur noch im kleinen Kreis geladener Gäste und Freunde auftreten dürfen, heißt es, sie sei schikaniert, von der Gestapo verhört und mit KZ-Haft bedroht worden. Am Ende geht das Märchen nicht ganz auf, wenn gesagt wird, dass Paluccas schöpferische Natur in den harten Jahren des Krieges nicht brachgelegen habe und sie somit in ihren neuen Programmen nach 1945 auch Tänze zeigen konnte, die in den letzten Kriegsjahren entstanden waren.

Der Text zur Tänzerin vermeidet alle kritischen Punkte im Leben und Schaffen von Palucca. Noch einmal ist sie die technisch brillante, wunderbar springende, musikalische, raumbeherrschende, letztlich in ihrem künstlerischen Schaffen unerklärbare Tänzerin. Sie ist dies, weil sie ein willensstarker, konsequenter, konzessionsloser, strenger und sich für den Fortschritt einsetzender Mensch sei.

Mit ebensolcher Hochachtung nähert sich Werner Gommlich der Pädagogin Palucca. Diese ist jeden Tag in Dresden zu erleben. Es dürfte also ein Leichtes sein, ihre Arbeitsweise zu beschreiben – oder nicht? Vielseitig sei ihr Unterricht, auf bildende Kunst, Literatur und Theater gehe sie ein. Sie unterhalte sich gern im Unterricht, erzähle aus ihrem Leben und doziere eben nicht. Dadurch erziehe sie nicht nur fachlich, sondern auch menschlich. Um jeden einzelnen Schüler kümmere sie sich. Ja, fragt sich der Leser, was macht denn Palucca nun eigentlich im Unterricht?

Sie tanzt. So wie sie jahrzehntelang auf der Bühne und im Tanzsaal gleichermaßen getanzt hat.

Dass Palucca mit ihrem Unterricht nur wenig zur Erziehung im Sinne eines sozialistischen Menschenbildes beiträgt, behält er besser für sich. Dass sie mit ihrer Art des Unterrichtens kritische, mündige Bürger erzieht, die ihre Meinung später künstlerisch für die DDR-Öffentlichkeit formulieren werden, kann er noch nicht wissen. Palucca erzieht die Abweichung von der geforderten Norm. Ihr Erfolg liegt im Ausloten des Toleranzbereichs.[24]

Anlässlich des 70. Geburtstages erscheint *Palucca. Porträt einer Künstlerin.* Mit der mehrdeutigen Formulierung »Ihr Ruf ist Legende, ihr Ruhm Wirklichkeit« werden 33 undatierte Beiträge aufgereiht, in denen Palucca ausnahmslos gefeiert wird. Es ist ein Präsent für Palucca, und genauso wird es in der Öffentlichkeit auch verstanden.

Ebenfalls zum 70. Geburtstag wird am 9. Januar 1972 im Ersten Programm des DDR-Fernsehens ein Dokumentarfilm über Palucca ausgestrahlt. Erstmals sieht der Zuschauer Palucca auch ganz privat auf der Insel Hiddensee. Im Arbeitszimmer ihres Dresdner Hauses spricht sie über ihre pädagogische Arbeit.

Es gibt inzwischen kaum ein Kalenderjahr, in dem Palucca nicht gefeiert wird. Palucca-Geburtstagsjubiläen fallen auf die Jahre zwei und sieben. Die Jubiläen zur Tanzkarriere und die der Schulverstaatlichung können jeweils in den Jahren vier und neun begangen werden, die der

Pädagogin Palucca und der Schulgründung in den Jahren null und fünf. In den Jahren eins, drei, sechs und acht müsste zwischen den Ehrungen pausiert werden, wenn dann nicht kleine Überraschungen präsentiert würden: 1966 erhält sie die Pestalozzi-Medaille in Silber, 1976 gibt es noch einmal den Nationalpreis Zweiter Klasse, 1981 dann endlich den Aufstieg in den Olymp: sie wird Nationalpreisträgerin Erster Klasse.

Daneben werden ihr Unmengen weiterer Auszeichnungen zuteil: die Johannes-R.-Becher-Medaille in Gold, den Orden »Banner der Arbeit«, den Vaterländischen Verdienstorden in Gold, den Martin-Andersen-Nexö-Kunstpreis der Stadt Dresden und viele, viele mehr.

Indem man Palucca ehrt, ehrt man sich in der DDR auch immer ein Stück selbst. Palucca weiß und akzeptiert es.

DER HÖHEPUNKT DER PALUCCA-VEREHRUNG

»Wir können nicht überall hingehen, wir sind zu berühmt«, schrieb Helene Weigel über ihr Leben als Prominente, und Bertolt Brecht nannte es lakonisch »Abstieg in den Ruhm«. Will man in dem Bild bleiben, war Palucca inzwischen ganz unten angekommen und musste gerade deshalb überall hin.

Der 85. Geburtstag wird der Höhepunkt der Palucca-Verehrung. Schon im Vorjahr werden alle offiziellen Präsente im Zentralorgan der SED angekündigt: ein Tanzabend in der Semperoper, der nur einen Tag später auch im Fernsehen der DDR gesendet wird, zwei Ausstellungen, eine Publikation der Akademie der Künste und ein neuer Film über Palucca von Berghaus-Sohn Maxim Dessau - von den Auszeichnungen ganz zu schweigen.

Während sich die Ausstellung im Dresdner Kulturpalast Leben und Werk von Palucca mit überdimensionierten, meterlang von der Decke herabhängenden Fahnen widmet, hat der Leiter des Dresdner Kupferstichkabinetts, Werner Schmidt, eine Ausstellung unter dem Titel *Künstler um Palucca* zusammengetragen. In dem begleitenden Katalog

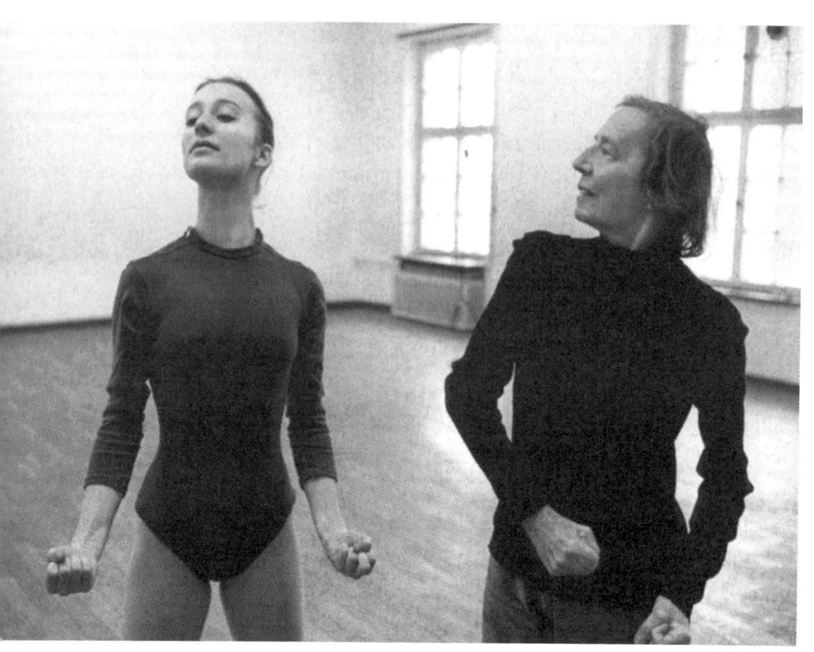

Probe mit Palucca und Sabine Bohlig am Tanz »Das Trugbild«, 1979

bezeichnet er sein Projekt als einen anderen Weg zu Palucca. Schmidt durchbricht auch einige Tabus der DDR-Geschichtsschreibung: In den biografischen Notizen berichtet Werner Schmidt erstmals über ihren Olympia-Auftritt von 1936 und über ihre Auseinandersetzungen mit der DDR-Kulturpolitik in den 1950er Jahren.

Anders dagegen der Band *Palucca. Zum Fünfundachtzigsten – Glückwünsche, Selbstzeugnisse, Äußerungen*. Eigentlich ist die Publikation eine erweiterte Neuauflage des Buches von Gerhard Schumann mit einigen neu verfassten Beiträgen.

Der Film von Maxim Dessau tut das seine für die Palucca- Ehrung. Ruth Berghaus, Hermann Henselmann und Alain Bernard kommen zu Wort. Palucca ist im Dresdner Tanzsaal wie auf Hiddensee zu sehen. Je älter Palucca wird, umso präsenter scheint sie zu sein – und wird dadurch immer legendärer.

In der mächtigen Semperoper dann sitzt die zierliche Frau zwischen Hans Modrow, dem Ersten Sekretär der SED-Bezirksleitung Dresden, und dem Kulturminister Hans-Joachim Hoffmann in der Mitte des ersten Ranges. Das »choreografische Geburtstagsständchen« wird von Palucca-Schülern gestaltet. Hannelore Bey und Dieter Hülse von der Komischen Oper Berlin tanzen Ausschnitte aus Tom Schillings *La Mer*. Harald Wandtke, Chefchoreograf der Semperoper, Dietmar Seyffert, Ballettdirektor der Oper Leipzig, und Thomas Hartmann, Ballettdirektor der Semperoper, sowie Arila Siegert, Birgit Scherzer und Hanne Wandtke treten auf.

Was mag Palucca wohl gedacht haben während des Programms? Hat das Gezeigte mit *ihrem* Tanz überhaupt noch etwas zu tun? Akzeptiert sie das Programm als die logische Weiterentwicklung einer Kunst in einer neuen Zeit? Vielleicht denkt Palucca an die Worte von Ruth Berghaus, die über sie schrieb: »Palucca hat Gefühl und wachen Sinn für das gesellschaftliche Sein, die politischen Bedingungen und den Kunstanspruch. Es ist ein Glück für die DDR, daß sie seit Jahrzehnten hier arbeitet.«[25] Alle feiern Palucca und damit zwangsläufig auch sich selbst. Sicher ist Palucca stolz auf ihr ›Lebenswerk‹, doch bestimmt auch peinlich berührt von dieser überwältigenden Zuneigung, als sie sich zum Schlussapplaus auf die Bühne begibt und die Standing Ovations des Publikums entgegennimmt.

PALUCCA UND DAS MINISTERIUM FÜR STAATSSICHERHEIT

Mit der immer größeren Palucca-Verehrung geht eine ebenso kontinuierliche inoffizielle Überwachung einher.[26] Palucca wird in jeder nur erdenklichen Weise bespitzelt. Ihre Post wird überwacht, unliebsame Sendungen werden konfisziert. Telefongespräche werden abgehört und Personen, die in ihrer unmittelbaren Nähe oder sogar mit ihr zusammenarbeiten, mit unterschiedlichsten Methoden zur inoffiziellen Mitarbeit aufgefordert.

Am 17. Dezember 1968 wird berichtet, dass Palucca herumerzähle, dass in der Kunst überall Stillstand eingetreten sei. Einen Monat später heißt es, sie nutze eine Weiterbildungsveranstaltung der Tanzpädagogen ihrer Schule, um nachzuweisen, wie wenig die Schulleitung tue, um die Mitarbeiter über westliche, nach ihrem Verständnis wohl wirkliche Kunst zu informieren.

Abschließend wird festgehalten, dass Palucca ihre Tätigkeit mit leidenschaftlichem Enthusiasmus ausübe und kein Interesse habe, Dresden als langjährige Stätte ihres Wirkens zu verlassen.

Diese Einschätzung, ob Palucca bei ihren Reisen im Westen bleiben oder ob sie zurückkommen würde, ist immer die wichtigste. Die DDR ist bezüglich Palucca und Westreisen ein ›gebranntes Kind‹. Man ist sich nie wirklich sicher.

1972 ist nun auch noch gerade das Jahr, in dem man stolz das neue Buch von Gerhard Schumann vorweisen könnte, hätte sich der Autor nicht kurzfristig entschlossen, die DDR zu verlassen. Ohnehin gibt es mit diesem Buch noch ein anderes peinliches Problem. In einem Beitrag wird mit Paluccas Sprungkraft rhetorisch spielend die Situation nach 1945 im Osten Deutschlands wie folgt beschrieben: »Es ging um den Sprung aus dem Reich der Freiheit, es ging um die Zukunft.« Das war natürlich eine fürchterliche Blamage: Nur wer den Sozialismus als »Reich der Freiheit« sprunghaft verlässt, hat eine Zukunft? Schnell wurde umformuliert, dass es um den Sprung *in* das Reich der Freiheit gehe.

So oder so war die Formulierung mehrdeutig und also missverständlich. Von wo nach wo sollte man denn nun springen, um in welches Reich der Freiheit zu gelangen? Die Stasi vermutet, dass Palucca und Gerhard Schumann sich auf Sylt getroffen haben könnten. Wollte Palucca etwa siebzigjährig noch einmal diesen Sprung wagen? IM »Tom« jedenfalls verpflichtet sich, dieses heikle Thema weiter aufzuklären. Im Zusammenhang mit Paluccas Aufenthalt als Gastprofessorin an der Staatlichen Tanzschule in Stockholm in den 1970er Jahren wird diese Frage wieder besonders wichtig. Überhaupt macht man sich Gedanken. So wird zum Beispiel am 24. April 1972 aus der Schule gemeldet, dass die Studenten sich wunderten, dass Paluccas Fahrer sie nach West-

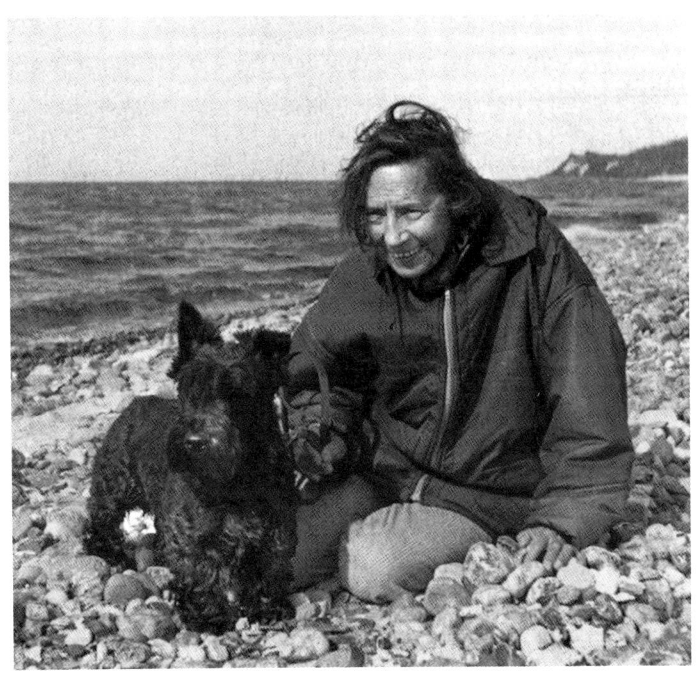

Palucca mit Scotchterrier Karlchen am Strand von Hiddensee, 1970

berlin zu »Märie Wickmann« begleiten dürfe, obwohl er doch noch gar nicht sechzig sei.

Am Ende des Jahres 1987 wird es noch einmal brenzlig. Der in der DDR akkreditierte ARD-Journalist Hans-Jürgen Börner will einen Film über Palucca drehen. Offensichtlich verstehen er und Palucca sich außerordentlich gut. So gut, dass man vermutet, Palucca könnte trotz ihres hohen Alters noch einmal Umzugspläne schmieden. Börner recherchiert eigentlich nur, wie es für einen Fernsehbeitrag üblich ist. Doch der Stasi erscheint alles gleichermaßen verdächtig.

Was hätte man wohl unternommen, wenn Palucca sich sechsundachtzigjährig entschlossen hätte, in die BRD überzusiedeln? Die Frage muss zum Glück nicht beantwortet werden, weil sich kurze Zeit später die gesamte DDR entschließt, in die BRD überzusiedeln.

1989

Das Jahr 1989 beginnt wie jedes andere. Palucca, deren Geburtstag seit dem 85. jährlich hervorgehoben wird, kann sich in allen Zeitungen des Landes wiederfinden. In der Schule geht die »planmäßige Weiterentwicklung des Fortschritts« voran. Die Kooperation zwischen dem Ballettensemble der Semperoper und der Palucca-Schule soll intensiviert werden. Direktor Rainer Walther fährt im März nach Wien, um Einblicke in die Ausbildung an der »renommierten Dresdner Ballettschule« zu geben.

Im April wird der 40. Jahrestag der Verstaatlichung der Schule begangen. Ende Juni zeigt die Schule ihren *Abend des Tanzes* in der Semperoper. Anschließend beginnt der 40. Sommerkurs. Mit alldem aber hat Palucca nichts mehr zu tun.

Seit im Mai die Ungarn mit dem Abbau der Grenzanlagen zu Österreich begonnen haben und Michail Gorbatschow zum Staatsoberhaupt der Sowjetunion gewählt wurde, ist auch die kleine DDR-Welt in Bewegung geraten. Die Botschaften der Bundesrepublik in Budapest und Prag sind von DDR-Ausreisewilligen besetzt. Die Ständige Vertretung der BRD in der DDR in Berlin muss wegen »Überfüllung« geschlossen werden. Insbesondere in Leipzig werden die Montagsdemonstrationen immer größer, Hunderttausende beteiligen sich schließlich. Die Massenausreise der Flüchtlinge aus Budapest und Prag setzt im Oktober 1989 ein. Züge mit Tausenden Menschen rollen durch Dresden – direkt vorbei an der Palucca-Schule, die fernab von allen Problemen wie im Dornröschenschlaf liegt.

Am 6. November starten Hanne Wandtke und Antje Ladstätter im Foyer der Palucca-Schule eine spektakuläre Aktion. Während Antje Ladstätter trommelt, verliest Hanne Wandtke ihre Forderungen an die Schulleitung. Sie bezichtigt die Schule der Lethargie und dass sie zu einem ideenlosen Institut heruntergekommen sei. Die Leitung klagt sie ihres veralteten Autoritätsgebarens wegen an. Und: »Palucca hat ihr Leben lang gegen das Mittelmaß gekämpft – ihr Geist muss an der Schule weiterleben!«

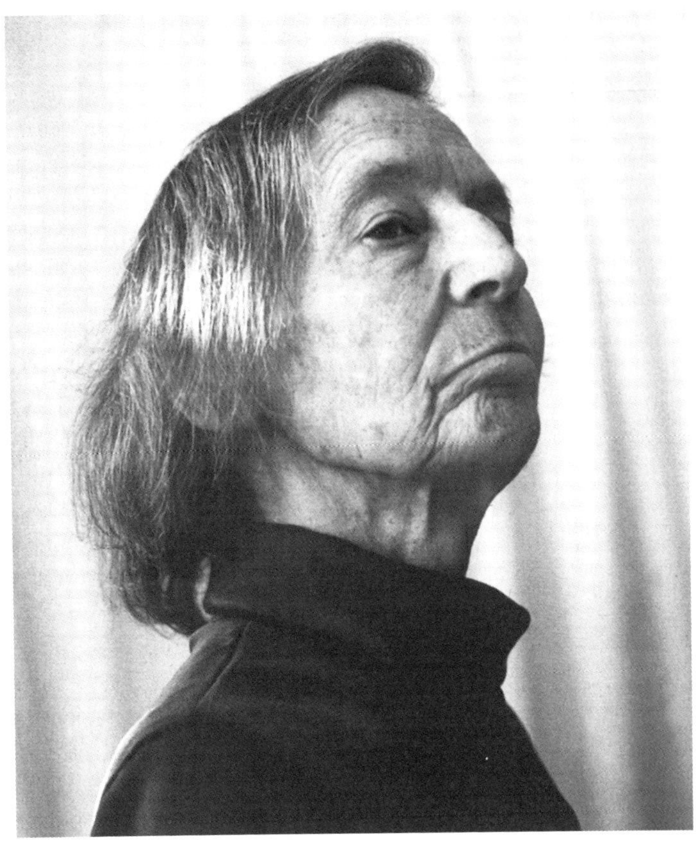

Palucca, 1980

Das klingt schon, als gäbe es nur noch Paluccas Geist, sie selbst gar nicht mehr. Doch am 11./12. November 1989 erscheint ein Aufruf Dresdner Persönlichkeiten mit dem Titel »Bewahren wir Dresden!«, neben Manfred von Ardenne und Udo Zimmermann auch unterschrieben von Palucca und weiteren Prominenten. Ein neuer Anfang soll gewagt werden für ein wirklich sozialistisches Gemeinwesen. Doch das will zu dieser Zeit kaum noch jemand. Ist der Zeitgeist auch über Palucca hinweggegangen?

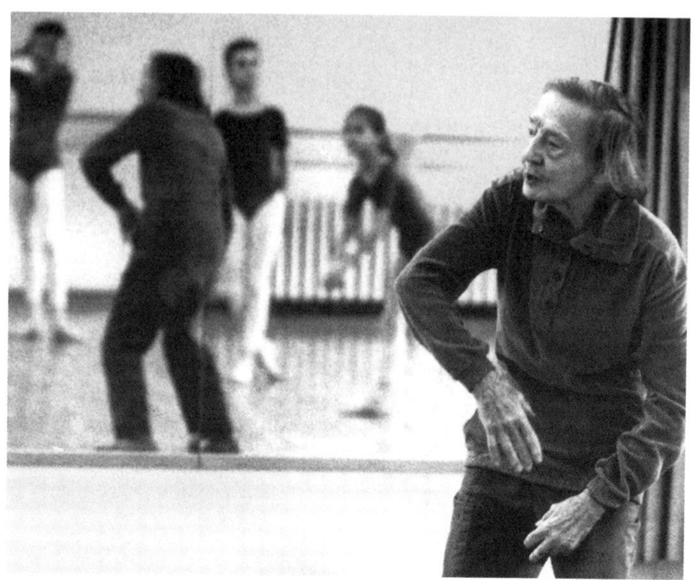

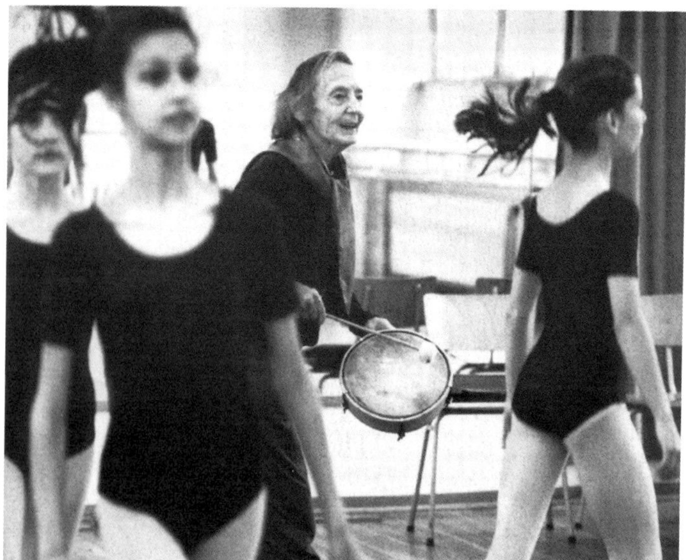

Unterricht bei Palucca, 1990

1990–1993 »UND TANZEN HAT SEINE ZEIT«

PALUCCA STEIGT AUS

Jugend sei Paluccas ewiger Lebensanspruch, schrieb Ruth Berghaus ihrer Meisterin zum 80. Geburtstag. Doch auch Paluccas Jugendlichkeit kann nicht von ewiger Dauer sein. Auf die Frage, wie sie sich die Zukunft vorstelle, hatte sie 1934 geantwortet: Tanzen und arbeiten werde sie, solange sie dazu die Kraft habe. Vor der Zukunft sei ihr nicht bange. Und nun?

In die Schule kommt sie nur noch sporadisch. Oft ist ihr schwindlig und sie kann ihren Unterricht nicht geben. »Bin traurig«, lauten dann die deprimierten Zeilen, die noch die Hochbetagte entschuldigend der Schule schickt. »Hatte mich gefreut, in der Schule zu sein.«[1] Manchmal verwechselt sie die Tageszeiten, und es kostet die Hausangestellten große Mühe, Palucca davon zu überzeugen, ihren Unterricht nicht abends abhalten zu wollen. Denn ihre Stunden bleiben stets am Stundenplan angeschrieben. Es könnte ja sein, dass sie kommt. Aber das wird mit jedem Tag unwahrscheinlicher. Der Unterricht fehlt ihr, und das verleitet sie mitunter dazu, in ihrem Dresdner Zuhause »tanzpädagogisch« tätig zu werden. Ihrer Haushälterin ruft sie dann zu: »Frau Stopperka, immer hübsch gerade laufen – und eins, und zwei.«[2]

Ihre Schule ist derweil doch noch von der Wende erfasst worden und die beschert ihr einen neuen künstlerischen Leiter aus dem Westen. Paul Melis ist ein moderner Klassiker und alle empfangen ihn mit offenen Armen. Er löst Thomas Hartmann ab, der bei den ›Palluccianern‹ mit einer Äußerung in der Öffentlichkeit über die Grenzen der Modernisierbarkeit der Schule seinen Kredit verspielt hat. Mit Palucca hat dies alles wenig zu tun, obwohl sie weiterhin nach ihrem mit der DDR-Regierung ausgehandelten Einzelvertrag »honoriert« wird.

Im Jahr 1991 beginnen der Direktor Rainer Walther und der künstlerische Leiter Paul Melis gemeinsam mit den Vorbereitungen für Paluccas 90. Geburtstag. Es soll wieder ein großes Ereignis werden. Ein Tanzabend in der Semperoper ist geplant mit einem überwiegend heiteren, aus vielen kürzeren zeitgenössischen Beiträgen bestehenden Programm. Der neue Intendant Christoph Albrecht hat schon seine Zusage für den 8. Januar 1992 gegeben. Angefragt sind Choreografen und Tänzer wie Thomas Hartmann, Johannes Bönig, John Neumeier, Ruth Berghaus, Dietmar Seyffert, Hannelore Bey, Arila Siegert, Thomas Vollmer, Susanna Borchers, Hanne und Harald Wandtke, Birgit Scherzer und viele andere.

Doch als Palucca davon erfährt, ruft sie sofort im Sekretariat der Schule an und gibt kurz und bündig zur Kenntnis, dass sie am 8. Januar 1992 »anderswo sein kann«.[3] Palucca hatte vielleicht auch ihren Grund zu einer Verärgerung. Immerhin hatte sie bereits Anfang Oktober 1991 mitgeteilt, dass sie vorhabe, den Geburtstag mit ihren Freunden in List auf Sylt zu begehen. Doch ein Brief des Sächsischen Staatsministers für Wissenschaft und Kunst, Hans Joachim Meyer, bringt ihren Entschluss ins Wanken. Was soll sie tun? Freunde oder Festakt? Vorerst informiert sie die Schulleitung darüber, dass sie an ihrem Geburtstag keinerlei Gratulationen entgegennehmen kann – aus gesundheitlichen Gründen.[4] Die Schulleitung nimmt dies wohl zur Kenntnis, verweist in ihrer Antwort an Palucca aber auf das gesellschaftliche Interesse und den Wunsch vieler Gratulanten, sie an diesem Tag persönlich zu ehren. Das klingt dann auch eher wie eine Anweisung als wie eine Bitte an die fast neunzigjährige Palucca.

Nun sieht sich Palucca doch gezwungen, Rainer Walther handschriftlich davon in Kenntnis zu setzen, dass für ihren Geburtstag keinerlei Vorbereitungen zu treffen seien. In der darauffolgenden Woche muss der Direktor die undankbare Aufgabe in Angriff nehmen, alle Gäste wieder auszuladen. Seine Enttäuschung spiegelt sich in seinen Formulierungen wider: Palucca habe darum gebeten, dass ihr Geburtstag nicht gefeiert wird. Ausdrücklich habe sie sich gegen einen Abend in der Oper ausgesprochen.[5] Von ihren gesundheitlichen Gründen wird nichts erwähnt. Der Abend ist geplatzt. Palucca steht als ›Spielverderberin‹ da.

Doch aufgeschoben ist nicht aufgehoben – vielleicht gelingt ja zu einem anderen Zeitpunkt ein gemeinsamer Abend von Schülern, ehemaligen Absolventen und Freunden der Schule?

Leider wird dieser Anlass nicht mehr lange auf sich warten lassen. Und dieses Mal wird Palucca sich nicht weigern können, und man wird sie auch nicht mehr fragen müssen.

FÜR IMMER HIDDENSEE

»Sie wollte eben immer den Überblick haben«, sagt die Haushälterin Marga Neuhäuser der Redakteurin Petra Simon von der *Dresdner Morgenpost*, die als erste Journalistin die Räume, in denen die große Dresdnerin Gret Palucca gelebt hat, nach ihrem Tode besuchen darf. »Es ist, als wäre sie noch da«, wird sie ihren Beitrag beginnen.[6] In Paluccas Küche steht das kleine Tablett mit ihrem Frühstücksgedeck. Die Tasse ist umgedreht. Alles ist feinsäuberlich mit einem Geschirrtuch abgedeckt. Das hätte die Haushälterin Palucca am Morgen ans Bett gebracht. Doch dazu kommt es nicht mehr.

Am Montag, dem 22. März 1993, muss Palucca von der Wiener Straße 110 ins St.-Joseph-Krankenhaus gebracht werden. Der Zustand der Einundneunzigjährigen ist nach einem Schwächeanfall im Zusammenhang mit einer schweren Bronchitis besorgniserregend. Zur Nachtruhe begibt sie sich nach Aussage der Schwestern ruhig und selbstverständlich. Genauso schläft sie ein und wird nicht wieder erwachen.

Als die Nachricht der Schule überbracht wird, ist der Direktor Rainer Walther nicht da. Paul Melis bittet Hanne Wandtke, den Tod von Palucca in der Schule bekanntzugeben. Im großen Saal A werden alle Schulangehörigen versammelt. Nach einer Schweigeminute geht die Arbeit in der Schule weiter.

Am 31. März 1993 gibt es eine Trauerfeier in der Semperoper. Auf der Bühne hängt ein großes Bild der tanzenden Pädagogin. Palucca-Schüler verschiedener Generationen tanzen für Palucca, am Ende legt jeder Schüler zum *Rosenkavalier-Walzer* von Richard Strauss im Gedenken an Palucca eine Rose an den Bühnenrand. In den Reden wird an das erinnert, was Palucca und ihr Wirken ausmachte und erhalten bleiben müsse. Und wie hatte Palucca hinsichtlich ihres Erbes entschieden? Wie hatte sie selbst das »Danach« geregelt? – Gar nicht.

Ihr letzter amtlich beglaubigter Wille gibt nicht darüber Auskunft, was sie will, sondern darüber, was sie nicht will. Alles, in diesem Testament nicht noch einmal Erläuterte, nehme sie zurück. Was hatte sie ursprünglich vorgesehen? Das Dresdner Haus in der Wiener Straße sollte eine Art künstlerische Begegnungsstätte werden, das Haus auf Hiddensee den Schulmitarbeitern als Feriendomizil dienen, damit sie sich an der See wirklich erholen und mit Freude das nächste Schuljahr beginnen könnten. Doch aus all dem wird nichts. Da Palucca keine konkrete Verfügung hinterlassen hat, wird alles mit anwaltlicher Unterstützung verkauft.

Und wo findet Palucca selbst die letzte Ruhe? Als langjähriges Mitglied der Akademie der Künste hätte sie sicher ein Recht darauf gehabt, auf dem Dorotheenstädtischen Friedhof in der Berliner Chausseestraße, der verlängerten Friedrichstraße, beerdigt zu werden. Dort sind Persönlichkeiten bestattet, die mit der Stadt Berlin und der deutschen Kulturgeschichte verbunden sind. Philosophen wie Johann Gottlieb Fichte und Georg Wilhelm Friedrich Hegel, Dichter wie Johannes R. Becher, Bertolt Brecht, Heinrich Mann, Anna Seghers und Arnold Zweig, Komponisten wie Paul Dessau und Hanns Eisler und viele andere.

Doch Palucca entschied sich für den Inselfriedhof in Kloster auf Hiddensee. Dort besaß sie seit Jahrzehnten die von Marianne Zwingenberger gekaufte Grabstelle. Nachdem die Frist für die »Reservierung« bereits einmal abgelaufen war, hatte Palucca selbst die Stelle erneut erworben und damit ihren Willen deutlich bekundet. So wird sie am Tag nach der Trauerfeier in der Semperoper, am 1. April 1993, auf Hiddensee beigesetzt.

Inselpastor Manfred Domrös berichtet in seiner Rede, dass Palucca auf ganz unkomplizierte und sehr freundliche Weise in den vielen Jahren, die sie nach Hiddensee kam, zum selbstverständlichen Nachbarn geworden war. Die Hiddenseer hatten sie gemocht. Gern nehme man sie nun auf der Insel auf. Alles habe seine Zeit: Lachen wie Weinen, Tanzen wie Sterben. Hinter Manfred Dömrös schreitet die kleine Gruppe der Angereisten zur Grabstelle.

Paluccas Grabstätte ist schlicht und unterscheidet sich dadurch von denen der anderen Prominenten auf diesem kleinen Friedhof. Gerhart Hauptmann hat seinem eigenen Selbstverständnis entsprechend einen Findling beeindruckenden Ausmaßes auf seinem Grab.

Palucca hat sich endgültig auf die Insel zurückgezogen. Man muss schon wissen, wo man sie zu suchen hat, um nicht umherzuirren auf dem kleinen Flecken. Unscheinbar auch der runde Findling, den lediglich die Inschrift *PALUCCA* ziert. Kein Vorname, keine Daten, kein Spruch oder Schmuck, der einen Hinweis geben könnte auf das Leben dieses Menschen. So hat sie es wohl gewollt. Aber auf dem Stein liegen viele kleine Steine und erzählen so, dass hier ein Mensch jüdischer Herkunft seine letzte Ruhe gefunden hat – und viele kommen, um ihr zu gedenken.

POSTHUM

Wie aber soll jemand zur Ruhe kommen, der so viele Menschen beunruhigt hat? Unzählige Menschen haben Palucca-Tanzabende und die Filme gesehen, Bücher über sie gelesen und mit ihr zusammengearbeitet, sind von ihr unterrichtet oder von ihr bekämpft worden. Sie alle sind von ihr beeindruckt und beeinflusst worden, haben eine Beziehung zu diesem Menschen, auch nach dem Tod.

Viele wollen Palucca auch weiterhin nahe sein, die meisten haben vielleicht sogar jetzt erst wirklich eine Chance, ihr näherzukommen. Und so nehmen auch die Ehrungen kein Ende.

Wer heute vom Dresdner Hauptbahnhof mit der Straßenbahn in Richtung des Großen Gartens abfährt, hört schon nach wenigen Momenten »Nächste Haltestelle: Gret-Palucca-Straße«. Und wer sich mit dem Bus der Schule nähert, wird auch darauf durch eine Ansage aufmerksam gemacht.

Im Lister Hafen auf Sylt liegt die *Gret Palucca*, ein Fischkutter, mit dem heute Schaulustige aufs Meer hinausgefahren werden und Kinder Seeräuber spielen können. Am selbigen Hafen prangt auch die große Tafel mit der unübersehbaren Inschrift »Gret Palucca – Unser größter Fang«, die darauf wartet, dass jemand das Fangergebnis einträgt, damit das Missverständliche dieser Formulierung aufgehoben wird.

Der Schule, die das künstlerische Erbe von Palucca pflegt, fällt die nicht leichte Aufgabe zu, mit ihrem Tanz, mit ihrer Pädagogik und mit ihrem Leben umzugehen. Studenten der *Palucca Schule Dresden* können Bühnentanz, Choreografie und Pädagogik studieren oder sich in einer Meisterklasse qualifizieren. Besonders Begabte können auch mit Unterstützung rechnen – wie durch die Palucca-Stipendien der Dresdner Stiftung für Kunst und Kultur der Stadtsparkasse Dresden, die Stipendien für zeitgenössische Choreografie und Tanz der Kulturstiftung Dresden der Dresdner Bank oder den Förderpreis der *Sächsischen Zeitung*. Paluccas Schule ist heute die einzige eigenständige Tanzhochschule in Deutschland. Erstmals wurde die Einrichtung einer Hochschule für Tanz 1928 auf dem Tänzerkongress in Essen gefordert. Palucca hat an einem Konzept der Tanzhochschule mitgearbeitet und immer wieder versucht, für ihre Schule den Hochschulstatus durchzusetzen. Durch die Aufnahme der *Palucca Schule Dresden* in den Geltungsbereich des Sächsischen Hochschulgesetzes im Jahr 1993 ist der Traum nach fünfundsechzig Jahren Wirklichkeit geworden.

Jeder, der die *Palucca Schule Dresden* heute betritt, wird als erstes vom Bronzekopf *Palucca*, 1925 gestaltet von Georg Kolbe, begrüßt. Zu hoch vielleicht ist er auf einer Stele angebracht. Man muss nach oben schauen – zu ihr aufschauen. Doch so war sie eigentlich nicht. Mancher wird sich fragen: Eine so große Frau, mit einem so kleinen Kopf? Doch wie sonst soll man Hochachtung zum Ausdruck bringen?

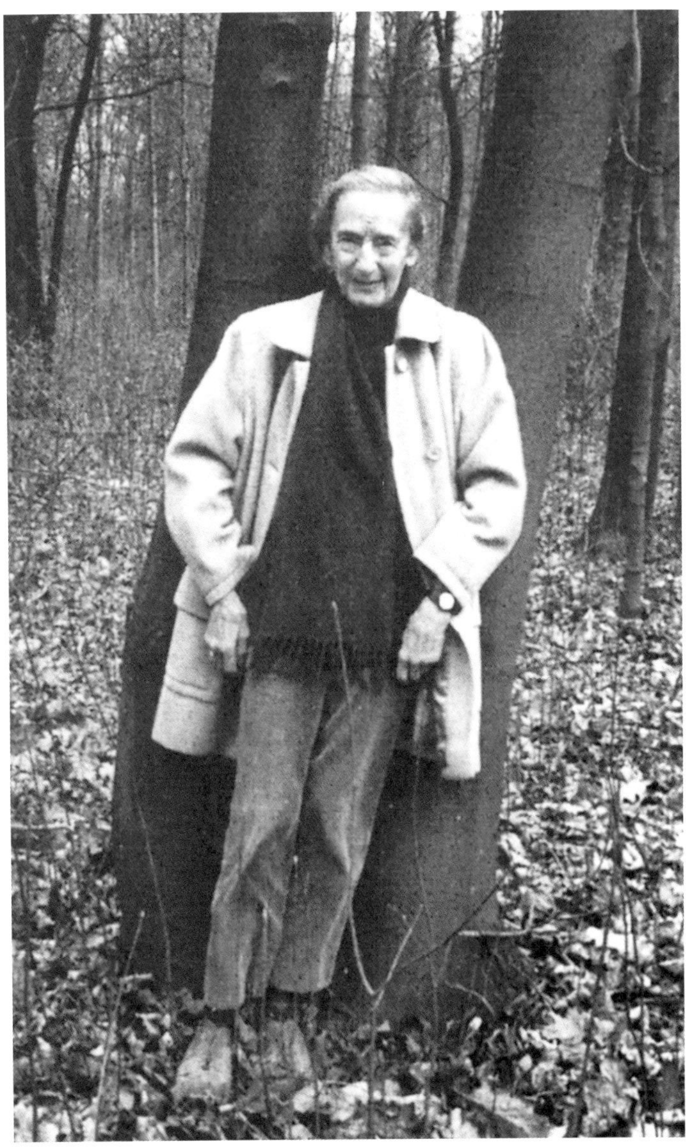

Palucca, 1990

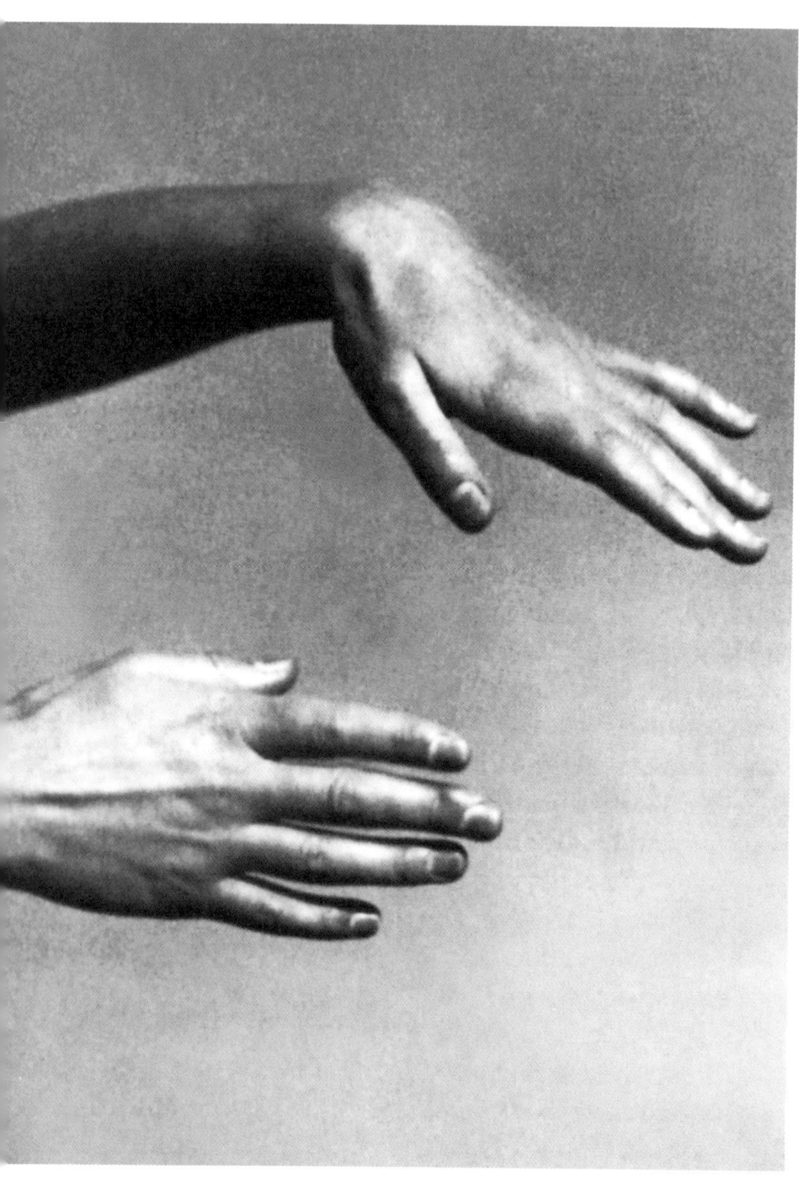

Handstudie von Palucca, um 1925

»FERNES SCHWINGEN«

NACHWORT

Palucca zählt mit ihrem Lebenswerk zu den gleichermaßen produktivsten und innovativsten Schöpfern des 20. Jahrhunderts. Sie hat es geschafft, in dem vergänglichen Bereich des Tanzes gerade dadurch Bleibendes zu schaffen, dass sie nichts festgelegt und so vielem die Aura des Legendären gegeben hat.

Zu dem Bleibenden gehören die Begriffe, die sie wie Markenzeichen geprägt hat: *Palucca*, *TANZ PALUCCA*, *Neuer Künstlerischer Tanz* und *Palucca Schule Dresden*. Das Legendäre hat sie gleichermaßen selbst begründet mit ihrem Schweigen zu ihrer jüdischen Abstammung, zu ihrer bürgerlichen Herkunft und Ehe, zu ihrer Karriere als Tänzerin, zu ihrer Unterrichtsmethode sowie zu ihren Lebens- und Wohnverhältnissen in Dresden. Dort wo Vermutungen Raum gegeben wird, verbreitet sich mitunter Unerhörtes und Fabelhaftes.

Über die Tänzerin hieß es zu Beginn ihrer Tanzkarriere, sie sei ein jugendfrischer Kraftmensch mit einem kecken Gassenjungenprofil, eine Kämpfernatur, die mit dem Raum wie mit einem unsichtbaren Feind zu ringen scheine. Sie marschiere mit festem, sicherem Parade-schritt zum Angriff auf, umkreise in wilden Sprüngen den Gegner, entziehe sich seinen Gegenstößen durch überraschende Schwenkungen und Wendungen, stürme, stampfe, fliege über die Bühne, fahre in kreiselnden Wirbelstürmen durch die Luft und triumphiere schließlich über das besiegte Chaos des Raumes, das durch ihre Schritte, Sprünge und Schwünge zum harmonisch gegliederten Kosmos gestaltet worden sei.[1] Ihren Körper habe sie als Thema und Instrument gewonnen, um ihre Freude, ihre Tollheit, ihren Übermut, ihre Klarheit, um sich zu tanzen. Damit ist die eigenwillige, kämpferische Persönlichkeit Paluccas treffend charakterisiert. Diesem Bild hat sie lebenslang entsprochen. Sie war durch und durch geprägt von diesem choreologischen Denken und Handeln. So wie sie tanzte, unterrichtete und handelte sie als Mensch – eigenartig, einzigartig und eigenwillig, intuitiv, widersprüchlich und konsequent. Ihre wohl entscheidenden Fähigkeiten waren, Chancen zu erkennen und zu nutzen, Höhepunkte einzunehmen und zu verteidigen, Niederlagen zu erkennen und zu überwinden, zurückzustecken und sich durchzusetzen, wenn es notwendig war und ihr richtig erschien – und das ein Leben lang.

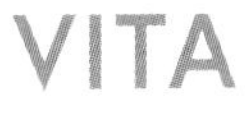

VITA

1902 – 1993

1902 • 8. Januar, Margarethe Paluka wird in München geboren

1906 – 1909 • Aufenthalt der Familie in Kalifornien, USA

1910 – 1914 • Schulbesuch in der Lehr- und Erziehungsanstalt für Mädchen höherer Stände von Margarete Balsat in Dresden

1912 – 1914 • Ballettunterricht bei Heinrich Kröller in Dresden

1914 – 1917 • Besuch der Höheren Mädchenschule in Plauen im Vogtland

1917 – 1918 • Schulbesuch in der Lehr- und Erziehungsanstalt für Mädchen höherer Stände von Margarete Balsat in Dresden

1918 – 1919 • Ballettelevin bei Heinrich Kröller am Hof- und Nationaltheater in München

1920 – 1923 • Schülerin bei Mary Wigman in Dresden, ab 1921 Auftritte als Mitglied der Wigman-Kammertanzgruppe

1921 • Margarethe Paluka ändert ihren Namen in Gret Palucca

1924 – 1930 • Ehe mit Friedrich Bienert, durch Familie Bienert Kontakte zu Künstlern des Bauhauses

1924 • 1. Februar, 1. Solotanzabend im Vereinshaus Dresden, Beginn der Solotanzkarriere

1925 • Eröffnung der *Palucca Schule Dresden*, 1928 Zweigstelle in Berlin

1931 • Zweigstelle in Stuttgart

1939 • Ende der Unterrichtstätigkeit im »Dritten Reich« wegen ihrer jüdischen Abstammung

1945 • 13. Februar, Palucca überlebt den Bombenangriff auf Dresden
15. Juli, Wiedereröffnung der *Palucca Schule Dresden*
31 . Juli, erster Tanzabend nach dem Krieg in der Tonhalle Dresden, bis 1950 wieder Gastspielreisen durch Deutschland

1948 • erster Aufenthalt auf Hiddensee

1949 · Verstaatlichung der *Palucca Schule Dresden*
Ende der letzten Tournee mit Auftritten auf Sylt, 8. August in List, 11. August in Klappholttal

1950 · Gründungsmitglied der Deutschen Akademie der Künste

1952 · Oktober, Palucca legt ihr Amt als Schulleiterin wegen Einmischung der Staatlichen Kommission für Kunstangelegenheiten in die Arbeit der Schule nieder

1954 · Januar, Johannes R. Becher, Minister für Kultur der DDR, beruft Palucca zur Künstlerischen Leiterin der *Palucca Schule Dresden*

1955 · Fertigstellung des Neubaus der *Palucca Schule Dresden*

1959 · erneute Meinungsverschiedenheiten mit den Kulturpolitikern der DDR, die die *Palucca Schule Dresden* zu einer sozialistischen Fachschule für Tanz nach sowjetischem Vorbild umgestalten wollen; Palucca geht, um ihren Forderungen Nachdruck zu verleihen, kurzzeitig in die BRD

1960 · Nationalpreis der DDR 2. Klasse

1962 · Ernennung zur Professorin

1965 – 1970 · Vizepräsidentin der Deutschen Akademie der Künste

1970 – 1974 · Gastprofessur an der Staten Dansskala in Stockholm

1972 · Vaterländischer Verdienstorden der DDR in Gold

1976 · Nationalpreis der DDR 2. Klasse

1979 · Ehrenbürgerin der Stadt Dresden

1980 · Stern der Völkerfreundschaft in Gold

1981 · Nationalpreis der DDR 1. Klasse

1983 · 1. Deutscher Tanzpreis des Deutschen Berufsverbandes für Tanzpädagogik e. V.

1990 · Beendigung der Lehrtätigkeit an der *Palucca Schule Dresden*

1992 · Großes Verdienstkreuz mit Stern und Schulterband der BRD

1993 · 22. März, Palucca stirbt in Dresden
1. April, Beisetzung auf dem Inselfriedhof in Kloster auf Hiddensee

ANHANG

VERWENDETE ABKÜRZUNGEN

AGP	Arbeitsgruppe Palucca
APSD	Archiv der Palucca Schule Dresden
BArch	Bundesarchiv
BStU	Der Bundesbeauftragte für die Unterlagen des Staatssicherheitsdienstes der ehemaligen Deutschen Demokratischen Republik, Außenstelle Dresden
DAK	Deutsche Akademie der Künste
LRS	Landesregierung Sachsen
NKL	Neuer Künstlerischer Tanz
RThK	Reichstheaterkammer
SAdK	Stiftung Archiv der Akademie der Künste zu Berlin-Brandenburg
SächsHStA	Sächsisches Hauptstaatsarchiv
SAPMO	Stiftung Archiv der Parteien und Massenorganisationen der DDR
Stakoku	Staatliche Kommission für Kunstangelegenheiten
TAL	Tanzarchiv Leipzig e. V.
TdZ	Theater der Zeit

ANMERKUNGEN

»Aufschwung«

1 Palucca, 1934, in: Palucca, Zum Fünfundachtzigsten, S. 8. **2** Vgl. Ruth Berghaus, In memoriam Gret Palucca, in: Ballett-Journal/Das Tanzarchiv, Jg. 41, Nr. 3, 1.6.1993, S. 50.

»Tanz mit mir« 1902–1920

1 Vgl. Form. E. der Kassions-Liste für die Einkommenssteuer, 15.5.1905, Stadtarchiv der Landeshauptstadt München. **2** Pressemeldung der Palucca Schule Dresden, wiedergegeben in: Rudolf Lämmel, S. 174. **3** Vgl. Palucca, Lebenslauf, März 1974, SAdK, Palucca-Archiv, Nr. 6200. **4** Auskunft des Stadtarchivs Dresden, Wangler an Stabel, 26.2.1999. Anlage zwei Prospekte der Schule Margarete Balsat. **5** Vgl. Ewald Weller, Siebenhundert Jahre Schulgeschichte der Kreisstadt Plauen – Ein Beitrag zur Schulgeschichte Sachsens überhaupt, Franz Neupert GmbH, Plauen i. V., Vogtländischer Heimatverlag, undatiert, S. 127, Stadtarchiv Plauen. **6** Vgl. ebd., S. 142. **7** Vgl. Form. E der Kassions-Liste für die Einkommenssteuer, 15.5.1905, Stadtarchiv der Landeshauptstadt München. **8** Pressemeldung, o. D., ohne Signatur, APSD. **9** Vgl. Selbstaussagen von Palucca in den Filmen von Gitta Nickel, 1972, Maxim Dessau, 1987, Hans-Jürgen Börner, 1989. **10** »Zu meinen Tänzen« von Palucca, in: Programmheft, Blätter der Volksbühne Berlin, Spielzeit 1933/34, SAdK, Palucca-Archiv, Nr. 4201. **11** Vgl. Lewitan, Tanzabende. Palucca, 3.11.1927, in: Der Tanz, Jg. 1, 1927/28, H. 3, S. 22. **12** Palucca, Lebenslauf, März 1974, SAdK, Palucca-Archiv, Nr. 6200.

»Gollivog's Cakewalk« 1920–1923

1 Vgl. Hedwig Müller, 1986, S. 71. **2** Vgl. ebd. **3** Ebd. S. 72. **4** Palucca, in: Gerhard Schumann, S. 174. **5** Vgl. ebd. **6** Mary Wigman, in: ebd., S. 64. **7** Vgl. Mary Wigman, in: ebd., S. 64. **8** Vgl. Hedwig Müller, 1986, S. 74. **9** Palucca, 1927, in: Gerhard Schumann, S. 173. **10** Vgl. Palucca in: Helma Mertens, Mitternächtliches Gespräch mit Palucca. Die Frau ohne Vornamen, (1935), zit. nach: Katja Erdmann-Rajski, S. 130. **11** Palucca, in: Palucca erinnert sich an ihre Begegnungen mit Künstlern, Interview mit Werner Schmidt und Hans-Ulrich Lehmann, in: Werner Schmidt, S. 28. **12** Vgl. Berthe Trümpy, Die Anfänge der Wigman-Schule, in: Die Tanzgemeinschaft. Vierteljahresschrift für tänzerische Kultur, Jg. 2, 2. Vierteljahr 1930, S. 10, in: Hedwig Müller, 2001, S. 36. **13** Vgl. Mary Wigman, 1963, S. 107. **14** Mary Wigman, Die Schule, in: Rudolf Bach, Das Mary Wigman-Werk, Carl Reissner Verlag, Dresden 1933, S. 33f. **15** Vgl. Mary Wigman, zit. nach: Hedwig Müller, 1986, S. 89. **16** Vgl. Hedwig Müller, ebd. **17** Vgl. Zittauer Nachrichten, 10.10.1932, Musikdirektor Menzel, Tanzabend Palucca im Stadttheater, SAdK, Palucca-Archiv, Nr. 1830. **18** Mary Wigman, in: Gerhard Schumann, S. 65. **19** Vgl. Gisela Jahn, Sekretariat Leni Riefenstahl-Produktion an Ralf Stabel, 9.3.1999. **20** Vgl. Sächsische Staatszeitung, 21.10.1921, Brt, Tanzabend, SAdK, Palucca-Archiv, Nr. 4078. **21** Die Schreibweise von Paluccas Tanztitel weicht von der Originalschreibweise der Komposition von Claude Debussy ab. Hier wurde die Schreibweise auf dem Programmzettel wiedergegeben. **22** Dresdner Neueste Nachrichten, 17.10.1922, Die Wigman-Schule, SAdK, Palucca-Archiv, Nr. 4070. **23** Vgl. Hannoverscher Kurier, 28.10.1922, Die Wigman-Schule in Dresden, SAdK, Palucca-Archiv, Nr. 4070. **24** Mary Wigman, zit. nach: Hedwig Müller, 1986, S. 115. **25** Vgl. Pawel Barchan, Palucca, in: Die Dame, Jg. 51., H. 3, 1923/24, S. 7. **26** Ebd.

»Eigene Tänze Gret Palucca« 1924–1936

1 Vgl. Berliner Volkszeitung, 12.10.1923, zie., Gret Palucca und Yvonne Georgi, Meisterinnen des Tanzes. **2** Deutsche Allgemeine Zeitung, 10.10.1923, F. B., Ein eigener Schritt. **3** Dresdner Nachrichten, 3.2.1924, -ch-, S. 4f. **4** Vgl. Das Kleine Journal, 31.3.1924, Alfred Jürgens, Tanz. Zweiter Palucca-Abend, SAdK, Palucca-Archiv, Nr. 257. **5** Vgl. Berliner Börsen-Courier, 21.10.1924, Gi., Tanzabend Gret Palucca, SAdK, Palucca-Archiv, Nr. 261. **6** Vgl. Mary Wigman, Richtlinien zur tänzerischen Berufsausbildung, Manuskript, SAdK, Mary-Wigman-Archiv. **7** John Schikowski, S. 149. **8** Vgl. Rudolf Lämmel, S. 174. **9** Vgl. ebd. **10** Vgl. ebd., S. 178. **11** Palucca, zit. nach: Esther Sutter, S. 118. **12** Dresdner Volkszeitung, 8.10.1926, ws, Tanz-Abend Palucca, SAdK, Palucca-Archiv, Nr. 263–280. **13** Vgl. Dresdner Neueste Nachrichten, 25.4.1926, a. g., Palucca, SAdK, Palucca-Archiv, Nr. 263–280. **14** Palucca, in: Palucca, Zum Fünfundachtzigsten, S. 39. **15** Vgl. Herbert Trantow, Eine Einführung, Beilage zum Programm des Auftritts »Palucca tanzt mit ihrer Gruppe« am 15.3.1931 im Restaurant Kyffhäuser in Berlin. **16** Vgl. Folke Stimmel u. a., Stadtlexikon Dresden, A–Z, Verlag der Kunst, Dresden 1994, S. 69. **17** Vgl. Palucca, in: Palucca erinnert sich an ihre Begegnungen mit Künstlern, Interview mit Werner Schmidt und Hans-Ulrich Lehmann, in: Werner Schmidt, S. 20. **18** Vgl. ebd., S. 21. **19** Kandinsky an Mies van der Rohe, 16.10.1932, Stiftung Bauhaus Dessau, Schriftenarchiv, I 10809D. **20** Vgl. Dirk Scheper, Oskar Schlemmer, Das triadische Ballett und die Bauhausbühne, Schriftenreihe der Akademie der Künste, Band 20, Berlin, 1988, S. 150, Anmerkungen auf den Seiten 299 u. 318. **21** Vgl. Xanti Schawinsky, in: Eckhard Neumann (Hrsg.) Bauhaus und Bauhäusler, Erinnerungen und Bekenntnisse, Köln 1985, [4]1994, S. 218. **22** Berliner Westen, 22.10.1924, -m-er., Palucca, Ein Kapitel zur Tanzkunst, SAdK, Palucca-Archiv, Nr. 263–280. **23** Vgl. Brief Sekretariat Palucca-Schule (hs. H. E.) an Jawlensky, 12.8.1925, SAdK, Palucca-Archiv, Nr. 5658. **24** Vgl. Schriftverkehr zwischen Hanna Eisfelder und den genannten Künstlern. SAdK, Palucca-Archiv, Nr. 5658. **25** Vgl. Schriftverkehr zwischen Friedrich Bienert und Alfred Günther, SAdK, Palucca-Archiv, Nr. 5660. **26** Vgl. Ralf Stabel, Das Produkt TANZ PALUCCA wird inszeniert, in: Vorwärts, Rückwärts, Seitwärts, S. 40ff. **27** Der Tag, Berlin, 20.3.1926, B. P., Tanzabend Palucca, SAdK, Palucca-Archiv, Nr. 266. **28** Vgl. Friedrich Bienert an das Ehepaar Kandinsky, 19.7.1927, SAdK, Palucca-Archiv,

Nr. 5658. **29** Vgl. Friedrich Bienert an Ludwig von Hofmann, 5.8.1927, SAdK, Palucca-Archiv, Nr. 5662. **30** Vgl. Tempo, Berlin, 6.11.1929, Jacobi, Die Palucca tanzt im Bachsaal, SAdK, Palucca-Archiv, Nr. 425. **31** Vgl. Palucca, Lebenslauf, März 1974, SAdK, Palucca-Archiv, Nr. 6200. **32** Palucca an Martha Fricke, Stettin 29.[10.1928], Privatbesitz. **33** Vgl. Palucca in: Palucca erinnert sich an ihre Begegnungen mit Künstlern, Interview mit Werner Schmidt und Hans-Ulrich Lehmann, in: Werner Schmidt, S. 20. **34** Vgl. Tägliche Rundschau, Berlin, 4.11.1927, W. P., SAdK, Palucca-Archiv, Nr. 288. **35** Vgl. Berliner Tageblatt, 9.11.1927, D., Tanzabend Palucca, SAdK, Palucca-Archiv, Nr. 288. **36** Berliner Morgenpost, 21.11.1928, Kfr., Tanz, Tanzabende, SAdK, Palucca-Archiv, Nr. 288. **37** B. Z. am Mittag, 9.11.1928, E. M. (Else Münzer), Tanz-Abende, Palucca, SAdK, Palucca-Archiv, Nr. 408. **38** Vgl. Germania, Berlin, 11.11.1928, Pf., Palucca tanzt, SAdK, Palucca-Archiv, Nr. 408. **39** Vgl. Deutsche Allgemeine Zeitung, Berlin, 10.11.1929, E. Br.-Sch., SAdK, Palucca-Archiv, Nr. 425. **40** Berliner Lokal-Anzeiger, 6.11.1929, H. E. F., SAdK, Palucca-Archiv, Nr. 425. **41** Vgl. Das Kleine Journal, Berlin, 21.11.1929, Alfred Jürgens, Zehn Jahre neuer Tanzkunst, I. Palucca tanzt, SAdK, Palucca-Archiv, Nr. 425. **42** 8 Uhr-Abendblatt (National Zeitung), 6.11.1929, Hj. W., Palucca tanzt, SAdK, Palucca-Archiv, Nr. 425. **43** Vgl. Deutsche Tageszeitung, Berlin, 6.11.1930, Tanzveranstaltungen, SAdK, Palucca-Archiv, Nr. 1757. **44** Tägliche Rundschau, 7.11.1930, Dr. Johannes Günther, Die Palucca tanzt, SAdK, Palucca-Archiv, Nr. 1757. **45** Der Abend (Vorwärts), Berlin, 6.1.1930. J[ohn] S.[chikowski], Palucca. Ein Festabend im Bach-Saal, SAdK, Palucca-Archiv, Nr. 1757. **46** Vgl. Der Jungdeutsche, Berlin, 11.11.1931, Karl Gustav Grabe, Palucca, Tanzabend im Bachsaal, SAdK, Palucca-Archiv, Nr. 1796. **47** Vgl. Welt am Abend, Berlin, 28.11.1931, H. L., Tänze, SAdK, Palucca-Archiv, Nr. 1769. **48** Vgl. Der Abend (Vorwärts), 12.1.1931, Trude E. Schulz, Palucca tanzt, SAdK, Palucca-Archiv, Nr. 1796. **49** Palucca an Martha Fricke, 1920er Jahre, Privatbesitz. **50** Vgl. Deutsche Allgemeine Zeitung, 9.11.1932, Fritz Böhme, Palucca tanzt, SAdK, Palucca-Archiv, Nr. 1811. **51** Vgl. Das Kleine Journal, 17.11.1932, Alfred Jürgens, Die Palucca, Neue Tanzschöpfungen, SAdK, Palucca-Archiv, Nr. 1811. **52** Vgl. Rezensionszitate im Werbefaltblatt »Palucca. Deutschlands grosse Tänzerin«. **53** Vgl. Rezensionszitate in den Beiblättern »Palucca Solotanz«, [1928], zum Werbeprospekt »Tanz Palucca«. **54** Vgl. Rezensionszitate im Werbefaltblatt »Palucca. Deutschlands grosse Tänzerin« und H. A. v. Maltzahn, Großer Erfolg Paluccas in Paris, ohne Angabe der Zeitung, Dezember 1930; Casarguenne, Paluccas Pariser Debut, ohne Angabe der Zeitung, ohne Datum. APSD. **55** Vgl. Programmzettel, Eigene Tänze Gret Palucca, zum Auftritt im Blüthner-Saal in Berlin am 26. 1924, SAdK, Palucca-Archiv, Nr. 257. **56** Berliner Börsen-Zeitung, 4.11.1927, M. Ch., Palucca tanzt, SAdK, Palucca-Archiv, Nr. 288. **57** Der Tag, Berlin, 5.11.1927, B. P., Lächelnde Tänze und ein Walzer, Palucca im Bach-Saale, SAdK, Palucca-Archiv, Nr. 288. **58** Vgl. Berliner Börsen-Courier, 5.11.1927, Paul Bloch, Palucca, Bachsaal, SAdK, Palucca-Archiv, Nr. 288. **59** Der Jungdeutsche, Berlin, 10.11.1928, Karl Gustav Grabe, Gret Palucca tanzt, SAdK, Palucca-Archiv, Nr. 408. **60** Neue Berliner 12 Uhr Zeitung, 9.2.1932, -m-, Paluccas schönste Tänze, SAdK, Palucca-Archiv, Nr. 1811. **61** Vgl. Berliner Börsen-Courier, 6. Feb. 1932, Paul Bloch, Ausdrucksstudien, Paluccas vierter Tanzabend, SAdK, Palucca-Archiv, Nr. 1811. **62** Vgl. Vossische Zeitung, Berlin, 9.11.1932, Artur Michel, Paluccas neue Tänze, SAdK, Palucca-Archiv, Nr. 1838. **63** Der Jungdeutsche, Berlin, 13.11.1932, Karl Gustav Grabe, Gret Palucca/Neue Tänze im Bachsaal, SAdK, Palucca-Archiv, Nr. 1838. **64** Vgl. B.Z. am Mittag, Berlin, 9.11.1932, E. M., Die Palucca siegt im Bachsaal, SAdK, Palucca-Archiv, Nr. 1838. **65** Tempo, Berlin, 9.11.1932, v. J-i., Wieder die Palucca – Abend im Bachsaal, SAdK, Palucca-Archiv, Nr. 1838. **66** Vgl. Berliner Morgenpost, Berlin, 10.11.1932, Rfr., Die Palucca tanzt – Neue Tänze im Bachsaal, SAdK, Palucca-Archiv, Nr. 1838. **67** Vgl. 8 Uhr-Abendblatt, Berlin, 9.11.1932, W. V., Palucca, SAdK, Palucca-Archiv, Nr. 1838. **68** Kandinsky, in: Tanz Palucca, S. 25. **69** Vgl. Schriftverkehr, SAdK, Palucca-Archiv, Nr. 5828. **70** Vgl. Pressemeldungen zum Film »Serenata«, SAdK, Palucca-Archiv, Nr. 3951. **71** Vgl. Deutsche Allgemeine Zeitung, 28.7.1934, Wl., Verfilmte Tanzkunst, SAdK, Palucca-Archiv, Nr. 3951. **72** Vgl. Der Deutsche, Nr. 168, 22.7., Mittelholzers Abessinienflug. Mit dem Flugzeug in die Urwildnis Afrikas, Film-Premiere im Capitol, SAdK, Palucca-Archiv, Nr. 3951. **73** Vgl. Werner Schmidt, Notizen zur Biographie Paluccas, in: Werner Schmidt, S. 32. **74** Vgl. Katja Erdmann-Rajski, S. 118f. **75** Palucca, in: Palucca erinnert sich an ihre Begegnungen mit Künstler, Interview mit Werner Schmidt und Hans-Ulrich Lehmann, in: Werner Schmidt, S. 25. **76** Vgl. BT [Berliner Tageblatt], N. E., 4.11.1935, Begegnung mit einer Tänzerin, Zu einem Buch über Palucca, APSD. **77** Vgl. [Deutsche Allgemeine Zeitung], 27.11.1935, F. B., Olaf Rydberg: »Die Tänzerin Palucca«, APSD. **78** Vgl. Dieter Hoffmann, Ida Bienert: »Millionen Nachtigallen schlagen«, in: Die großen Dresdner, S. 249. **79** Vgl. Katja Erdmann-Rajski, S. 116. **80** Vgl. Tagesspiegel, Berlin, 10.4.1946, Herbert Pfeiffer, Palucca und der moderne Tanz, SAdK, Palucca-Archiv, Nr. 4710. **81** Zwei unterschiedliche Tänze zeigen Maxim Dessau im Vorspann seines Filmes »Palucca Tanz Palucca« von 1987 und Maja Ulrich in ihrem Dokumentarfilm »Auch mit dem Kopf tanzen und manchmal mit den Beinen denken – Die Tänzerin Gret Palucca«. Katja Erdmann-Rajski beschreibt diese Isolationen in ihrem Buch »Palucca« anhand von Tanzfotos. **82** Vgl. Die Weltbühne, »Palucca mit ihrer Gruppe im Theater am Bülowplatz«, Rudolf Arnheim, zit. nach: Tanz Palucca, S. 8. **83** Vgl. John Schikowski, 3. Tanzmatinee in der Volksbühne, Vorwärts, zit. nach: Tanz Palucca, S. 5. **84** Vgl. Lilian Karina und Marion Kant, S. 268. **85** Vgl. ebd., S. 269. **86** Vgl. ebd., Text auf der Buchrückseite. **87** Vgl. Marion Kant: Dresden und die avancierte Musik im 20. Jahrhundert, 1933–1966, S. 8. **88** Vgl. Akte Palucca, BStU, Kreisdirektion Dresden-Stadt, 15548, Bl. 9. **89** Vgl. Dorothea Kahr, Buchbesprechung Gret Palucca, in: Tanz & Gymnastik, 4/2000, 56. Jg, S. 68. **90** Vgl. Lilian Karina und Marion Kant, S. 130, Anm. 35. **91** Vgl. Handbuch des deutschsprachigen Exiltheaters 1933–1945, Bd. II, München 1999, S. 788. **92** Palucca an Arthur Bernstein, 4.5.1933, zit. nach: Katja Erdmann-Rajski, S. 400f. **93** Palucca an Arthur Bernstein, 1.8.1933, zit. nach: Katja Erdmann-Rajski, S. 404. **94** Reichskanzler Adolf Hitler über Kunst und Nation. Aus der großen kulturpolitischen Rede auf dem Reichsparteitag Nürnberg 1933, Programmheft Städtische Schauspiele Baden-Baden, Heft 4, Spielzeit 1933/34. **95** Vgl. Der Angriff, Berlin, 7.11.1933, Soltmann, Die Tänzerin Palucca, SAdK, Palucca-Archiv, Nr. 4173. **96** Vgl. Berliner Lokal-Anzeiger, 13.1.1934, -lzc, Tanz zur Zeit, SAdK, Palucca-Archiv, Nr. 4187. **97** Vgl. Coburger Beobachter, 9.1.1934, ng, Tänzerin Palucca, SAdK, Palucca-Archiv, Nr. 4187. **98** Vgl. Palucca, Deutschlands grosse Tänzerin, [1935]. **99** Vgl. Völkischer Beobachter, 7.3.1934, Tanz, Palucca-Abend, SAdK, Palucca-Archiv, Nr. 4201. **100** Vgl. Völkischer Beobachter, 27.10.1934, W. H., Die Palucca im Bachsaal, SAdK, Palucca-Archiv, Nr. 4215. **101** Vgl. Deutsche Zeitung, 5.3.1934, Alfred Mühr, Humoristische Tänze der Palucca, SAdK, Palucca-Archiv, Nr. 4215. **102** Vgl. Der Freiheitskampf, 3.4.1935, Tanzabend Palucca, SAdK, Palucca-Archiv, Nr. 4256. **103** Vgl. Palucca, in: Blätter der Volksbühne Berlin, Spielzeit 1933/34, SAdK, Palucca-Archiv, Nr. 4201. **104** Vgl. Programmzettel zum Auftritt am 18.10.1924 im Blüthner-Saal in Berlin, SAdK, Palucca-Archiv, Nr. 261. **105** Vgl. Palucca, in: Raimund Hoghe, S. 207. **106** Vgl. Palucca im Interview mit Gerhard Schumann, zit. nach: Katja Erdmann-Rajski, S. 162. **107** Vgl. Mary Wigman, in: Gerhard Schumann, S. 66. **108** Vgl. Palucca, Lebenslauf, März 1974, SAdK, Palucca-Archiv, Nr. 6200. **109** Der Verweis auf den Erstdruck stammt aus den Werbeprospekten »Palucca Tanz«, S. 15, und »Tanz Palucca«, S. 27. **110** Vgl. Friedrich Bienert an Alfred Günther, 7.4.1926, SAdK, Palucca-Archiv, Nr. 5660. **111** Vgl. Palucca über ihre Schule, in: Palucca Tanz, S. 15, und in: Tanz Palucca, S. 27. **112** Vgl. Interview mit Matanja Cernohorska/Martha Fricke am 29.3.1998. Privatbesitz. **113** Palucca, 1934, in: Palucca, Zum Fünfundachtzigsten, S. 8. **114** Elisabeth Dulk, Schülerarbeit (1927), zit. nach: Katja Erdmann-Rajski, S. 185. **115** Vgl. Rudolf Lämmel, S. 177. **116** Vgl. Programmzettel zum Auftritt am 15. März 1927 im Gewerkschaftssaal in Kiel, SAdK, Palucca-Archiv, Nr. 275. **117** Vgl. Schulprospekt, vor 1930, SAdK, Palucca-Archiv, Nr. 5889. **118** Vgl. Elli Müller-Rau, Palucca-Schule Dresden, in: Der Tanz, Jg. 4., H. 9, 1931, S. 8. **119** Vgl. Werbeformular für die Laienkurse der Palucca Schule Dresden, SAdK, Palucca-Archiv, Nr. 5889. **120** Vgl. Brief an Editions du Foyer des Lettres, 11.10.1933, SAdK, Palucca-Archiv, Nr. 6137. **121** Vgl. Palucca, in: Palucca, Zum Fünfundachtzigsten, S. 16. **122** Vgl. Programmzettel zum Auftritt am 1.3.1934 in Dresden, SAdK, Palucca-Archiv, Nr. 4200. **123** Fred Hildebrandt, ... ich soll dich grüssen von Berlin, S. 144. **124** Vgl. Dresdner Anzeiger, 3.3.1929, Bn., Paluccaschule, APSD. **125** Vgl. Sächsische Staatszeitung, 2.3.1929, Brt., Tänze, APSD. **126** Vgl. Fred Hildebrandt, ... ich soll dich grüssen von Berlin, S. 143–

147. **127** Vgl. Werner Schmidt, S. 32; Hedwig Müller, 1992, S. 22. **128** Steffi Nossen an die Feuilletonredaktion des Berliner Börsen-Couriers, 14.9.1928, APSD. **129** Vgl. Brief an Editions du Foyer des Lettres, 11.10.1933, SAdK, Palucca-Archiv, Nr. 6137. **130** Vgl. Völkischer Beobachter, W. H., 27.10.1934, Die Palucca im Bachsaal, SAdK, Palucca-Archiv, Nr. 4215. **131** Vgl. Programmzettel zum Auftritt am 31. Oktober 1935 in Gera, SAdK, Palucca-Archiv, Nr. 4266. **132** Vgl. Memorandum des Ministerialrates von Keudell, in: Lilian Karina und Marion Kant, S. 137. **133** Vgl. Pressemeldung der Palucca Schule Dresden vom 1.11.1934, SAdK, Palucca-Archiv, Nr. 6059. VgL auch Programmheft zum Auftritt in Meißen am 4.10.1934, SAdK, Palucca-Archiv, Nr. 4207. **134** Vgl. Charakteristik der Palucca-Schule, [1935], SAdK, Palucca-Archiv, Nr. 6139. **135** Pressemeldung der Palucca Schule Dresden vom 27.3.1935, SAdK, Palucca-Archiv, Nr. 6060; Programmzettel zum Auftritt am 1.11.35 in Dresden, SAdK, Palucca-Archiv, Nr. 4267. **136** Pressemeldung der Palucca Schule Dresden vom 29. September 1935, SAdK, Palucca-Archiv, Nr. 6060. **137** Vgl. Werbeprospekt der Palucca Schule Dresden, 1936, SAdK, Palucca-Archiv, Nr. 5889. **138** Vgl. Die Gymnastischen Schulen in Deutschland, in : Gymnastik und Tanz, Jg. 11., H. 8, 1936, S. 121, APSD. **139** Vgl. Undatiertes Dokument, SAdK, Palucca-Archiv, Nr. 6141, das möglicherweise als Vorlage einer Pressemeldung in der zweiten Hälfte der dreißiger Jahre diente.

»Wandlungen« 1936–1944

1 Palucca, zit. nach: Thomas Eckert, Der Sprung nach vorn oder Tanz eines Lebens. Gret Palucca, die Tänzerin, Choreographin und Tanzlehrerin feiert in Dresden ihren neunzigsten Geburtstag, Der Tagesspiegel, Berlin, 8.1.1992. **2** Palucca, Als Kind sah ich die Pawlowa ..., in: Die deutschen Tänzer grüßen ihre Kameraden aus dem Ausland, anläßlich der Internationalen Tanzwettspiele, in: Deutsche Tanz-Zeitschrift, Jg. 1, H. 4, 1936, S. 63. **3** Vgl. Die junge Dame, -men, Tänzer für Deutschland, Interview der Woche, Jg. 4, 1936, Nr. 29, S. 2. **4** Vgl. Palucca an Hanns Niedecken-Gebhard, 17.5.1936, Nachlass Niedecken-Gebhard, Theatermuseum der Universität Köln, in: tanzdrama, Nr. 18, 1. Quartal 1992, Gret Palucca, Lebenslauf, S. 22f. **5** Das Schwarze Korps, 13.8.1936, S. 9. **6** Vgl. Fritz Böhme, Die Deutschen Tanzfestspiele 1934, in: Fachblatt für Singchor und Tanz, 1934, S. 11–13. **7** Vgl. A. G., Deutsche Tanzfestspiele 1934, in: Der Tanz, Jg. 8, 1935, H. 1, S. 5. **8** Vgl. Fritz Böhme, Die Deutschen Tanzfestspiele 1934, in: Fachblatt für Singchor und Tanz, 1934, S. 12f. **9** A. G. Deutsche Tanzfestspiele 1934, in: Der Tanz, Jg. 8, 1935, H. 1, S. 6. **10** Vgl. Erwin Kroll, Internationale Tanzfestspiele 1936, in: Der Tanz, Jg. 9, 1936, H. 8, S. 3. **11** Vgl. Rolf Cunz, Tanzbühne und Bühnentanz, Rückschau auf die internationalen Tanzwettspiele 1936 in Berlin, in: Die Bühne, Jg. 2, 1936, 1. Sept.-Heft, S. 518-521. **12** Vgl. Erwin Kroll, Internationale Tanzfestspiele 1936, in: Der Tanz, Jg. 9, 1936, H. 8, S. 8. **13** Vgl. Die N.S.-Kulturgemeinde e. V. Amtsleitung/Abteilung Musik an die Konzertdirektion Hans Adler, 2.11.1936, SAdK, Palucca-Archiv, Nr. 6187. **14** Fragebogen der Fachschaft Gymnastik und Tanz, BArch, R 55/NS/12/15, Personalakte Palucca, Gret, Reichstheaterkammer, Akte 68091, (1309), RKK 2200 Box 0428 File 16. **15** Hinkel an Frau Margarete Palucca, 30.12.1936, Abschrift der Sondergenehmigung, zit. nach: Lilian Karina und Marion Kant, S. 271. **16** Palucca an Hans Hinkel, 15.1.1937, in: ebd., S. 175. **17** Vgl. ebd., S. 274-279. **18** Vgl. [Verwarnungsschreiben an die Zeitschrift »Der Rundblick«], 7.2.1939, BArch R55/1421, Bestand Reichsministerium für Volksaufklärung und Propaganda. **19** Vgl. Der Präsident der Reichstheaterkammer an den Herrn Präsidenten der Reichskulturkammer, 13.3.1939, in: Lilian Karina und Marion Kant, S. 279. **20** Vgl. Der Oberbürgermeister der Landeshauptstadt Dresden, Stadtamt für Volksbildung (Kopfbogen) An die Leitung der Palucca-Schule, 24. Okober 1938, SAdK, Palucca-Archiv, Nr. 6182. **21** Vgl. SAdK, Palucca-Archiv, Nr. 1724. Die Eintragungen sind nicht mehr von Palucca, sodass nicht eindeutig festzustellen ist, ob die Stunde von Palucca gegeben wurde. Es ist aber die letzte in den Klassenheften eingetragene Stunde. **22** Willy Kehrer, in: Willy-Kehrer-Archiv, H. IVa+b, S. 23. **23** Vgl. NSDAP Reichsleitung, Der Beauftragte des Führers für die gesamte geistige und weltanschauliche Erziehung der NSDAP (Kopfbogen), Hauptstelle KulturpoL Archiv an Gret Palucca, 2.6.1938, SAdK, Palucca-Archiv, Nr. 6184. **24** Hauptstelle KulturpoL

Archiv, Dr. Gk/G., an Die Deutsche Arbeitsfront, N.S.-Gemeinschaft Kraft durch Freude, Amt Feierabend, 2.6.1938, Personalakte Palucca, Gret, Reichstheaterkammer, Akte 68091, (1309), RKK 2200 Box 0428 File 16, RThK 518/513 BArch, Nr. 4669, S. 41. **25** Vgl. Völkischer Beobachter, 4.11.36, So., Tanz, Palucca in der Volksbühne, SAdK, Palucca-Archiv, Nr. 4331. **26** Vgl. Elke Fröhlich, Die kulturpolitische Pressekonferenz des Reichspropagandaministeriums, in: Vierteljahreshefte für Zeitgeschichte, 22. Jg., 1974, 4. Heft/Oktober, S. 365. **27** Vgl. ebd., S. 368. **28** Rundspruch Nr. 27, 8.2.1939, BArch R55/1421, Bl. 31, Bestand Reichsministerium für Volksaufklärung und Propaganda. **29** Vgl. Telegramm pm an kln, Bade an Scharrenbroich, 16.11.1939, BArch R55/1421, Bl. 38, Bestand Reichsministerium für Volksaufklärung und Propaganda. **30** Telegramm, pm an nbg, 21.10.1940, BArch R55/1421, Bl. 50, Bestand Reichsministerium für Volksaufklärung und Propaganda. **31** Vgl. Reichsminister für Volksaufklärung und Propaganda, Abt. Zeitschriftenpresse, Kulturpresse, an den Hauptschriftleiter des »Hamburger Fremdenblatt«, 29.11.1941, und: Ref. Dreetz, Abteilung Deutsche Presse, Hauptreferat Kulturpresse, an Ministerialrat Dürr im Reichsministerium für Volksaufklärung und Propaganda, 25.10.1940, BArch R55/1421, Bl. 52 und 75, Bestand Reichsministerium für Volksaufklärung und Propaganda. **32** Vgl. Deutsche Allgemeine Zeitung, 9.11.1938, Carl Heinz Petersen, Palucca 1938, SAdK, Palucca-Archiv, Nr. 4736. **33** Vgl. Palucca an eine Schülerin, 22.5.1943, Privatbesitz. **34** Vgl. Palucca an eine Schülerin, 31.5.1943, Privatbesitz. **35** Lilian Karina und Marian Kant, S. 164. **36** Vgl. Tanz und Musik, Von Palucca. Am 25. Oktober zeigt Palucca im Bach-Saal ihre neuen Tänze, 1934. **37** Vgl. Palucca an eine Schülerin, 22.5.1943, Privatbesitz. **38** Palucca an eine Schülerin, 12.4.1944, Privatbesitz. **39** Vgl. Palucca, Meine Haushälterin ..., 18.7.1944, Privatbesitz. **40** Palucca an Herrn Bade, 17.9.1944, zit. nach: Lilian Karina und Marion Kant, S. 321. **41** Vgl. Palucca an eine Schülerin, Poststempel 3.11.1944, Privatbesitz. **42** Palucca an eine Schülerin, 1.12.1944, Privatbesitz. **43** Palucca an eine Schülerin, undatiert [Dez.44], Privatbesitz.

»Nicht ohne Geheimnis« 1945–1950

1 Palucca an eine Schülerin, 2.2.1945, 9.2.1945 (Poststempel), Privatbesitz. **2** Palucca an eine Schülerin, 22.2.1945, Privatbesitz. **3** Palucca an eine Schülerin, 7.3.1945, Privatbesitz. **4** Palucca an eine Schülerin, 11.4.1945, Privatbesitz. **5** Absolventen gratulieren, 60 Jahre Palucca Schule Dresden, Fernsehfilm, VBA 54834 AC 7 443, 58'31«, 28.8.1985. **6** Konzeption der Ausstellung unserer Schule, 20 Jahre Kulturpolitik der SED an der Palucca Schule Dresden, 1966, APSD. **7** Vgl. Programmzettel zu den Auftritten am 2.6., 6.6. und 11.6.1940, Front-Soldaten-Bühne (Sylt), SAdK, Palucca-Archiv, Nr. 4473, sowie Kritik zu den Auftritten am 6.12. und 9.12.1942 im Soldatenheim Westerland, SAdK, Palucca-Archiv, Nr. 4620. **8** Vgl. Joseph Walk (Hrsg.), Das Sonderrecht für die Juden im NS-Staat, Eine Sammlung der gesetzlichen Maßnahmen und Richtlinien – Inhalt und Bedeutung, Beideiberg 1996. **9** Bescheinigung des Ministerialdirektors Dr. Grohmann, 27.11.1945, SAdK, Palucca-Archiv, Nr. 3648. **10** Tägliche Rundschau, 12.4.1946, H. U. E., Palucca, heute wie einst, SAdK, Palucca-Archiv, Nr. 4710. **11** Die Neue Welt, 13.4.1946, Annaliese Wiener, Wiedersehen mit Palucca, SAdK, Palucca-Archiv, Nr. 4710. **12** Ebd. **13** Sie, 14.4.1946, Wolfgang Path, SAdK, Palucca-Archiv, Nr. 4170. **14** Deutsche Volkszeitung, 14.4.1946, SAdK, Palucca-Archiv, Nr. 4170. **15** Sächsische Zeitung, 1.6.1946, Frauen auf dem Weg, Die große Künstlerin Palucca kandidiert für die SED. **16** Palucca, An die SMA des Bundeslandes Sachsen, 12.1.1947, SAdK, Palucca-Archiv, Nr. 6051. **17** Palucca, Lebenslauf, 27.9.1950, SAdK, Palucca-Archiv, Nr. 6195. **18** Jean Weidt, in: Marion Reinisch, Jean Weidts Erinnerungen, S. 121, zit. nach: Katja Erdmann-Rajski, S. 131. **19** Kotschetow, Alexej, in: Schumann, Gerhard, S. 115. **20** Vgl. Bescheinigung, Der Oberbürgermeister der Stadt Dresden, Bildung und Schule, Stadtrat [Eckert], 11.6.1945, SAdK, Palucca-Archiv, Nr. 3648/3649. **21** Volkszeitung, 3.8.1945, Arno Großmann, Tanz Palucca, SAdK, Palucca-Archiv, Nr. 4704. **22** Vgl. Neues Deutschland, 21.6.1946, E.B., Kulturnotizen, Die Palucca tanzt, SAdK, Palucca-Archiv, Nr. 4711. **23** Vgl. Der Sozialdemokrat, 28.1.1948, L. L., Musik der Bewegung, SAdK, Palucca-Archiv, Nr. 4830. **24** Vgl. Sie, 14.4.1946, Wolfgang W. Parth, SAdK, Palucca-Archiv, Nr. 4710. **25** Tagebucheintrag Mary Wigman, 5.1.1947, SAdK,

Mary-Wigman-Archiv, Nr. 456. **26** Ebd. **27** Berliner Zeitung, 27.1.1948, Gr., Getanzte Lebensfreude, SAdK, Palucca-Archiv, Nr. 4830. **28** Programmzettel zum Auftritt am 27.2.1949 im Hebbeltheater in Berlin, SAdK, Palucca-Archiv, Nr. 4797. **29** Prof. Tonndorf, Stadtkrankenhaus Dresden-Friedrichsstadt, 21.4.1950, SAdK, Palucca-Archiv, Nr. 4951. **30** Tribüne, 28.3.1950, I. Sch., Palucca tanzte, SAdK, Palucca-Archiv, Nr. 4737. **31** Neuköllner Anzeiger, 29.3.1950, Gaston Garden, Unverbindlicher Tanz, SAdK, Palucca-Archiv, Nr. 4737. **32** National-Zeitung, 29.3.1950, SAdK, Palucca-Archiv, Nr. 4737. **33** Tanz und Musik, Von Palucca. Am 25. Oktober zeigt Palucca im Bach-Saal ihre neuen Tänze, APSD. **34** Sylter Rundschau, 9.8.1950, Palucca tanzt in List, APSD. **35** Programmzettel zum Auftritt am 31.3.1946 in Dresden-Radebeul, SAdK, Palucca-Archiv, Nr. 4709. **36** Johannes Paul Thilman, Die Palucca Schule Dresden, Manuskript, Ende 1949, SAdK, Palucca-Archiv, Nr. 980. **37** Tanz, Palucca Schule im neuen Aufwind, Berliner Palette, 9.7.1948. **38** Vgl. Erich Vogt, Tanz – Klassisch oder modern?, in: TdZ, H. 2, 1946, S. 20f. **39** Vgl. Die Gnade der westlichen Geburt, Kurt Schilde, Tagesspiegel Berlin, 9.12.1996. **40** Sächsische Zeitung, [1.6.]1946, Frauen auf dem neuen Weg, Die große Künstlerin Palucca kandidiert für die SED. **41** Egon Rentzsch, Rat der Stadt, Volksbildungswesen, an Palucca, 18.3.47, SAdK, Palucca-Archiv, Nr. 5091. **42** Bertolt Brecht an Arnold Zweig, [Juni/Juli] 1949, zit. nach: Mittenzwei, 1989, Bd. 2, S. 377.

»Aufforderung zum Tanz« 1950–1961

1 Palucca an Paul Wandel, Mininister für Volksbildung, 14.4.1951, SAdK, Palucca-Archiv, Nr. 678. **2** Vgl. Schriftverkehr Egon Rentzsch, ZK der SED, und Albin Fritsch, 29.1.1951 bis 26.2.1951, SAPMO-BArch, DY 30/IV 2/906/122, Bestand Sozialistische Einheitspartei Deutschlands, Zentralkomitee, Kultur. **3** Vgl. Wolfgang Leonhard, Die Revolution entlässt ihre Kinder, 2 Bd., Reclam Verlag, Leipzig 1990, S. 406. **4** Vgl. Fritsch an Rentzsch, 26.2.1951, SAPMO-BArch, DY 30/IV 2/906/122, Bestand Sozialistische Einheitspartei Deutschlands, Zentralkomitee, Kultur. **5** Vgl. Zocher, Staatliche Kommission für Kunstangelegenheiten, an Palucca, 13.8.1952, SAdK, Palucca-Archiv, Nr. 678. **6** Walter Weidauer an Egon Rentzsch, 18.11.1952, SAPMO-BArch, DY 30/IV 2/906/122, Bestand Sozialistische Einheitspartei Deutschlands, Zentralkomitee, Kultur, Bl. 28. **7** Vgl. Kurzbericht über die Besprechung des Tanzes in der HA Kunst – Referat Ausbildung und Nachwuchs – im Ministerium für Volksbildung am 28.5.1951, APSD 212. **8** Vgl. Palucca an Bergmann, 14.2.1953, SAdK, Palucca-Archiv, Nr. 677. **9** Vgl. Fritz Böhme, Ausdruckstanz, Entstehung, Entwicklung, Wirkungen, 1952, unveröffentlichtes Manuskript, 83 S. ms., APSD. **10** Irmgard Schaaf, 1.7.1950, SAdK, Palucca-Archiv, Nr. 976. **11** Irmgard Schaaf, Technik in Form von Tanzetüden, eine Grundlage für den Neuen Tanz, 1951, SAdK, Palucca-Archiv, Nr. 968. **12** Ebd. **13** Ebd., S. 2. **14** Protokoll über die erste Zusammenkunft der AGP, 21.11.1952, SAPMO-BArch, DR 11592, Bestand Ministerium für Kultur, Sektor Schulische Einrichtungen, Palucca Schule Dresden, Bandnummer 2, 1952–1967. **15** Rebecca Rebling (Lin Jaldati) an Zentralkomitee der SED, 11.10.1952, SAPMO-BArch, Bestand SED, Kultur, DY 30/IV 2/9.06/122, Bl. 56-59, S. 3f. **16** Vgl. Ernst Krause, in: Zur Diskussion, Realismus im Tanz, [1953]. S. 45ff. **17** Vgl. Der sozialistische Realismus in der Tanzkunst, Entschließung, in: Zur Diskussion, Realismus im Tanz, [1953]. Entschließung, Pkt. 7. Vgl. Arbeitsplan für die praktischen Fächer der Aspirantur für Tanzpädagogik, 22.10.1953, APSD 212. **18** Bertolt Brecht, in: BBA, Mappe 559, Blatt 01–102, zit. nach: Werner Mittenzwei, Das Leben des Bertolt Brecht oder der Umgang mit den Welträtseln, Frankfurt am Main 1989, Bd. 2, S. 542. **19** Seidel, Stellungnahme zum Brief des Präsidenten der Deutschen Akademie der Künste an den Herrn Ministerpräsidenten vom 17.9.1953, 21.9.1953, S. 1f., SAPMO-BArch, DR 1/592, Bestand Ministerium für Kultur, Sektor Schulische Einrichtungen, Palucca Schule Dresden, Bd. 2, 1952–1967. **20** Vgl. Beschlußprotokoll der Sektionssitzung vom 12. Oktober 1953, SAdK, Palucca-Archiv, Nr. 678, und: Holtzhauer an Wolfgang Langhoff (Ständiger Sekretär der Sektion Darstellende Kunst), 16.7.1953, SAPMO-BArch, DR 11592, Bestand Ministerium für Kultur, Sektor Schulische Einrichtungen, Palucca Schule Dresden, Bd. 2, 1952–1967. **21** Der Tanz um das Nichts, Die Palucca und der »sozialistische Realismus«, Telegraf Wochen-Spiegel, Berlin, Nr. 49, 1953. **22** Weber, komm.

Hauptabteilungsleiter an Schneider, Abt. Innere Verwaltung, 15.3.1950, SächsHStA, LRS. Min. für Volksbildung, Nr. 2627, Haushaltsangelegenheiten der Palucca-Schule Dresden 1948–1950, Bl. 45. **23** Egon Rentzsch, ZK der SED, an Walter Weidauer, OB der Stadt Dresden. 10.10.1951, SAPMO-BArch, DR 1/596, Bestand Ministerium für Kultur, Sektor Schulische Einrichtungen, Palucca Schule Dresden, Bd. 6, 1952–1963. **24** Rentmeister, Stellv. des Vorsitzenden der Staatlichen Kommission für Kunstangelegenheiten an Otto Grotewohl, Ministerpräsident, 24.9.1953, SAPMO-BArch, DR 1/592, Bestand Ministerium für Kultur, Sektor Schulische Einrichtungen, Palucca Schule Dresden, Bd. 2, 1952–1967. **25** Vgl. Protokoll der Sitzung der Sektion Darstellende Kunst der DAK vom 17.12.1953, SAdK, Palucca-Archiv, Nr. 677. **26** Ebd. **27** Berufungsurkunde, Becher, 15.4.1954, SAPMO-BArch, DR 1/591, Bestand Ministerium für Kultur, Sektor Schulische Einrichtungen, Palucca Schule Dresden, Bd. 1, 1951–1962. **28** Der Tanz um das Nichts, Die Palucca und der »sozialistische Realismus«, Telegraf Wochen-Spiegel, Berlin, Nr. 49, 1953. **29** Sächsische Zeitung, Görlitz, 19.7.1958, -el., Palucca-Schule ganz international, Tanzfachleute aus aller Welt in Dresden. **30** Sächsische Neueste Nachrichten, 28.6.1957, H. W. F., Internationaler Sommerkurs der Paluccaschule. **31** Schreiben an das ZK der SED, 13.4.1959, SAPMO-BArch, Bestand SED, ZK, Büro Alfred Kurella, DY30/IV 2/2.026/65, Bl. 12–14. Die Namen des Absenders und seiner Tochter werden aus Gründen des Persönlichkeitsrechtsschutzes hier nicht genannt. **32** Vgl. Aktennotiz, Seidel, Staatliche Kommission für Kunstangelegenheiten, HA Künstlerische Lehranstalten, 16.5.1953, SAPMO-BArch, DR 1/592, Bestand Ministerium für Kultur, Sektor Schulische Einrichtungen, Palucca Schule Dresden, Bd. 2, 1952–1967. **33** Vgl. Akte Palucca, BStU, Kreisdirektion Dresden-Stadt, 15548, Bl. 7–10. **34** Vgl. zu den antisemitischen Aspekten in der DDR-Politik und zur Tätigkeit des MfS in diesem Zusammenhang: Mario Keßler, Sozialisten jüdischer Herkunft zwischen Ost und West, in: Hochschule Ost, 1–2/99, S. 21–46, bes. S. 24. **35** Die Union, Dresden, 4.2.1950, D. G., Aus der Arbeit der Palucca-Schule. **36** Vgl. Aktennotiz, Seidel, Staatliche Kommission für Kunstangelegenheiten, HA Künstlerische Lehranstalten, 16.5.1953, SAPMO-BArch, DR 1/592, Bestand Ministerium für Kultur, Sektor Schulische Einrichtungen, Palucca Schule Dresden, Bd. 2, 1952–1967. **37** Seidel, Bericht von der Überprüfung der Forschungsarbeit von Frau Gret Palucca durch Mitglieder der Deutschen Akademie der Künste am 1.6.1953 in Dresden, 7.6.1953, SAPMO-BArch, DR 1/592, Bestand Ministerium für Kultur, Sektor Schulische Einrichtungen, Palucca Schule Dresden, Bd. 2, 1952–1967, S. 6. **38** Vgl. PALUCCA zur Leipziger Erstaufführung des Balletts von Assafjew: »Die Flamme von Paris«, in: Die Weltbühne,[1953 o. 1954] TAL Sm 891/7. **39** Vgl. Die Union, Dresden, 13.6.1956, Karlheinz Ulrich, Im Tanz sichtbar gewordene Musik, Ein gefeierter Tanzabend der Paluccaschule als Beitrag der Festwochen. **40** Werner Hoerisch, Zweimal Aufforderung zum Tanz, in: TdZ, H. 8, 1956, S. 32. **41** Sonntag, 1.7.1956, Herbert Ihering, Die Jugend dringt vor. **42** Ebd. **43** Vgl. Seemann, Kulturfonds der Deutschen Demokratischen Republik, Sekretariat der Staatlichen Auftragskommission an Palucca, 30.9.1954, APSD 214. **44** Wiesbadener Kurier, 28.6.1958, Palucca-Schule mißfällt der SED; Hamburger Echo, 28.6.1958, Palucca-Schule angegriffen, Schwächstes Glied im Fachschulwesen; Stuttgarter Nachrichten, 28.6.1958, SED kritisiert Dresdner Palucca-Schule; Tagesspiegel, Westberlin, 10.7.1958, Aus der Reihe getanzt, SED kritisiert Dresdner Palucca-Schule; Welt der Arbeit, Köln, 11.7.1958, SED kritisiert Palucca-Schule; Berliner Stimme, Westberlin, 16.8.1958, Die Partei tanzt. **45** Einschätzung der Situation an den künstlerischen Lehranstalten und Maßnahmen zur Verbesserung der Arbeit, SED Stadtleitung Dresden, Abt. Kultur und Erziehung, 9.11.1955, in: Berichte und Analysen über die Lage an künstlerischen Lehranstalten, anderen Kunsteinrichtungen und die Rolle der kulturellen Massenarbeit; SächsHStA, IV/2/3/224, SED-Bezirksleitung Dresden, 12/1954–3/1957, S. 33ff. **46** Günter Hirche [an Ministerium für Kultur], Bericht über den Ablauf und die Ergebnisse des Studienjahres 1954/55 und die Situation zum Studienjahr 1955/56 an der Palucca-Schule Dresden, 2.11.1955, S. 3, APSD 232. **47** Vgl. Hirche an Schulleitung, 21.3.1956, Berichte SED GO, Schriftwechsel Ministerium für Kultur 1954–59, APSD 232. **48** Vgl. Hirche an Ministerium für Kultur, 30.8.1958, SAPMO-BArch, DR 1/596, Bestand Ministerium für Kultur, Sektor Schulische Einrichtungen, Palucca Schule Dresden, Bd. 6, 1952–

1963. **49** Zugesichert wurde Günter Hirche die Einstellung des Assistenten aufgrund seiner Klage in einer Besprechung mit Tilo Vogel im Ministerium für Kultur am 26.10.1955. Der für die Gründung einer Parteigruppe notwendige dritte Genosse sollte im Bereich des Internats eingestellt werden. **50** Aktennotiz zur FDJ-Vollversammlung vom 23.4.1958, Ilse Seeling, 28.4.1958, aus der Erinnerung, S. 2, SAPMO-BArch, DR 1/594, Bestand Ministerium für Kultur, Sektor Schulische Einrichtungen, Palucca Schule Dresden, Bd. 4, 1958–1964. **51** Vgl. Hirche an Naumann, Bezirksleitung SED, Bericht zur Vorbereitung der Bezirkskulturkonferenz, 7.2.1958, Berichte SED GO, Schriftwechsel Ministerium APSD für Kultur 1954–59. **52** Mitarbeiter der Palucca Schule Dresden, zit. nach: Käthe Tittel und Rosl Müller, Chronik der Palucca-Schule, Teil 2, SAdK, Palucca-Archiv, Nr. 592/2. **53** Vgl. Abschlußbericht zum Brigadeeinsatz vom 18.–21.3.1958 an der Palucca-Schule – Fachschule für Künstlerischen Tanz – Dresden, 22.3.1958, SAPMO-BArch, DR 1/594, Bestand Ministerium für Kultur, Sektor Schulische Einrichtungen, Palucca Schule Dresden, Bd. 4, 1958–1964. **54** Bork an Palucca, 11.7.1958, SAPMO-BArch, DR1/591, Bestand Ministerium für Kultur, Sektor Schulische Einrichtungen, Palucca Schule Dresden, Bd. 1, 1951–1962. **55** Vgl. Bork an Hirche, 8.8.1958, Berichte SED GO, Schriftwechsel Ministerium für Kultur 1954–59, APSD 232. Diese straffe Leitung war bereits seit 1954 vom Ministerium für Kultur an allen künstlerischen Lehranstalten gefordert worden. Vgl. Entwurf einer Arbeitsentschließung, [1954]. S. 2, APSD 232. **56** Hartmut Klug, in: Palucca, Zum Fünfundachtzigsten, S. 59. **57** Vgl. SAdK, Palucca-Archiv, Nr. 813. Irmgard Schöningh dokumentierte im Zeitraum von September 1958 bis Februar 1959 96 Unterrichtsstunden im Fach NKT. **58** Vgl. Protokoll der Sektionssitzung Darstellende Kunst vom 9.6.1958, SAdK, Palucca-Archiv, Nr. 683. **59** Auszug aus dem Protokoll über die Sitzung des Ausschusses zur Verleihung der Nationalpreise für Kunst und Literatur am 1.9.1958, SAPMO-BArch, NY 4090/547, Nachlass Otto Grotewohl. **60** Palucca an Grotewohl, o. J., SAPMO-BArch, NY 4090/547, Nachlass Otto Grotewohl. **61** Vgl. Nagel an Grotewohl, 13.10.1958, SAPMO-BArch, NY 4090/547, Nachlass Otto Grotewohl. **62** Palucca an Grotewohl, 11.12.1958, SAPMO-BArch, NY 4090/547 , Nachlass Otto Grotewohl. **63** Wolfgang Zeibig, Fortsetzung der Chronik der Palucca Schule Dresden über den Zeitraum 1955–1961, 16.7.1988, S. 7, APSD. **64** Vgl. SAPMO-BArch, DR 1/591, Bestand Ministerium für Kultur, Sektor Schulische Einrichtungen, Palucca Schule Dresden, Bd. 1, 1951–1962. Hier sind Personalunterlagen alphabetisch abgelegt. Vgl. Dittmann an Ministerium für Kultur, Kaderabteilung, 27.10.1958, Anlage Aktennotiz über das Parteiverfahren vom 13. November 1958, APSD 232. Vgl. Stellungnahme der Parteiorganisation der Palucca-Schule zur Situation an der Schule, 19.3.1959, unterzeichnet von [Gerhart] Dittmann und [Werner] Gommlich, SAPMO-BArch, Dr 1/592, Ministerium für Kultur, Sektor Schulische Einrichtungen, Palucca Schule Dresden, Bd. 2, 1952–1967, S. 4. **65** Vgl. Bericht über die Situation an der Palucca Schule in Dresden, Anlage zu Dittmann an Abt. Schulische Einrichtungen, Gen. Regener des Ministeriums für Kultur, auf dem Dienstweg an den Genossen Minister Abusch, 31.1.1959, APSD. **66** Gerhart Dittmann an Kurt Bark, 23.2.1959, APSD 233. **67** Bark an Pischner, 16.2.1959; John (Sektorenleiter, Sektor Theater) an Pischner, 18.3.1959, SAPMO-BArch, DR 1/592, Ministerium für Kultur, Sektor Schulische Einrichtungen, Palucca Schule Dresden, Bd. 2, 1952–1967. **68** Stellungnahme der Parteiorganisation der Palucca-Schule zur Situation an der Schule, 19.3.1959, S. 5, unterzeichnet von [Gerhart] Dittmann und [Werner] Gommlich, ebd. **69** Vgl. Aktennotiz, betr. Schule Palucca, 24.3.1959, gez. Otto Nagel, SAPMO-BArch, DY 30/IV2/2.026/65, Bestand Sozialistische Einheitspartei Deutschlands, Zentralkomitee, Büro Alfred Kurella, Bl. 8f. **70** Aktenvermerk, Bark, Abt. Theater, Musik, Veranstaltungswesen, 20.4.1959, S. 2, SAPMO-BArch, DR 1/591, Bestand Ministerium für Kultur, Sektor Schulische Einrichtungen, Palucca Schule Dresden, Bd. 1, 1951–1962. **71** Ebd. **72** [Protokoll der] Beratung am 6.6.1959 im Ministerium für Kultur, 22.6.1959, S. 3, SAPMO-BArch, DR 1/592, Bestand Ministerium für Kultur, Sektor Schulische Einrichtungen, Palucca Schule Dresden, Bd. 2, 1952–1967. **73** Wolfgang Zeibig, Fortsetzung der Chronik der Palucca Schule Dresden über den Zeitraum 1955–1961, 16.7.1988, S. 8, APSD. **74** Palucca, Leider kann ich ..., Lebenslauf, März 1974, SAdK, Palucca-Archiv, Nr. 6200. **75** Vgl. Der Kurier, Berlin, 6.7.1959, Gret Palucca wieder in Dresden; Die

Welt, Berlin, 7.7.1959, Gret Palucca kehrt nach Dresden zurück; Der Tag, Berlin, 7.7.1959, Gret Palucca wieder in Dresden; Hamburger Abendblatt, 7.7.1959, Die Palucca in Dresden. **76** Vgl. Protokoll der Sektionssitzung am 25.4.1960, TOP 3. Vorschläge für die Verleihung des Nationalpreises 1960, SAdK, Palucca-Archiv, Nr. 685.

»Hände weg!« 1961–1989

1 Berliner Zeitung, Berlin, 8.1.1962. **2** Vgl. Ostseezeitung, Rostock, 6.1.1962, Gret Palucca 60 Jahre. **3** Vgl. Freiheit, Halle, 23.1.1960, Helga Bobach, Zauber der Bewegung. **4** Vgl. Palucca-Schule in der Stadt des Tanzes, Kritik und Bericht, Hans Böhm, Musik und Gesellschaft, Jg. 10, H. 3, 1960, S. 178. **5** Vgl. ebd. **6** Palucca, Beitrag zur Festschrift der Akademie, 21.1.1960, SAdK, Palucca-Archiv, Nr. 685. **7** Vgl. Binder, Ministerium für Kultur, Sektor Schulische Angelegenheiten, an Vogel, 29.4.1961, APSD 233. **8** Vgl. Interview mit Matanja Cernohorska/Martha Pricke am 29.3.1998. **9** Hanne Wandtke in: Palucca Schule Dresden, Geschichte und Geschichten, S. 79. **10** Hannelore Bey, in: Palucca, Zum Fünfundachtzigsten, S. 49; Ruth Berghaus, ebd., S. 19; vgl. Michael Witt, ebd., S. 62; Harald Wandtke, ebd., S. 50. **11** Palucca, Unterricht, 27.11.58, SAdK, Palucca-Archiv, Nr. 824. **12** Palucca, Unterricht, 23.10.58, SAdK, Palucca-Archiv, Nr. 821. **13** Willy Kehrer, »Geste«-Buch, unveröffentlichtes Manuskript. **14** Vorschläge der Schulleitung der Palucca Schule Dresden zur Aussprache für die Ausarbeitung eines sozialistischen Erziehungsprogrammes der Schule (3. Fassung der Grundsatzerklärung der Parteigruppe der PSD), [Vorwort], [Juli 1958], S. 10, APSD 232. **15** Sonntag, Berlin, 2.3.1958, Ruth Berghaus, Wie die Tanzszenen »Zugvögel« entstanden. **16** Ebd. **17** Vgl. Hirche an Naumann, Bezirksleitung SED, Bericht zur Vorbereitung der Bezirkskulturkonferenz, 7.2.1958, S. 4, Berichte SED GO, Schriftwechsel Ministerium für Kultur 1954–59, APSD 232. Der Titel des Tanzes von Ruth Berghaus wird hier von Günter Hirche falsch angegeben. **18** Vgl. Junge Welt, 26.6.1958, Hermann Köhler, Programm- und nicht Eintagsfliege, Einige Bemerkungen zu den künstlerischen Darbietungen in Halle. **19** Vgl. Die Union, Dresden, 7.4.1959, Silberne Friedensplakette für Ruth Berghaus. **20** Vgl. Palucca an Ihering, 6.4.1962, SAdK, Palucca-Archiv, Nr. 687. **21** Vgl. Die Union, Dresden, 20.4.1962, H. B., Junge sozialistische Künstler. **22** Vgl. Die Andere Zeitung, Hamburg, 26.7.1962, Palucca und die Internationalität des Ostens. **23** Vgl. Neues Deutschland, Dresdner Geistesschaffende an das ZK der SED, Im engen Bündnis mit der Partei der Arbeiterklasse, Gute Bilanz mit Spitzenleistungen in Wissenschaft und Kunst, 14.4.1986. **24** Vgl. Ralf Stabel, Vorwärts Rückwärts Seitwärts, S. 77. **25** Ruth Berghaus, zit. nach: Friedbert Streuer, Ehrung für Palucca in der Semperoper, Ein choreographisches Geburtstagsständchen, Schüler und Absolventen ihrer Tanzschule gestalten eindrucksvolles Programm, Neues Deutschland, 10.1.1987. **26** Vgl. BStU, Kreisdirektion Dresden-Stadt, 15548, Akte Palucca.

»Und Tanzen hat seine Zeit« 1990–1993

1 Palucca an die Schulleitung, 5.11.1991, APSD. **2** Dresdner Morgenpost, 25.3.1993, Gret Palucca: Ein Leben für den Tanz. **3** Aktennotiz vom 24.10.1991, APSD. **4** Aktennotiz vom 3.10.1991, APSD. **5** Rainer Walther an div., 12./13.12.91, APSD. **6** Dresdner Morgenpost, 17.6.1993, S. 10.

Nachwort

1 John Schikowski, S. 149.

LITERATUR (AUSWAHL)

Cornelia Richter-Dorndeck, Kristina Bernewitz, Rainer Dorndeck: Gret Palucca: Tanzausbildung hinter dem »Eisernen Vorhang«, Leipzig 2017

Susanne Beyer: Palucca – Die Biografie, Berlin 2009

Ralf Stabel: Tanz, Palucca! Die Verkörperung einer Leidenschaft, Berlin 2001

Ralf Stabel: Vorwärts, Rückwärts, Seitwärts - mit und ohne Frontveränderung, Zur Geschichte der Palucca Schule Dresden, Wilhelmshaven 2001

Katja Erdmann-Rajski: Gret Palucca, Tanz und Zeiterfahrung in Deutschland im 20. Jahrhundert: Weimarer Republik, Nationalsozialismus, Deutsche Demokratische Republik, hrsg. vom Deutschen Tanzarchiv Köln, Hildesheim 2000

Ralf Stabel: Palucca Schule Dresden, Geschichte und Geschichten, Dresden 2000

Peter Jarchow, Ralf Stabel: Palucca. Aus ihrem Leben – Über ihre Kunst, Berlin 1997

Eva Winkler, Peter Jarchow: Neuer Künstlerischer Tanz, in: Ralf Stabel (Hg.), Eine Dokumentation der Unterrichtsarbeit an der Palucca Schule Dresden 1965–1976, Dresden 1996

Raimund Hoghe: Palucca, der Tanz und das Meer. Die Ausdruckstänzerin und Pädagogin Gret Palucca. Zeitportraits, Weinheim/Berlin 1993

PALUCCA TANZ PALUCCA, hrsg. vom Rat des Bezirkes Dresden, Abt. Kultur, Dresden 1987

Werner Schmidt: Künstler um Palucca, Ausstellung zu Ehren des 85. Geburtstages, Katalog Staatliche Kunstsammlungen Dresden 1987

Gerhard Schumann (Hg.): Palucca, Porträt einer Künstlerin, Berlin 1972

Edith Krull, Werner Gommlich: Palucca, Theater und Film, Bd. 6, Veröffentlichung der Deutschen Akademie der Künste, Berlin 1964

Olaf Rydberg [Will Grohmann]: Die Tänzerin Palucca, Dresden 1935

Trotz eingehender Recherche konnte nicht in allen Fällen die Urheber ermittelt werden. Berechtigte Ansprüche sind bitte dem Verlag mitzuteilen.

FILME

Tanz mit Courage, Gret Palucca, Skizzen eines Lebens, Regie: Hans-Jürgen Börner, NDR 1989

Serenata, Ein Film von der Kunst des Tanzes, Regie: Johannes Eckerdt, Choreographie und Tanz: Gret Palucca, Musik: Herbert Trantow, Nerthus Filmgesellschaft 1934

Palucca, Porträt, Regie: Gitta Nickel, DFF 1971

Bei Palucca, Aus der Arbeit einer Tanzwerkstatt, Regie: Walter Martens, DEFA, Potsdam-Babelsberg 1957

Palucca Tanz Palucca, Film zum 85. Geburtstag von Gret Palucca, Regie: Maxim Dessau, Fernsehen der DDR 1987

Von der Ballettstange zur Bühne, Besuch in der Palucca Schule, DFF 1961

BILDNACHWEIS

Cover: mauritius images/mauritius history | S. 2 und 28: Charlotte Rudolph, APSD | S. 9: unbek., SAdK, Palucca-Archiv, Nr. 5993-3 | S. 11: unbek., SAdK, Palucca-Archiv, Nr. 5988-1 | S. 15: unbek., SAdK, Palucca-Archiv, Nr. 160-17 | S. 21: unbek., Tanzarchiv Leipzig/Sondersammlungen UB Leipzig, Nr. 385/2/95 | S. 24: unbek., SAdK, Palucca-Archiv, Nr. 5989-4 | S. 41: Elli Marcus, SAdK, Palucca-Archiv, Nr. 3842-1 | S. 49: Charlotte Rudolph, SAdK, Palucca-Archiv, Nr. 3714-2 | S. 67: Charlotte Rudolph, SAdK, Palucca-Archiv, Nr. 155 | S. 73: unbek., SAdK, Palucca-Archiv, Nr. 153 | S. 81: unbek., aus: Gerhard Schumann, Palucca (1972) | S. 89: unbek., SAdK, Palucca-Archiv, Nr. 6376 | S. 109: Höhne-Pohl, APSD | S. 112: Erich Höhne, APSD | S. 114: unbek., APSD | S. 133: Höhne-Pohl, APSD | S. 137: Deutsche Fotothek, Dresden | S. 145: Ilse Ebel, APSD | S. 151: L. Naewiger, SAdK, Palucca-Archiv, Nr. 464-4 | S. 155: unbek., APSD | S. 157: unbek., APSD | S. 162: Arwid Lagenpusch, APSD | S. 165: Ilse Ebel, APSD | S. 167: Erich Höhne, APSD | S. 168: Stefan Moses, APSD | S. 175: Stefan Moses, APSD | S. 176: Charlotte Rudolph, SAdK, Palucca-Archiv, Nr. 3702-1

ÜBER DEN AUTOR

Dr. Ralf Stabel studierte Theaterwissenschaften und Choreografie an der Theaterhochschule »Hans Otto« Leipzig. Er arbeitete als Tanzkritiker, lehrte als Tanzwissenschaftler an der »Palucca Schule Dresden« und an der Hochschule für Schauspielkunst »Ernst Busch« Berlin, ist Professor für Tanzdramaturgie und Tanzgeschichte und leitet heute die Staatliche Ballettschule Berlin und Schule für Artistik. Bei Henschel sind bisher von ihm Biografien über Palucca und Alexander von Swaine erschienen. Er hat die »Briefe über die Tanzkunst« von Jean Georges Noverre in heutigem Deutsch neu herausgegeben und mit seinem Buch »IM Tänzer« (Schott) die Verstrickung von Tanz und Geheimdienst in der DDR öffentlich gemacht.

Bibliografische Information der Deutschen Nationalbibliothek:
Die Deutsche Nationalbibliothek verzeichnet diese Publikation in der Deutschen Nationalbibliografie; detaillierte bibliografische Daten sind im Internet über http://dnb.dnb.de abrufbar.

Bei diesem Buch handelt es sich um eine gekürzte, überarbeitete und ergänzend bebilderte Fassung der im Henschel Verlag erschienenen und nicht mehr lieferbaren Biografie »Tanz, Palucca!« (2001).

ISBN 978-3-89487-807-8

in der E. A. Seemann Henschel GmbH & Co. KG, Leipzig
Gestaltung und Satz: makena plangrafik, Leipzig
Titelbild: Palucca auf Sylt, um 1936, © mauritius images
Textredaktion und Lektorat: Sabine Melchert
Druck und Bindung: Multiprint GmbH
Printed in the EU
www.henschel-verlag.de